反内耗心法

度阴山精讲《传习录》

度阴山 著

江苏凤凰文艺出版社
JIANGSU PHOENIX LITERATURE AND ART PUBLISHING

图书在版编目（CIP）数据

反内耗心法 / 度阴山著. -- 南京：江苏凤凰文艺出版社, 2025. 6. -- ISBN 978-7-5594-9556-3

Ⅰ．B248.2-49

中国国家版本馆CIP数据核字第202510E5H8号

反内耗心法

度阴山 著

责任编辑	丁小卉
特约编辑	沈　骏　王星麟　代盈盈
封面设计	温海英
责任印制	杨　丹
出版发行	江苏凤凰文艺出版社
	南京市中央路165号，邮编：210009
网　　址	http://www.jswenyi.com
印　　刷	三河市中晟雅豪印务有限公司
开　　本	1230毫米×880毫米 1/32
印　　张	10
字　　数	259千字
版　　次	2025年6月第1版
印　　次	2025年6月第1次印刷
标准书号	ISBN 978-7-5594-9556-3
定　　价	49.90元

江苏凤凰文艺版图书凡印刷、装订错误，可向出版社调换，联系电话：010-87681002。

序　言

问：如何不内耗？

答：读王阳明。

问：如何读王阳明？

答：读《传习录》。

《传习录》是王阳明诸多弟子记录的他的话语，这是一部有组织、有主题、有趣味、绝对经典的心学枕边书。

但对于今天的我们而言，它有缺点。它是碎片化的，东一榔头西一棒槌。上一句正说着"格物"，下一句就紧跟着讲"明明德"。前一页还在讲"良心"，后一页就讲上了"去心中贼"。而且每句话，都极限精简，意在言外。它还是重复的，这一章的某一节在讲"格物"，下一章的某一节又讲起"格物"，而且讲的居然不一样。

虽然有缺点，可其优点更加耀眼。王阳明心学的精髓就是《传习录》，《传习录》的主旨便是反内耗——别和自己较劲。

内耗的本质，是对自己内心的不自信。对内心的不自信，本质是对良知的不自信。在王阳明看来，良知可以解决一切有关人生的问题。但凡你相信它，使用它，你便是个高度自信、言出法随的成功人士。

然而，内耗的人，却认为自己能力不够，做任何事都会担心自己没有能力做好。对未来焦虑，对从前惭愧，对现在漠然。这便是内耗产生的温床。

如何自信？如何坚信良知可以治愈、可以摆平人生的一切难题？这便是王阳明心学存在的意义。而《传习录》则是内耗人士势在必读的一本书。

俗话说，为人不读《传习录》，耗来耗去耗成猪。

那么，如何把《传习录》读懂呢？

我来帮助你，本书是我多年来解读《传习录》的读书笔记。正所谓牵牛就牵牛鼻子、擒贼先擒王。《传习录》中的很多内容是重复的，对心学概念的叙述和白描过于繁杂。所以我挑选出对心学概念描述最清楚、最简易，而且是专门针对内耗的小段落，勾勒出王阳明当初最真实的想法。

所谓精讲，首先是精挑，挑选阳明心学中针对如何反内耗的内容；其次是精讲，一字一句，围绕反内耗的技巧讲来；最后是精彩，每一条心学内容中，都有个恰如其分的小故事，来提升诸位对心学的理解速度。

当你读完这本书时，你随时都可以向人说：我是反内耗的斗士。

一本书的伟大意义，不过是让自己别和自己较劲，阳光、光明罢了。

目　录

1. 独立自由是阳明心学的灵魂 / 001
2. 天理、真理、道理都在我们心里 / 004
3. 没有真诚的仪式，就是形式 / 009
4. 知行合一的精髓 / 011
5. 格物：朱熹理学vs阳明心学 / 016
6. 去除邪念，就是格物 / 021
7. 良知：道德感和判断力 / 022
8. 心安就是天理的衡量标准 / 024
9. 坏人有可能做好事，好人也可能做坏事 / 026
10. 专心就是炼心 / 029
11. 立志是心学第一要务 / 031
12. 以毒攻毒，方能治毒 / 034
13. 好朋友vs坏朋友 / 035
14. 警戒自以为是 / 037
15. 真理一定是简单的 / 040
16. 事上磨炼 / 043
17. 什么是工匠精神 / 045

18. 人生最遗憾的就是半途而废 / 048

19. 真正的宁静就是去事上练 / 050

20. 立下伟大志向，然后忘掉它 / 052

21. 怎样读书最有效 / 055

22. 如何对付坏人 / 059

23. 曾国藩的功过格 / 063

24. 不要做老好人 / 065

25. 如何修习阳明心学 / 067

26. "鬼"是由良知制造的 / 069

27. 感情流露太多就是欲 / 074

28. 什么样的心，决定了什么样的行 / 076

29. 海纳百川才是正途 / 078

30. 阳明心学就是因时制宜 / 080

31. 有心为善，虽善不赏 / 082

32. 我们所能掌控的，只是我们的心 / 084

33. 欲让人知，就是私欲 / 085

34. 对职业有敬畏心 / 087

35. 私欲一起，效率降低 / 088

36. 人心如明镜，看你怎么擦 / 089

37. 学如逆水行舟，不进则退 / 091

38. 要敢于怀疑 / 092

39. 不要局限自己 / 094

40. 成败皆在我身 / 097

41. 意志征服世界 / 098

42. 什么样的人最虚伪 / 100

43. 真正的大道需要不停追求 / 102

44. 活在当下 / 104

45. 言语是心的外化 / 105

46. "不动心"的两种境界 / 106

47. 不要骗自己 / 107

48. 止、定、静、安 / 109

49. 博爱的人不靠谱 / 111

50. 逃避是最重的私心 / 113

51. 过度关注意志力，就会丧失意志力 / 115

52. 人生总向外求，是对自己的不自信 / 117

53. 只谈功夫不谈结果 / 119

54. 有心求异，就是错 / 121

55. 做最好的自己，而不是做最传奇的别人 / 122

56. 别给事物贴标签 / 127

57. 有志向的人不抱怨 / 131

58. 为什么不要急功近利 / 133

59. 多一分务实，少一分务名 / 135

60. 最好的后悔药就是立即改正 / 137

61. 每个人都有自己的使命 / 138

62. 致良知，不是不能，而是不肯 / 141

63. 交友之道 / 143

64. 比学习的内容更重要的是学习的目的 / 145

65. 立志贵在专一 / 147

66. 德和才，哪个更重要 / 149

67. 私欲真难克吗 / 151

68. 如何应对生病 / 156

69. 佛家、道家与儒家的区别 / 157

70. 是苦是甜，亲口尝了才知道 / 159

71. 如何能长生不死 / 161

72. 致良知的人从不瞻前顾后 / 164

73. 人人心中都有个圣人 / 168

74. 没有人生经历就没有人生境界 / 170

75. 对朋友的态度：劝导鼓励 / 172

76. 如何面对肉体痛苦 / 174

77. 生活和工作中才有最好的修行道场 / 177

78. 不要被知识束缚 / 179

79. 致良知不分大事小事 / 182

80. 不走捷径，就是最大的捷径 / 184

81. 警惕心里的坏念头 / 188

82. 好事做过了头就是恶 / 189

83. 极简就是自然地减 / 191

84. 不生气的办法 / 192

85. 不作恶就是最大的善 / 195

86. 立志就是建造房屋 / 197

87. 人之大病痛：得失心 / 198

88. 人生最悲哀的莫过于在意别人的评价 / 201

89. 别指望良知瞬间而发 / 204

90. 心存良知，就是最灵验的占卜 / 207

91. 良知不是一成不变的 / 209

92. 良知就是正能量 / 213

93. 唯庸人无咎无誉 / 215

94. 厌弃外物的静坐就是邪恶 / 219

95. 知行合一就是不端不装 / 220

96. 心学的两个特点 / 223

97. 良知到底有多神奇 / 225

98. 致良知要形成惯性 / 226

99. 不做噩梦的办法 / 229

100. 为何佛道二家不能治国 / 232

101. 岩中花树论 / 235

102. 万物一体，也有轻重厚薄 / 237

103. 如何面对生老病死 / 242

104. 规则和原理，哪个重要 / 245

105. 致良知只能靠自己 / 247

106. 为什么圣人不谈未来 / 249

107. 一定要找到自己的天赋 / 251

108. 情感也是天理 / 255

109. 为什么说要"节哀" / 258

v

110. 你看到的是鲜花还是坟墓 / 259

111. 你真有自知之明吗 / 261

112. 如何说服别人 / 264

113. 自悟和被点化,哪个更重要 / 266

114. 从根上用功 / 268

115. 可以犯错,但不要掩饰错 / 269

116. 你会吃饭吗 / 270

117. 良知是同理心 / 272

118. 理解人性 / 273

119. 不做乡愿,不做道德攻击,因为这些都是弱者的表现 / 276

120. 傲慢的人良知不明 / 280

121. "四句教":知行合一的纲要 / 284

122. 要在声、色、货、利上致良知 / 289

123. 为什么事情会搞砸 / 291

124. 勿存善念 / 294

125. 为什么说万物是一体的 / 296

126. 凡事要顺流而为 / 299

127. 不要被道理绑架 / 301

128. 傲,是众恶之祖 / 304

129. 老师弟子,互相成全 / 305

130. 养身贵在养心 / 308

1. 独立自由是阳明心学的灵魂

爱问:"'在亲民',朱子谓当作'新民',后章'作新民'之文似亦有据。先生以为宜从旧本作'亲民',亦有所据否?"

先生曰:"'作新民'之'新',是'自新之民',与'在新民'之'新'不同,此岂足为据!'作'字却与'亲'字相对,然非'亲'字义。下面'治国平天下'处,皆于'新'字无发明。如云'君子贤其贤而亲其亲,小人乐其乐而利其利''如保赤子''民之所好好之,民之所恶恶之,此之谓民之父母'之类,皆是'亲'字意。'亲民'犹《孟子》'亲亲仁民'之谓,'亲之'即'仁之'也。'百姓不亲',舜使契为司徒,'敬敷五教',所以亲之也。《尧典》'克明峻德'便是'明明德','以亲九族'至'平章''协和',便是'亲民',便是'明明德于天下'。又如孔子言'修己以安百姓','修己'便是'明明德','安百姓'便是'亲民'。说'亲民'便是兼教养意,说'新民'便觉偏了。"

【译文】

徐爱问:"'在亲民',朱熹认为应当写作'新民',后面一章有'作新民'的文字似乎可以作为依据。先生认为应当按照旧本写作'亲民',有什么根据吗?"

先生说:"'作新民'的'新'字,是'自新之民'的意思,与'在新民'的'新'字含义不同,这怎么能作为依据呢!'作'字与'亲'字相对应,那就不是'新'的意思。下面'治国平天下'等处,对于'新'字均未阐发。例如'君子贤其贤而亲其亲,小人乐其乐而利其利''如保赤子''民之所好好之,民之所恶恶之,此之谓民之父母'之类的话,都是'亲'的意思。'亲民'就如同《孟子》所谓'亲亲仁民','亲之'就是'爱他'的意思。'百姓不仁爱',舜就让契任司徒之职,'恭敬地施行五种伦理规范',让百姓互相亲爱。《尧典》中说的'克明俊德'就是'明明德','以亲九族'到'平章''协和',就是'亲民',就是'明明德于天下'。又像孔子所说的'修己以安百姓','修己'便是'明明德','安百姓'便是'亲民'。解释成'亲民'便兼具了养育教化百姓的意思,解释成'新民'就失之偏颇了。"

【度阴山曰】

一部体现心学精髓的《传习录》,开篇就提"亲民"和"新民",必有深意。中国古人编书,大多讲"春秋大义"或者是"春秋笔法",说白了,就是正名。所以,"亲"和"新"的区别,就是王阳明的弟子们在为老师的学说正名。

先看一个故事。

西周初期,周公把姜太公封到齐地为诸侯,把儿子伯禽封到鲁地为诸侯。

姜太公五个月后就来报告政情。

周公问:"怎么这么快?"

姜太公答:"我简化了政府的组织,礼节都随着当地的风俗。"

三年后,伯禽风尘仆仆地来报告政情。

周公问:"怎么如此慢?"

伯禽回答:"我改变他们的风俗,革新他们的礼节,这是个大工程。"

周公说:"如此看来,后代各国必将臣服于齐啊!处理政事如果不能简易,人民就不能亲近他;平易近人的执政者,人民一定归顺他。"

姜太公和伯禽的治国方略就是王阳明和朱熹对《大学》第二句的理解。

大学之道,在明明德,在亲(新)民……

朱熹认为是"新"民,王阳明认为是"亲"民。

姜太公用的是"亲民"——民之所好好之,民之所恶恶之。顺着百姓的心而用心,不仅关怀他们的身体,更关怀他们的心理。不违背他们的意志,使他们有一定的独立精神。

而伯禽用的是"新民"——以绝对权力按自己的意志来教化、启蒙、改造民众,让他们成为思想上的奴隶、统一行动中的巨人。

从这一点而言,"新民"就是统一思想,不必在乎民众的意志和感受,强行使他们进入自己设置的轨道,使民众的独立意志和独立精神彻底丧失。

以人情推之,你真爱一个人,就会给他自由,包括身体上和精神上的。每个人的天性都喜爱自由,这是良知的基本认识,违背这个,就不是真正的致良知。

这就是王阳明心学的基石——人人心中皆有个天理,心即理,所以人人皆可为圣贤,皆不受外在权威和所谓真理的压迫。**人只要致良知,所行所为便皆符合天理,不须外求,不需要外在的设计。**

因此，王阳明的弟子把这一条放在首位，原因如下。

第一，王阳明心学和朱熹理学一样，其思想都来自《大学》，而"亲民"和"新民"是两派学说的分水岭。

第二，《传习录》第一节讲此，足可见王阳明和其弟子们对独立意志和自由精神尤其重视。

第三，人具有独立意志和自由精神是阳明心学的灵魂，是阳明心学的支柱，没有这个，阳明心学的其他概念都立不住。

第四，**人只有具备了独立意志和自由精神，才能做自己想做的，只要做自己想做的，才能提高工作和生活中的效率，进而提高人生效率。**

只有当人拥有自由精神之后，才能、才敢独立思考，不转折，不转念，以一条直线前进，以最快的速度抵达目的地。

2. 天理、真理、道理都在我们心里

爱问："'知止而后有定'，朱子以为'事事物物皆有定理'，似与先生之说相戾。"

先生曰："于事事物物上求至善，却是义外也。至善是心之本体，只是'明明德'到'至精至一'处便是。然亦未尝离却事物。本注所谓'尽夫天理之极而无一毫人欲之私'者得之。"

爱问："至善只求诸心，恐于天下事理有不能尽。"

先生曰："心即理也。天下又有心外之事、心外之理乎？"

爱曰："如事父之孝、事君之忠、交友之信、治民之仁，其间有许多理在，恐亦不可不察。"

先生叹曰："此说之蔽久矣，岂一语所能悟？今姑就所问者言之。且如事父，不成去父上求个孝的理；事君，不成去君上求个忠的理；交友、治民，不成去友上、民上求个信与仁的理。都只在此心，心即理也。此心无私欲之蔽，即是天理，不须外面添一分。以此纯乎天理之心，发之事父便是孝，发之事君便是忠，发之交友、治民便是信与仁。只在此心去人欲、存天理上用功便是。"

爱曰："闻先生如此说，爱已觉有省悟处。但旧说缠于胸中，尚有未脱然者。如事父一事，其间温清定省之类，有许多节目，不亦须讲求否？"

先生曰："如何不讲求？只是有个头脑。只是就此心去人欲、存天理上讲求。就如讲求冬温，也只是要尽此心之孝，恐怕有一毫人欲间杂；讲求夏清，也只是要尽此心之孝，恐怕有一毫人欲间杂，只是讲求得此心。此心若无人欲，纯是天理，是个诚于孝亲的心，冬时自然思量父母的寒，便自要去求个温的道理；夏时自然思量父母的热，便自要去求个清的道理。这都是那诚孝的心发出来的条件。却是须有这诚孝的心，然后有这条件发出来。譬之树木，这诚孝的心便是根，许多条件便是枝叶，须先有根，然后有枝叶，不是先寻了枝叶，然后去种根。《礼记》言：'孝子之有深爱者，必有和气；有和气者，必有愉色；有愉色者，必有婉容。'须是有个深爱做根，便自然如此。"

【译文】

徐爱问："'知止而后有定'，朱熹认为这句话讲的是'万事万物都有确定的道理'，似乎与先生您的说法相悖。"

先生说："如果在万事万物上追求至善，就是把义视作外在的东西了。至善只是心的本然面貌，只要通过'明明德'的功夫达到'精深专一'的境界便是至善了。不过，至善也从未脱离具体的事物。朱熹《大学章句》中说'穷尽天理而使得心中无一丝一毫人欲私心'的说法就颇为在理。"

徐爱问:"如果至善只向心中去求,恐怕天底下那么多事物的道理没法穷尽吧。"

先生说:"心就是理。天底下何来心外的事物、心外的道理呢?"

徐爱说:"譬如说侍奉父亲的孝、辅佐君主的忠、与朋友交往的信、治理百姓的仁,这些具体的事里有许多道理,恐怕不能不去仔细研究。"

先生感慨道:"这一说法已蒙蔽世人很久了,一句话怎么能说明白呢?现在姑且就你所问的来讨论一下。比如说侍奉父亲,不能从父亲身上去探求个孝的道理;辅佐君主,不能去君主身上探求个忠的道理;与朋友交往、治理百姓等事,也不能去朋友、百姓这些人身上求个信与仁的道理。这些道理全部在心里,心就是理。如果这个心没有被私欲阻隔,便是天理,不需要再从外面添加一分。凭借此纯粹都是天理的心,作用在侍奉父亲上便是孝,作用在辅佐君主上便是忠,作用在交友、治民上便是信与仁。只要在心中努力摒弃人欲、存养天理即可。"

徐爱说:"听闻先生这么说,我好像有所觉悟了。但以前那套说辞缠绕于胸中,尚有不解之处。以侍奉父亲来说,例如使父亲冬暖夏凉、早晚请安等细节,不还是需要讲求的吗?"

先生说:"怎么能不讲求呢?只是要先有一个宗旨。只要一心在摒弃人欲、存养天理上讲求即可。例如讲求冬天保暖,也仅仅是要尽孝心,唯恐有一丝一毫的人欲夹杂其间;讲求夏天纳凉,也仅仅是要尽孝心,唯恐有一丝一毫人欲夹杂其间,仅仅是讲求这个心而已。这个心若是没有人欲,纯粹都是天理,是一颗诚敬于孝亲的心,那么一到冬天,自然会想到父母是否会冷,便去考虑给父母保暖的事;一到夏天自然会想到父母是否会热,便会去考虑给父母纳凉的事。这些全部是那颗诚敬于孝亲的心自然生发出来的具体行动。只要有这颗诚敬于孝的心，自然而然会考虑到这些具体的事。用树木来打比方，这诚敬于孝的心便是树根，许多具体行动便是枝叶，需要先有个根，然后才会有枝叶，而不是先去寻求枝叶，然后再考虑种这个根。《礼记》说道：'如果孝子对父母有深切的感情，那么对待父母必然很和气；而有和气的态度，则必然会有愉悦的气色；有愉悦的气色，必定会有让父母高兴安心的仪容。'而所有这些，必须有颗真诚的心作为根本，然后自然而然就能如此。"

【度阴山曰】

1508年，王阳明在贵州龙场驿站创立心学，提出"吾性自足，不假外求"的理念，这八个字简单而言，就是一切靠自己，不必寻求外力。这就是龙场悟道，这八个字浓缩成三个字就是"心即理"。

所谓"心即理"，从字面意义上理解就是，所有的天理、真理乃至于道理，都在我们心里，不在我们心外的事物上。每个人心中都有孝、忠、信、仁这些天理。这些天理不在父亲、领导、朋友那里，而是在我们心里。

只要你没有被私欲遮蔽，真诚无欺地释放这些天理，那么，你就知道怎样做才是孝、才是忠、才是信、才是仁。

凡事用心，必得其理，是为"心即理"。

当然，心即理远没有这么简单，它还有更深邃的思想。

来看一个故事：西汉末年，王莽政权失败，各地武装风起云涌。其中刘秀兵团逐渐崭露头角，具备称帝之象。但刘秀不想做出头鸟，对称帝这件事并不上心。下属耿纯提醒他："你现在称帝与否，已不是你自己的事，而是我们大家的事。"

刘秀莫名其妙，心想：我称不称帝，和你们有什么关系？

耿纯说，众人抛家舍业跟着你干革命，你以为真是为了什么平天下？许多情怀在大众心中什么都不是。他们要的就是实惠，打土豪分田地，抢钱抢粮抢女人。他们出生入死，图的是名利，你若是帝王，他们就是将相。人人都在做攀龙附凤的事，你不满足他们，他们就会抛弃你。

刘秀听完耿纯这段大议论，后背发凉，马上让人筹备登基事宜，东汉帝国就此诞生。

耿纯说出了一个真理：人是有欲望的动物，若想成事，必须满足别人的欲望。

儒家哲学认为，人心由两部分组成：性（人性）和情（七情六欲）。朱熹认为，只有人性是符合天理的，所以说"性即理"；王阳明则认为，人性和七情六欲都符合天理，所以说"心即理"。

承认适度的七情六欲是天理，这就是王阳明心学和朱熹理学最本质的不同。而当我们承认人适度的七情六欲是天理后，就会对别人的情欲持包容的态度，唯有承认七情六欲，才能承认人是一个活生生的人，而不是机器人。

我们做事，只要以七情六欲催动人性，那我们就是圣人。人性就如指南针，指引我们正确的人生方向；七情六欲则是加速器，它大多时候展现出来的是一种冲动，这种情感的冲动，对万事万物付诸我们真实的情感，这才是我们成就伟大功业的必备要素。

如果我们只有人性，而没有情感的冲动（七情六欲），那我们就是一尊石佛，空有正能量在，却不能发挥。**我们必须认可情感的冲动在我们的人生中起到冲击波的作用，才算真正懂得人生。**

这也就是为什么王阳明说"吾性自足，不假外求"，因为我们的心是完整的，但凡你是个人，你就有心，有心就有指南针似的人性和奔向指南针指向的七情六欲。有这两样东西，你还有必要向外求吗？

人性就是让我们走正确的路，七情六欲则是让我们在这条路上加速行走，而且保证能走到底，那由此会产生无数的理来，何必向外求呢！

008　反内耗心法

3. 没有真诚的仪式，就是形式

郑朝朔问："至善亦须有从事物上求者？"

先生曰："至善只是此心纯乎天理之极便是，更于事物上怎生求？且试说几件看。"

朝朔曰："且如事亲，如何而为温清之节，如何而为奉养之宜，须求个是当，方是至善。所以有学问思辨之功。"

先生曰："若只是温清之节、奉养之宜，可一日二日讲之而尽，用得甚学问思辨？惟于温清时，也只要此心纯乎天理之极；奉养时，也只要此心纯乎天理之极。此则非有学问思辨之功，将不免于毫厘千里之缪。所以虽在圣人，犹加'精一'之训。若只是那些仪节求得是当，便谓至善，即如今扮戏子，扮得许多温清奉养的仪节是当，亦可谓之至善矣。"

爱于是日又有省。

【译文】

郑朝朔问道："至善也需要从具体事物上去求得吗？"

先生回答："至善只是使自己的心达到纯粹都是天理的境界便可以了，在具体事物上又能怎么探求呢？你倒举几个例子看看。"

朝朔说："比如说侍奉双亲，怎样才能为他们取暖纳凉，怎样才能侍奉赡养，必须做到位，才是至善。所以才有学问思辨的功夫。"

先生说："如果只是取暖纳凉、侍奉赡养得宜这些事，一两天就可讲完，用得了什么学问思辨？只要在帮父母取暖纳凉时，让自己的心思纯粹都在天理上即可；侍奉赡养父母时，让自己的心思纯粹都在天理上即可。这一点才是必须用学问思辨的功夫来求索的，否则不免差之毫厘，谬以千里了。所以，即便是圣人，仍然要持守'精研专一'的功夫。如果只认为将那些具体礼节做得恰到好处就是至善,那就好比是扮作戏子,将帮父母取暖纳凉等事一一表演得当,也可以叫至善了。"

徐爱在这天又有所省悟。

【度阴山曰】

东汉后期,山东青州人赵宣号称"大孝子"。东汉强调以孝治天下,儒家规定的给父母守孝三年在当时特别流行。

赵宣在给去世的父母守孝三年后,出奇制胜,宣称守孝三年远远不够,干脆就住在墓道里。要命的是,这一住就是二十年。

二十年里,赵宣名动天下,青州刺史陈蕃初到,闻听赵宣的孝名,急忙去拜访。

二人就在墓道里相见,赵宣眼圈通红,声称是今天才哭完。

陈刺史感动得双手直颤,握住赵宣的手,要给他大官做。

赵宣也激动得要命,喊道:"你们快出来感谢陈大人。"

话音才落,就有五个不到二十岁的儿女跑出来,纷纷跪在陈蕃脚下。

陈蕃愣了,问:"这些是什么人?"

赵宣说:"他们是我的儿女。"

陈蕃勃然大怒:"你这畜生,在墓道里都干了什么!"

儒家规定,守孝期间不允许有性生活,赵宣在二十年里却生了五个孩子,由此可知,他根本就不是在真心实意地守孝。

守孝,是一种仪式。**所谓"仪式",必须真诚地遵循规矩和执行形式。没有了真诚,仪式就成了形式。**形式必须去学习,在内心是求不来的。但仪式不必向外求索,只要真诚,仪式自然就会出现。你若用心孝顺你的父母,还怕没有仪式?你若用心爱你的爱人,还怕没有仪式?你若用心爱天下人,还怕没有仪式?

仪式，要求我们用心；形式，只要求我们外表做得好看。二者看似相似，其实泾渭分明。

我们要有仪式感，而不是形式感。

有人说，有些仪式是不重要的，这话是正确的，因为不重要的仪式就是形式。而有些仪式是绝对重要的，因为通过仪式，可以修炼我们的心。

孔子说，祭神鬼就要内心真诚地相信有神鬼在，这就是仪式感；如果你祭祀神鬼，内心却不相信神鬼，那就是形式。

形式，最好一点都不要有，浪费时间。仪式，一定要有，只要你用心了，真理就会在仪式中自然呈现。

4. 知行合一的精髓

爱因未会先生"知行合一"之训，与宗贤、惟贤往复辩论，未能决，以问于先生。

先生曰："试举看。"

爱曰："如今人尽有知得父当孝、兄当弟者，却不能孝、不能弟，便是知与行分明是两件。"

先生曰："此已被私欲隔断，不是知行的本体了。未有知而不行者，知而不行，只是未知。圣贤教人知行，正是要复那本体，不是着你只恁的便罢。故《大学》指个真知行与人看，说'如好好色，如恶恶臭'。见好色属知，好好色属行，只见那好色时，已自好了，不是见了后又立个心去好；闻恶臭属知，恶恶臭属行，只闻那恶臭时，已自恶了，不是闻了后别立个心去恶。如鼻塞人虽见恶臭在前，鼻中不曾闻得，便亦不甚恶，亦只是不曾知臭。就如称某人知孝、某人知弟，必是其人已曾行孝、行弟，方可称他知孝、知弟。不成只是晓得说些孝弟的话，便可称为知孝弟？又如知痛，必已自痛了方知痛；知寒，必已自寒了；知饥，必已自饥了。知行如何分得开？此便是知行的本体，不曾有私意隔断的。圣人教人必要是如此，方可谓之知，不然只是不曾知。此却是何等紧切着实的工夫！如今苦苦定要说知行做两个，是甚么意？某要说做一个，是甚么意？若不知立言宗旨，只管说一个两个，亦有甚用？"

爱曰："古人说知行做两个，亦是要人见个分晓，一行做知的功夫，一行做行的功夫，即功夫始有下落。"

先生曰："此却失了古人宗旨也。某尝说知是行的主意，行是知的功夫；知是行之始，行是知之成。若会得时，只说一个知，已自有行在；只说一个行，已自有知在。古人所以既说一个知，又说一个行者，只为世间有一种人，懵懵懂懂地任意去做，全不解思惟省察，也只是个冥行妄作，所以必说个知，方才行得是；又有一种人，茫茫荡荡悬空去思一索，全不肯着实躬行，也只是个揣摸影响，所以必说一个行，方才知得真。此是古人不得已，补偏救弊的说话，若见得这个意时，即一言而足。今人却就将知行分作两件去做，以为必先知了，然后能行。我如今且去讲习讨论做知的工夫，待知得真了，方去做行的工夫，故遂终身不行，亦遂终身不知。此不是小病痛，其来已非一日矣。某今说个知行合一，正是对病的药。又不是某凿空杜撰，知行本体原是如此。今若知得宗旨时，即说两个亦不妨，亦只是一个；若不会宗旨，便说一个，亦济得甚事？只是闲说话。"

【译文】

徐爱因未能明白先生"知行合一"的教导，与宗贤、惟贤反复辩论，仍未能明白，于是向先生请教。

先生说:"举几个例子看看。"

徐爱说:"现如今许多人知道应当孝顺父母、友爱兄弟,却做不到孝顺、友爱,这样看来知和行分明是两件事。"

先生说:"这是因为心已被私欲蒙蔽,不是知与行的本来面貌了。没有知道了却不去做的情况,知道了而不去做,那就是不知道。圣贤教人去知、去行,用意正在于使得知与行复归其本来的面貌,不只是简单告诉你怎么去知、去做就可以了。所以《大学》里给出个真知、真行的例子,说'就像喜欢美色,就像讨厌恶臭'。见到美色属于知,去喜欢就是行,只要一见到美色便自然而然地喜欢上了,并不是看到美色后又起个念头去喜欢;闻到恶臭属于知,去讨厌便是行,只要一闻到恶臭便自然而然地讨厌上了,并不是闻到恶臭后又起个念头去讨厌。就像一个鼻塞的人虽然看到眼前恶臭的东西,但鼻子闻不到恶臭的气味,便不会十分讨厌它,这也只是因为不曾了解到它的臭而已。例如,称某人知道孝顺父母、友爱兄弟,必然是因为这个人已有孝顺父母、友爱兄弟的行为,才可以称他为知道孝顺父母、友爱兄弟。如若不然,只是说些知道孝顺父母、友爱兄弟的话,怎么可以称之为懂得孝顺父母、友爱兄弟呢?又比如,知道痛,一定是自己痛了才知道痛;知道寒,一定是自己冷了才知道寒;知道饿,一定是自己已经饿了才知道饿。知和行如何分得开?这便是知与行的本然面貌,不曾被私心杂念隔断。圣人教导世人,一定是要这样才可以称为知,否则就是还没有真正的知。这是多么紧迫而实在的功夫啊!如今硬要说知和行分作两件事是什么意思?而我将知与行说成一回事,又是什么意思?如果不知道我为何要如此说,只是去分辨知与行究竟是两回事还是一回事,又有什么用呢?"

徐爱说:"古人把知和行分作两件事,也只是要世人明白,一方面去做知的功夫,另一方面做行的功夫,这样功夫才能有着落之处。"

先生说:"你这样的理解反而是背离了古人的意思了。我曾经说过,知是行的宗旨,行是知的落实;知是行的开端,行是知的结果。如果能够领会,只要说到知,行便包含在里面了;只要说到行,知也包含在里面了。古人之所以将知和行分开来说,只是因为世间有一类人,懵懵懂懂地任意而为,完全不加思考,只是任意妄为,因此才要提出知的概念,这样才能让他们做得恰当;还有一类人,整天空想,不肯切实躬行,全凭主观臆测,因此才要提出行的概念,这样才能让他们知得真切。这是古人不得已而提出的补偏救弊之说,如果能够领会真意,只要一句话便已足够。现如今的人却将知与行分作两边,认为必然是先知道了,才能去做。如今我若只是讲习讨论如何去做知的功夫,等到知得真切之后才去行,必然会导致终身一无所成,也终身一无所知。这不是小病小痛,而是由来已久。我今日提出知行合一,正是对症下药。但知行合一的说法也并非我凭空杜撰出来,而是知与行的本来面貌即是如此。如今你若能明白我为何如此说,即便将知行说成两回事也无妨,本质上则还是一回事;如若不明白我为何这么说,即便将知行说成一回事,又有什么用呢?只不过是说些无用的话罢了。"

【度阴山曰】

1517年,王阳明到江西剿匪,接着在南昌平定朱宸濠叛乱,1527年又到广西剿匪,这三场战争的完美胜利把王阳明推上了圣人的圣坛,而王阳明在这三个战场的胜利,都要归功于他的知行合一。

知行合一,大多数人将其理解为实践和理论的结合,是知道了就要行动。

不容置疑的事实是,倘若知行合一果真如此,那王阳明不可能靠它创建那么大的事功,五百年来王阳明的粉丝也不可能多如牛毛。

所以,王阳明所说的知行合一,没那么简单。

1508年，王阳明在贵州修文创立心学，提出"心即理"的概念。第二年，他到贵阳讲学，所讲的却是"知行合一"。

阳明心学，始终是一以贯之的，王阳明不可能犯这样浅薄的错误，在创立心学的第二年，就提出另外的概念。

所以，知行合一，应该是来源于心即理。

心即理，直白而言，就是心理合一。我们的心中有天理，为人处世必须发自本心，如此，天理才能呈现，心中所想不能和行动分道扬镳，是为心理合一。

而知行合一，就是心理合一的另外一种表示：我们的心中有良知，良知真光明者，必有行动，必能呈现出天理。

所以说，知行合一，就是心理合一。

王阳明谈知行合一，谈的是"道"；而其他人谈知行合一，谈的是"术"。

王阳明如何解释"知行合一"的呢？

见到美色，立刻喜欢上，而不是见到美色后还要思考一下，是喜欢还是厌恶。见到美色，属于知；喜欢上美色，属于行。见到美色和喜欢上美色中间没有间隔，知和行之间没有间隔，本就是一体，所以，知行就是合一的。

再举个不太恰当的例子：被雷劈中是"知"，倒地是"行"，被雷劈中会立刻倒地，没有思考的时间。

水在自然状态下始终向下流，水"知道"自己向下流是"知"，不停向下流是"行"，即知即行，即行即知。但水根本没有意识到自己在向下流、为什么向下流。

由此可知，**知行合一的知，不是知道，也不是理论，它是我们的一种本能，这本能就是良知。**它知道美色是美的，知道狗屎是臭的，知道危急时刻我们该如何快速做出决断。

本能的力量是威力无比的，是人类最厉害的力量。饭，人人都自动自发地去吃；美色，人人都发自内心地去喜欢，这就是本能的力量，不需要外力。阳明心学，实际上就是让我们把遮蔽的良知这一本能恢复，以创建伟大事功的一门行动哲学。

而"知行合一"就是解决这一问题的唯一方法。

人生在世，如果每个念头、做的每件事，都听命于良知，那最终，我们就能成为无所不能的圣人。

5. 格物：朱熹理学vs阳明心学

爱问："昨闻先生'止至善'之教，已觉功夫有用力处，但与朱子'格物'之训，思之终不能合。"

先生曰："'格物'是'止至善'之功。既知'至善'，即知'格物'矣。"

爱曰："昨以先生之教推之'格物'之说，似亦见得大略。但朱子之训，其于《书》之'精一'，《论语》之'博约'，《孟子》之'尽心知性'，皆有所证据，以是未能释然。"

先生曰："子夏笃信圣人，曾子反求诸己。笃信固亦是，然不如反求之切。今既不得于心，安可狃于旧闻，不求是当？就如朱子亦尊信程子，至其不得于心处，亦何尝苟从？'精一''博约''尽心'本自与吾说吻合，但未之思耳。朱子'格物'之训，未免牵合附会，非其本旨。精是一之功，博是约之功。曰仁既明知行合一之说，此可一言而喻。'尽心知性知天'是'生知安行'事，'存心养性事天'是'学知利行'事，'夭寿不二，修身以俟'是'困知勉行'事。朱子错训'格物'，只为倒看了此意，以'尽心知性'为'物格知至',要初学便去做'生知安行'事,如何做得?"

爱问:"'尽心知性',何以为'生知安行'?"

先生曰:"性是心之体,天是性之原,尽心即是尽性。'惟天下至诚,为能尽其性,知天地之化育。''存心'者,心有未尽也。'知天'如知州、知县之'知',是自己分上事,已与天为一;'事天'如子之事父,臣之事君,须是恭敬奉承,然后能无失,尚与天为二,此便是圣贤之别;至于'夭寿不二'其心,乃是教学者一心为善,不可以穷通夭寿之故,便把为善的心变动了,只去修身以俟命,见得穷通寿夭有个命在,我亦不必以此动心。'事天'虽与天为二,已自见得个天在面前;'俟命'便是未曾见面,在此等候相似,此便是初学立心之始,有个困勉的意在。今却倒做了,所以使学者无下手处。"

【译文】

徐爱问:"昨天听闻先生'止至善'的教诲,已然觉得功夫有所着落,但思前想后,觉得与朱子'格物'之说有所不合。"

先生说:"'格物'是'止至善'的手段。既然知道'至善'了,那么也就知道'格物'了。"

徐爱说:"昨天以先生的教诲推及'格物'之说,似乎也能通晓个大概。但朱子之说,有《尚书》中的'精一'、《论语》中的'博约'、《孟子》中的'尽心知性'作为依据,所以我还是不明白。"

先生说:"子夏虔敬地相信圣人,曾子则切实地反省自身。相信圣人固然不错,但不如反省自身来得好。而今你既然没有想清楚,怎么可以拘泥于旧的学说,而不去探求真正的道理呢?就如同朱子虽然尊信二程,但在义理上有不得于心之处,又何尝盲从了呢?'精一''博约''尽心',本就与我的学说吻合,只是你未曾认真思考。朱熹'格物'的说法,不免有牵强附会之嫌,不是《大学》的本旨。'精研'是'专一'的手段，'博文'是'约礼'的手段。你既然能够明白'知行合一'之说，这些话我一说你应该就能懂。'尽心知性知天'是'生知安行'的人能够做的事，'存心养性事天'是'学知利行'的人能够做的事，'夭寿不二，修身以俟'是'困知勉行'的人做的事。朱熹错解了'格物'，只是因为将之倒过来看了，认为'尽心知性'就是'格物知至'，要求初学者就去做'生知安行'的人才能做的事，这怎么可能做到呢？"

徐爱问："'尽心知性'，怎么就是'生知安行'的人才能做的事了呢？"

先生说："性是心的本体，天理是性的本原，尽心便是尽性。《中庸》说：'只有天下最为诚挚的人，才能真正尽性，才能通晓天地造化。''存心'，是因为心有未尽之处。知晓天道的'知'，如同知州、知县的'知'，是将此作为自己分内的事，所以知天就是与天合一；'事天'，如同儿子侍奉父亲、臣子辅佐君主，必须是恭敬小心侍奉，才能够没有过失，然而终究是与天分离了，这便是圣人与贤者的区别；至于'夭寿不二'的心，是教人一心行善，不可因为处境顺逆、寿命长短而改变行善的心，而要时刻修养自身、以待天命，只要领悟到处境顺逆、寿命长短都是命中注定的，我也能够做到不为此改变心意。'事天'虽然与天分离，但已然看到有个天道；'俟命'则是尚未看见天道，好比是在等候自己与天道相见，这便是初学者确立其心的开端，是要其于困苦中勉力。如今却倒过来去做，所以使得学者无从下手。"

【度阴山曰】

1508年，王阳明被发配到蛮荒的贵州龙场驿站，那里的生态环境相当恶劣。一方面是空气质量，当地有瘴疠之气，这对于从小患肺病的王阳明而言，无异于雪上加霜；另一方面就是驿站破败，不能居住，王阳明只能住山洞；同时又缺衣少食，对于过惯了锦衣玉食生活的王阳明而言，龙场驿无论是从物质条件还是精神角度，都是人间地狱。

人遇到困境，一般有两种反应，一种是自暴自弃；一种是积极面对，寻找破解之道。王阳明显然属于后者，他在内外交困的情况下想到了圣人之学（当然是朱熹理学），试图用圣人之学来解决当下困境。

这种解决问题的方式被称为"格物"。朱熹的"格物"是向心外去探究万事万物，从而得到真理。为何朱熹的"格物"是这样的？因为朱熹把我们人心中的七情六欲铲除了，我们的心少了一部分，就必须到外面去格真理，以填补我们的心。如此，我们的心才是完整的。

向外去格的物，到底是什么？主要分为两种：一种是未知事物和平常事物，天狗食月，我们要去格；人用腿走路，也要去格；竹子在那里生长，我们还要去格。另外一种就是经典和权威，直白而言，就是那些成功人士的成功经验。

王阳明用朱熹的方法去格物，场景就是这样的：他会去问当地的野兽，因为野兽在当地生存得很好，这就是野兽的成功经验。王阳明可能会碰到两头熊，一个是熊大，一个是熊二。他会问："你们是如何生存下来的？"

熊大、熊二会告诉他："我们靠吃人活下来。"

这绝对是熊大、熊二的生存之理。但这个理，适合王阳明这个人吗？

每个人的成功经验都不能复制，因为每个人的心性不同，阅历不同，遇到问题时的反应也不同，最后的结果就会大不同。所以，别人的成功经验不可复制，也不能借鉴。

王阳明说："子夏虔敬地相信圣人，曾子则切实地反省自身。相信圣人固然不错，但不如反省自身来得好。"

一切靠自己体悟，知行合一，收获必然多多。终于有一天夜晚，王阳明大悟"格物致知"之旨（注意，王阳明的悟道是从《大学》的"格物致知"来的)。

朱熹说,格物致知就是探究万事万物而获取到真知。而王阳明的"格物致知"很简单,由于"吾性自足,不假外求",所以,格就是"正"的意思,物就是"事",**所谓"格物",就是在事情上正念头。只要正了念头,就是致良知了。**

"格物致知"这四个字,在王阳明1521年正式提出"致良知"后,又有了新的解释:致知是致吾良知于事事物物,格物就是事事物物得到天理。比如,致我的良知于父母身上,肯定是孝的天理,于是,对待父母这件事就符合天理了。

由于"吾性自足,不假外求",所以一切问题都是心的问题,一切问题都可以在心上完成。你要吃饭,就在吃饭这件事上正念头——细嚼慢咽;你要好色,就要在色这件事上正念头——只对自己的女人好色,别去外面胡搞。

这就是王阳明的"格物",一切都在心上完成。

谈完格物,王阳明又谈到阳明学最重要的一个问题:人分三等。

魏徵做宰相时,一天正休息,听到两个参加选官的人在窗下聊天。甲说:"咱们的官职都是由屋里的老头决定的。"乙不同意:"是由老天定的。"

魏徵听后,就写了一封信,让甲送到组织部(吏部)副部长那里去,信里说"给送信的人安排一个好职务"。甲不知道信的内容,一出门,突发心绞痛,就让乙帮忙送过去。

第二天,魏徵一看,甲没有被授予官职,乙却被授予了官职,他大为奇怪,问清原因后,大发感叹:"官职由天定,确实如此啊。"

岂止官职由天定,我们的命运也是由天定的。

在这段谈话中,有一段话应该引起我们的注意:只要领悟到处境顺逆、寿命长短都是命中注定的,我也能够做到不为此改变心意(见得穷通寿夭有个命在,我亦不必以此动心),这是王阳明心学的一个宿命论，其主张就是，人不能胜天，因为你是由天注定的。

儒家从天赋上把人分为三等：生知安行、学知利行、困知勉行，王阳明认可这种分法。

生知安行的人，尽心知性知天。就是说，他一来到世上就知道自己是什么样的人（知天），能得到什么（知性），最后就是按与生俱来的良知用心去做（尽心）。他不管心外那个客观世界是什么样子，他会创造一个自己的世界。

学知利行的人，存心养性事天。就是说，他来到这世上并不知自己是什么样的人，能创造什么样的人生价值，但他有意识地去追寻这些答案，尽人事听天命（养性事天），时刻让自己良知光明（存心），通过后天努力，也能抵达生知安行的人的境界。和生知安行的人有差异的是，学知利行的人必须和客观世界接触，偶尔会受客观世界的影响，来营造自己的世界。

困知勉行的人，"夭寿不二，修身以俟"。这种人，没有天赋，或者说良知太小，来到世界上，又不肯光明那可怜兮兮的良知，浑浑噩噩一生。

你认为自己是哪种人？

6. 去除邪念，就是格物

先生又曰："'格物'如《孟子》'大人格君心'之'格'，是去其心之不正，以全其本体之正。但意念所在，即要去其不正以全其正，即无时无处不是存天理，即是穷理。'天理'即是'明德'，'穷理'即是'明明德'。"

【译文】

先生又说："'格物'的'格'如同《孟子》中'大人格君心'的'格'，是去除心中不正的念头，使心之全体归于正当。只要意念所到之处，均要革除其不正之处而使心的全体归于正当，就是无时无刻不存养天理，就是穷尽事物的道理。'天理'就是'明德'，'穷理'就是'明明德'。"

【度阴山曰】

去除不正的念头，就是存天理，就是朱熹所谓的"穷尽天理"，不需要再搞别的花招。

中国人祭祀神佛，念头就不正，总是希望神佛能给自己带来利益。这种念头必须去除，我们存的天理应该是，祭祀神佛就是目的。如果祭祀神佛是希望从他们那里得到什么，那就是把祭祀神佛当成了形式，希望得到什么才成了目的。

所谓格物，就是在所有事上去除不正之念，这就是存天理、去人欲了。

7. 良知：道德感和判断力

先生曰："知是心之本体，心自然会知。见父自然知孝，见兄自然知弟，见孺子入井自然知恻隐。此便是良知，不假外求。若良知之发，更无私意障碍，即所谓'充其恻隐之心，而仁不可胜用矣'。然在常人不能无私意障碍，所以须用致知格物之功，胜私复理。即心之良知更无障碍，得以充塞流行，便是致其知。知致则意诚。"

【译文】

先生又说："知是心的本体，心自然会知。见到父亲自然知道孝顺，见到兄弟自然知道友爱，见到小孩坠入井中自然会有所不忍。这便是良知，不需要向外去求。如果良知能够发挥作用，且没有私心妄意的障碍，就是所谓'只要能够扩充悲悯同情的心，那么仁的作用便可用之不竭'。然而，一般人恐怕不能没有私心妄意的障碍，所以才必须用'致知''格物'的功夫，克除私意、复归天理。这样心中的良知才能没有障碍，才能充塞、周流于心间，这便是致良知。良知得以恢复，那么意念也得以诚敬了。"

【度阴山曰】

在1521年正式提出"致良知"之前，王阳明提"良知"的次数并不多，在《传习录》中，清晰地提出"良知"的，只有此处。

虽然不多，但只要提出，就解决了很多问题。比如，为何心即理（天理在我心中），原因就是我们心上有个良知。心自然会知，全是良知的功劳。由此可知，王阳明当时龙场悟道，已经悟出了"良知"，只是没有正式提出。

见到父亲自然知道孝顺，见到兄弟自然知道友爱，见到小孩在井口玩耍自然内心紧张，这就是良知。

它是自然知道的，不需要靠后天思考和努力。七层楼上掉下个婴儿，走在下面的人自然会知道要去接，这不需要学习，几乎就是我们自然而知的，它可以看作我们的本能。

既然是自然知道的，那它就是先天而来的，不是后天获取的。我们先天就有这样一个什么都知的良知，所以天理就在我们手上，而不在心外了。

遗憾的是，很多人的良知因被私心妄意遮蔽，无法发挥作用，所以必须"格物"——在所有事上正念头，克除私意，回归天理。良知恢复后，我们再依凭良知去行动，这就是致良知。

良知，不仅仅是良心。譬如七层楼上掉下的不是婴儿，而是一个二百五十斤的胖子，我们就不会去接。同样是生命，为何接婴儿而不会接胖子？原因在于，我们良知里还有个判断力，用孟子的话说就是良能。

如果良心告诉我们，什么该做，什么不该做，那判断力就告诉我们，什么是我们有能力做到的，什么是我们没有能力做到的。

于是，良知就是我们与生俱来的本能的道德感和判断力。

它是我们心的主宰。

8. 心安就是天理的衡量标准

爱问："先生以'博文'为'约礼'功夫，深思之未能得，略请开示。"

先生曰："'礼'字即是'理'字。理之发见可见者谓之文，文之隐微不可见者谓之理，只是一物。'约礼'只是要此心纯是一个天理。要此心纯是天理，须就理之发见处用功。如发见于事亲时，就在事亲上学存此天理；发见于事君时，就在事君上学存此天理；发见于处富贵贫贱时，就在处富贵贫贱上学存此天理；发见于处患难夷狄时，就在处患难夷狄上学存此天理。至于作止语默，无处不然，随他发见处，即就那上面学个存天理。这便是'博学之于文'，便是'约礼'的功夫。'博文'即是'惟精'，'约礼'即是'惟一'。"

【译文】

徐爱问:"先生将'博文'视作'约礼'的手段,仔细思考后,还是不能领悟,请先生稍加提点。"

先生说:"'礼'字就是'理'字。理表现出来被人看见就是文,文隐藏起来不为人所见就是理,两者是一个东西。'约礼'是要让人的心中纯粹都是天理。要做到这一点,就需要在理能被人所看见的地方下功夫。例如,呈现在侍奉双亲上,就要在侍奉双亲上学习如何存养天理;呈现在辅佐君主上,就要在辅佐君主上学习如何存养天理;呈现在身处富贵贫贱的境遇中,就要在富贵贫贱的境遇中学习如何存养天理;呈现在身处患难、身处荒蛮之地时,就要在身处患难、身处荒蛮之地中学习如何存养天理。无论有所作为还是无所事事,无论与人交谈还是处于静默之中,没有一处不是这样,随着天理呈现于具体的事物,就要在具体的事物上去学习存养天理。这便是'博学之于文'的含义,便是'约礼'的手段。'博学于文'就是'精研','约之以礼'就是'专一'。"

【度阴山曰】

北宋时期,有宋郊、宋祁兄弟二人,家境贫苦,靠着节衣缩食考取功名,后来都做到了宰相的高位。

二人虽然是兄弟,但对待生活的态度大相径庭。宋郊从小节俭惯了,即使做到宰相,也勤俭持家。而宋祁恰好相反,从前做小官时,就花钱大手大脚,是个"月光族";做了宰相后,变本加厉,整日大摆筵席,门庭若市。

兄弟俩是邻居,宋祁不分昼夜地举行宴会,宋郊大大受不了。于是他给宋祁写了个字条:还记得当初在某寺庙喝冷粥读书的情景吗?

宋祁第二天从醉酒中醒转,看到字条,觉得好笑,于是回道:"当初喝冷粥读书,不知为的什么?"

这话背后的意思是，还不是为了今天能享受！

有人批评宋祁，认为他的人生观有问题；自然也有人赞颂宋郊，认为他吃苦耐劳的作风才是我们学习的榜样。

阳明心学主张，随情境的变化而变化，这就是存天理。在父亲面前，所存的天理就是孝；在妻子面前，所存的天理就是爱；在贫贱时，所存的天理就是吃苦耐劳；在富贵时，所存的天理就是享受。

不能情境改变了，你的天理还没有变。

刘彻（汉武帝）特别宠爱宰相公孙弘，但有人抨击公孙弘："这孙子官职高，薪水高，可仍然盖棉布被，每顿饭只吃一个荤菜，这说明他心性狡诈。"

刘彻就问公孙弘，公孙弘只好承认："我确实有沽名钓誉之心。"

天理，就在我们心里，没有外在的固定的衡量标准。**当享富贵即享富贵，就是存天理；当弃富贵即弃富贵，也是存天理。什么时候存，什么时候弃，衡量的标准只有两个字：心安。**

所遇情境中，无论你做出什么样的事，只要心安，就符合那个情境，就是在存天理、去人欲。

9. 坏人有可能做好事，好人也可能做坏事

爱问："'道心常为一身之主，而人心每听命'，以先生'精一'之训推之，此语似有弊。"

先生曰："然。心一也，未杂于人谓之道心，杂以人伪谓之人心。人心之得其正者即道心，道心之失其正者即人心，初非有二心也。程子谓'人心即人欲，道心即天理'，语若分析，而意实得之。

今曰'道心为主，而人心听命'，是二心也。天理人欲不并立，安有天理为主，人欲又从而听命者？"

【译文】

徐爱问："朱子说'道心常为一身之主，而人心每听命'，如果以先生'精研专一'的教诲来推断，这一说法似乎有不对的地方。"

先生说："是的。心只是一个心，不夹杂着人欲便是道心，夹杂着人的伪饰就是人心。人心如果能够使其归于正道，则是道心，道心如果失去正当，即是人心，起初并非有两个心。程颐先生认为'人心即人欲，道心即天理'，这话乍听之下像是将心分开来说了，实则是领悟到了一个心的意思。如朱熹所说'道心为主，而人心听命'，则认为有两个心了。天理与人欲从来不能并立共存，哪有以天理为主宰，而人欲听命于天理的道理呢？"

【度阴山曰】

秦桧，谋杀岳飞的主谋。在"莫须有"事件后，他被世人痛骂。他自己也是破罐破摔，常常树立各种各样的政敌，然后将他们消灭。某次，有个地方官带着十几岁的儿子到京城述职，这个儿子不是什么省油的灯，在父亲的旅馆办公桌上写了"可斩秦桧以谢天下"的字条。

有人就拿着这张字条威胁该官，要他出钱买回。该官拒绝了。此人就把字条给了秦桧的走狗们。走狗们向秦桧报告，请求捉拿那个官员的孩子。

秦桧却说，捉他做什么，他只是个孩子嘛。

这件事告诉我们，坏人也有做好事的时候。

孔夫子，天下第一大好人、大圣人。他在鲁国做官时，有个叫少正卯的学问家，名气很大，轰动一时。

孔子就让人把少正卯捉了，定了他五条罪，其中一条：口才很好，但没有一句话是真的（言伪而辩）。

此事告诉我们，好人也有做坏事的时候。

朱熹认为，心分成两种，一种是人心，即人欲；一种是道心，即天理。这种分法是典型的一刀切，要么是人心，要么是道心，二心水火不容。

那秦桧的心属于人心还是道心？如果是人心，他却做怀揣道心之人做的事。孔子的心属于人心还是道心？如果是道心，他也做怀揣人心之人做的事。

王阳明则认为，道心和人心只是一心，人心正了就是道心，道心歪了就是人心。所以，天底下没有永恒的圣人，只有圣人和魔鬼的不停转换。

也就是说，道心人心本是一，天理人欲不并立。拒绝人的脸谱化和僵化，再好的人也有做坏事的时候，再坏的人也有做好事的时候，只看他们是存了天理，还是存了人欲。

如果我们明白了这点，就知道，有些人并不那么坏，他们的身上肯定有人性的闪光点；有些人也并没有那么好，他们的身上也必有恶的火花，稍不留意，就会冒出来。

明白了这点，我们就会对人类报以同情——**坏人不是注定就坏，只是常常发挥"人心"**。我们也会对那些高大上的人报以警惕——没有永恒的好人，他们只是更多时候遵循着"道心"而已。

人欲太多，天理就不在了，人欲怎么可能听天理的？天理过多后，人欲就不在了，那还去什么人欲？

10. 专心就是炼心

陆澄问:"主一之功,如读书则一心在读书上,接客则一心在接客上,可以为主一乎?"

先生曰:"好色则一心在好色上,好货则一心在好货上,可以为主一乎?是所谓逐物,非主一也。主一是专主一个天理。"

【译文】

陆澄问:"专注于一的功夫,是否就像是读书一心一意在读书上,待客一心一意在待客上,这是否就是专一的功夫?"

先生说:"好色就一心一意在好色上,贪财就一心一意在贪财上,也可以算作是专一吗?这不过是追逐物欲罢了。专一是一心专注于天理。"

【度阴山曰】

有人问牧师:"我祈祷的时候可以抽烟吗?"

牧师回答:"不可以。"

人再问:"我抽烟的时候可以祈祷吗?"

牧师回答:"可以。"

主一,就是敬,就是对天理的无条件崇敬。在这个故事中,祈祷就是天理,是我们专注的唯一。我们要绝对地敬重它,要分清主次,分清灵魂是什么。专注天理时,任何事都可做;不专注天理时,所有事都做不得。

程颢和程颐是兄弟,但性格迥异,程颢洒脱,程颐严肃。性格决定了两人在学术上的不同,于是,二人后来分别成为理学和心学的开山鼻祖。

程颢除了在儒学上有大成就，在所谓的小技，诸如琴棋书画上都有极深造诣；程颐则专心于儒学，心无旁骛。某次，兄弟二人去赴宴，主人给两人找了歌姬陪吃陪喝陪聊天。

程颐浑身不自在，更让他不自在的是，老哥程颢居然很玩得开，尺度相当大。

二人回家的路上，程颐指责程颢说："老哥，您太不知体统，一点读书人的仪态都没有了。"

程颢问："什么事？"

程颐就把刚才老哥与歌姬的事说了一遍。程颢大笑："我出门就把歌姬的事忘了，你居然记了一路。"

程颐犯了个毛病：和歌姬一起时，心不在焉，离开歌姬后，又心有所系，这是典型的不专一。**在什么情境下，就该做什么事，不能虚伪，要认真做，不能被从前的规矩束缚。**

阳明心学所谓的专一，有两层意思。

第一，在无伤大雅的情况下，要随俗。既然你在人家家里做客，主人请了歌姬，那就不要装君子，那地方不是装君子的地方。但如果有伤大雅，比如进了土匪窝，你就不能当土匪。君子有所为有所不为。

第二，我们做的任何事，都有个主导此事的灵魂在，这个灵魂就是天理。琴棋书画，只是小技，但在锻炼这些小技时，心中要把它们当作修行的术，修行我们的意志力、专注力，最终让心静下来。它是通往道的术，而不是道本身。

程颢和歌姬玩大尺度，只是当时开明知识分子的一种消遣方式，这种消遣方式在当时是无伤大雅的，那就要尽兴、专一。离开这个场景后，马上就忘掉，而不能如程颐那样还惦记着。

遗憾的是，我们所谓的专一，都偏离了这层。正如王阳明所说，好色就一心在好色上，把好色当成了道；贪财就一心在贪财上，把贪财当成了道。

这就不是专一,看似诚心诚意地在做事,其实是在被物牵着走。专一,是炼心。那些看上去不以天理为主的聚精会神,不但不是专一,还是专一最大的敌人!

11. 立志是心学第一要务

问立志。

先生曰:"只念念要存天理,即是立志。能不忘乎此,久则自然心中凝聚。犹道家所谓'结圣胎'也。此天理之念常存,驯至于美大圣神,亦只从此一念存养扩充去耳。"

【译文】

有人问如何立志。

先生说:"只要心心念念存养天理,就是立志。能够不忘记这一点,久而久之,天理自然会在心中凝聚。就像是道家所说的'修炼内丹'一样。心中时刻不忘存养天理,逐渐达到孟子所说的美、大、圣、神的境界,也只不过是从起初的念头不断存养、扩充出去的罢了。"

【度阴山曰】

从前,有两个生意人来到一片远离闹市的居民区。两人发现这里没有超市,于是几乎同时在居民区开起了便民超市。

甲的超市比乙的大,但一个月过后,生意惨淡。而乙的小超市风风火火,几乎成了所有居民的不二之选。甲大惑不解,找到乙,询问诀窍。

乙也大感不解，他认为甲的实力比他的强，生意应该比他好，但结果竟然相反。

甲就观察乙的超市，发现超市的货物和自己的也差不多。不过有个小细节，乙的货物似乎都很接地气，而且摆放得也特别用心。

他问乙："你为什么要开超市？"

乙回答："我看到这里一个超市都没有，居民们肯定不方便，开这个超市就是方便他们的。"

甲说："我不这样想，我想的是，这是个市场空白，抢占市场空白，就抢占了利润。"

如果把甲和乙对为何开超市的答案看作立志的话，虽然都是开超市，但甲乙二人的"志"完全不同。

我们注意到，乙的"志"是方便当地居民，而甲的"志"是赚钱。

乙立下那样的志向后，如果他能不忘初心，就会为居民着想，就会用心，真正为居民提供便利。而居民认可他的真心后，就会把利润送给他。

甲的志向，看似很精确，其实犯了个大错：**真正的志向，是一种情怀**，而不是有具体的所指。

在王阳明看来，人如果有志向，并且坚定地走在通往志向的路上，那这个人肯定能成功。志向就是我们人生的指南针。

人之所以要有志向，还有个原因：每个人都会被身边的琐事缠绕，许多人总是抱怨当下，负能量特别多，这就是因为你没有志向。当你有个远大的志向，并特别坚定、特别专一地向志向奔走时，你哪里有时间去管那些鸡毛蒜皮的小事呢？

正所谓"将军赶夜路，不打野兔"。将军赶夜路肯定有大事，这大事就是志向，脚下的野兔就是我们平时遇到的琐碎小事，真正的将军，根本不会去打野兔来浪费时间和精力。

所以，**立志可以让我们屏蔽掉身边鸡毛蒜皮的小事，让我们不抱怨，让我们轻装上阵。**

王阳明能创立心学，和他的立志密切相关。他在十二岁时，就问老师，何谓第一等事，也就是人生志向是什么。

老师说："读书中举做大官，光宗耀祖。"

王阳明摇着他的大头说："不对，我认为人生第一等事，应该是做圣贤。"什么是圣贤？圣贤就是要立德、立功、立言。做到这一点，就能普度众生，也能度自己。

我们立志，不是立下想成为什么样的人这种志向，而是想做成什么样的事。

用王阳明的说法，立志，就是心心念念存养天理。

这天理就是发自真诚地服务他人，而且毫无保留地付诸实践，最后成就自己。俗一点的讲法就是，为人民服务、天下为公、心怀他人，而不是全怀自己。

比尔·盖茨曾立下志向：要让所有的家庭都拥有一台计算机。倘若他当初立下的志向是要卖计算机给所有家庭来赚钱，恐怕就不会有今天的比尔·盖茨。

每一件事，都存养着为人民服务、天下为公、心怀他人，而非全怀自己的天理，这就是念念存养天理，就是立志。天长日久，就会有圆满人生。

最后，我们要说的是，王阳明在创立心学后制定的王门四规中，第一条就是"立志"，而在这里，他所谓的"立志"其实就是做个好人。什么是好人？不作恶就是好人，就是在存养天理。所以，立志说难很难，说不难也非常容易。

12. 以毒攻毒，方能治毒

"日间工夫，觉纷扰，则静坐；觉懒看书，则且看书。是亦因病而药。"

【译文】

"如果白天用功时，觉得受到干扰，那就静坐；如果懒得看书，那就看书。这也是对症下药。"

【度阴山曰】

宋初，南唐派使者到北宋东京（开封）贡献礼物。按传统，北宋须派出一位接待使到两国边界迎接。这本是常事，随便派出一位官员即可。但满朝文武得知对方使节是徐铉后，这事就成了难事。徐铉是南唐名臣，以擅长长篇大论名扬天下。据说此人能把死人说活，把活人说死。

北宋朝臣都知道这小子口才学识很厉害，所以犯了难，赵匡胤笑道："这有何难，顺手指了一个禁卫军说，就他吧。"

众臣都跳了起来，按规定，禁卫军都是不识字的。

赵匡胤不管，拍板道："就让他去接徐铉。"

那个大字不识的禁卫军和徐铉一见面，徐铉就开始口若悬河，滔滔不绝。随行来的宋人惊愕万分，但那个禁卫军毫无表情，只是"嗯嗯啊啊"地应着。徐铉说的每句话，到他这里都如同进了墓道。

徐铉开始时没有觉察，喋喋不休。在路上走了几天，徐铉一直没有得到该有的应答，也就没有兴趣滔滔不绝下去了。

徐铉后来见到赵匡胤，说话的兴趣全无，他到最后也没有搞明白，那个接待使到底几斤几两。

赵匡胤选使，用的招数叫"以毒攻毒"。以毒攻毒不是以硬碰硬，北宋人才济济，找到一个和徐铉水平差不多的不在话下，但没有必要，两强相争，尤其是动嘴皮子，即使赢了，输的人也是心上不服。那是不是要避开呢？也不行，遇事，必须积极面对，而不是逃避。唯一的办法就是"以毒攻毒"，你用口才好的"毒"，我就用口才不好的"毒"，两"毒"相遇，肯定是后者胜。这就叫"无为而无不为"。

王阳明在这里谈到的问题，和赵匡胤选使神似：白天用功时，觉得外部环境特别嘈杂，你深深受到影响，最好的办法不是跑到密室静坐，而是就在这个嘈杂的环境中静坐。一次不成，两次，两次不成，三次，必须勇于应事，直面困难。

这就是以毒攻毒。

遇到事，很多人选择的是能避则避，实在避不了再面对。这样一来，不仅浪费了时间，反而会给自己增添心理负担。倒不如在遇到事时直接、快速面对，节省躲避的时间，这就是以毒攻毒。

人世间，最好的捷径就是直线，以毒攻毒、勇敢地面对就是直线。

13. 好朋友vs坏朋友

"处朋友，务相下，则得益，相上则损。"

【译文】

"与朋友相处，务必相互谦让，这样才会得益，相互竞争比较则会受损。"

【度阴山曰】

战国时，齐国宰相孟尝君乐善好施，求才若渴，手下门客几千人，好不热闹。孟尝君对门客说："我把你们当师长，当朋友，如果我有什么过错，你们一定要指出。"

门客们哇呀乱喊，都赞颂孟尝君乃千古第一完人，若想在他身上找到缺点，简直如大海捞针。孟尝君就在这些门客的吹捧中飘飘然。

后来，孟尝君被贬为平民，散伙时，他希望门客们跟着他，帮他东山再起，但门客们卷起铺盖，立即走人，连个招呼都不打。

孟尝君不由得感叹说："世态炎凉至此啊，朋友不过如此。"

再后来，孟尝君又恢复了荣誉和地位，那些门客又都跑回来，溜须拍马，好不恶心。

孟尝君愤怒地说道："你们这些禽兽不如的东西，当初走的时候多么干净利落。即使我今天有脸见你们，你们还有脸见我吗？"

门客们大笑道："你敢有脸见我们，我们就有脸见你啊。"

孟尝君把门客当好朋友，但显然，门客们根本不是他的好朋友，而是坏朋友。

孔子说，好（有益的）朋友有三种：正直的、诚信的、知识广博的；坏（有害的）朋友有三种：谄媚逢迎的、表面奉承而背后诽谤人的、善于花言巧语的。

如何判断一个人是好朋友还是坏朋友，孔子没有说。仅凭这些无法量化的正直、诚信、知识广博、谄媚逢迎、阳奉阴违、花言巧语的概念，我们无法知道谁是好朋友，谁是坏朋友。

王阳明给出一个方法：一定要在与朋友相处的过程中，看他是否诚信、正直，知识广博倒是其次的。谦让他而不是与他比高低，就能很快判断出他是坏朋友还是好朋友。

但说真的，朋友这玩意儿，有句话叫"臭味相投"，只要脾气对了，胃口对了，无论他对别人有多坏，对你都会很好。因为人都是有感情的，人性都是善的，大奸大恶之人，对他的家人和爱人，也会付出真情，无微不至。

什么是好朋友，什么是坏朋友，评价标准不是恒定的，更不是客观的。你的好朋友，只是你眼中的那人，而不是他本身。任何一个人都有优点，也有缺点，**交朋友，只要记住一条：相互谦让，别相互竞争。**

这就足够了。

14. 警戒自以为是

孟源有自是好名之病，先生屡责之。

一日，警责方已，一友自陈日来工夫请正。

源从旁曰："此方是寻着源旧时家当。"

先生曰："尔病又发。"源色变，议拟欲有所辨。

先生曰："尔病又发。"因喻之曰，"此是汝一生大病根！譬如方丈地内，种此一大树，雨露之滋，土脉之力，只滋养得这个大根。四旁纵要种些嘉谷，上面被此树叶遮覆，下面被此树根盘结，如何生长得成？须用伐去此树，纤根勿留，方可种植嘉种。不然，任汝耕耘培壅，只是滋养得此根。"

【译文】

孟源有自以为是、爱好虚名的毛病，先生曾多次批评他。

有一天,先生刚刚批评过他,一位学友来谈自己修养的近况,请先生指正。

孟源在旁边说:"你才刚刚达到我以前修行的水平。"

先生说:"你的毛病又犯了。"孟源脸色通红,想要为自己辩解。

先生说:"你的毛病又犯了。"先生借此教导孟源,"这是你人生中最致命的病根!就像方圆一丈的地里种了一棵大树,雨露滋润,土壤栽培,只是滋养这棵大树的根。如果在这棵大树周围种些好的庄稼,上面的阳光被树叶遮蔽,下面的土壤为树根缠绕,这些庄稼怎么长得成呢?只有砍去这棵大树,将树根拔得一干二净,才可以种植这些好庄稼。如若不然,任凭你如何努力耕耘栽培,也不过是滋养这个树根罢了。"

【度阴山曰】

汉末的杨修,他名扬中国历史,靠的不是功绩,而是诸多小聪明。

关于他的小聪明,史不绝书,仅举几例。

某次,曹操让人建造一座花园,建成之日,他去观看时,什么都没说,只取笔在门上写了一"活"字。

许多人都不明白。杨修跳出来道破天机:"'门'内添'活'字,乃'阔'字也。曹先生嫌门太阔了。"

工匠们急忙把门改窄。曹操再来看,很高兴地问:"谁告诉你们的?"

有人说:"是杨修。"

曹操觉得杨修很聪明。

不久,有人给曹操送来酥饼一盒。曹操随手在盒上写了"一合酥"三个字,就放到了案头上。

杨修进来看见,就把酥和大家分吃了。

曹操问他什么意思。

杨修回答:"丞相您盒上写着'一人一口酥'嘛,我们岂敢违背您的命令呢?"

曹操觉得杨修真的很聪明。

身为乱世丞相,曹操总是担心别人暗杀他,于是就吩咐侍卫说:"我这人精神不好,即使睡觉,也会突然对近我身的人下杀手,你们千万不要在我睡梦中近身。"

侍卫们都遵令而行。但有一次,曹操"睡梦"中把被子蹬掉了,有个侍卫过来给他盖被,曹操抽出宝剑,宰了侍卫,然后继续睡觉。

醒来后,众人对他说了事情经过,曹操大哭,厚葬了那个侍卫。

事后,众人都认为曹操能梦中杀人。

只有杨修说:"不是丞相在梦中,而是我们在梦中。"

曹操觉得杨修聪明过了头,但他决定再给杨修一次机会,可惜杨修没有珍惜。

"大耳贼"刘备亲率大军打汉中,曹操率大军迎战。

两军在汉水一带对峙。

曹操屯兵日久,进退两难,于是就对着厨师端来的鸡汤发呆,他看到碗底有鸡肋,有感于怀,正沉吟间。有将军入帐禀请夜间号令,曹操随口说:"鸡肋!鸡肋!"人们便把这个号令传下去。

杨修听了,就开始在军营上蹿下跳,说丞相要撤兵,因为鸡肋这玩意儿,食之无味,弃之可惜。

曹操知道后,暴跳如雷,怒斥杨修造谣惑众,扰乱军心,于是将其斩首。

一代聪明人杨修,就这样没了。

杨修的确聪明,思维敏捷,很多别人制造的迷雾问题,他都洞若观火。王阳明的弟子孟源也具备这种才能,这个安徽滁州人,在王阳明身边多日,听了那么多心学课,却仍是一副自以为是的模样,惹得王阳明把他训斥得体无完肤。

杨修和孟源有个共同点：炫耀时不知道这是小聪明，他们还以为自己良知很明。

孟源和杨修为什么被称为自以为是，而不是高度自信？原因如下。

第一，他们固然能发现问题的关键，但全部说了出来。

第二，他们发现的那些问题，其实都是小问题，**人对于发现小问题的沾沾自喜，往往是难成大事的直观呈现。**

第三，在无伤大雅的小问题上自以为是，是表演给别人看；高度自信，是表演给自己看。

第四，表面看上去他们知识很渊博，无所不知，其实只是读书读偏了，真正的读书人，是壮大自己，而不是炫耀自己比别人聪明。

人一旦自以为是后，就如王阳明所说，你学得越多，掌握的知识越渊博，其实就越给你带来伤害。因为自以为是是大树，遮蔽了你认知的一切，你唯一留下的只有那棵自以为是的大树，什么种子都不会发芽。

杨修如果不是饱读诗书，他不会有那么多才能；没有那么多才能，就不会猜中曹操的问题；不会猜中，就说不出来，这样他可能就会躲过一劫。

这就是"大树理论"——自以为是者，越是知识渊博，就越危险。

15. 真理一定是简单的

问："后世著述之多，恐亦有乱正学？"

先生曰："人心天理浑然，圣贤笔之书，如写真传神，不过示人以形状大略，使之因此而讨求其真耳；其精神意气，言笑动止，固有所不能传也。后世著述，是又将圣人所画，摹仿誊写，而妄自分析加增，以逞其技，其失真愈远矣。"

【译文】

陆澄问："后世的著述汗牛充栋，恐怕也会扰乱儒家的正宗吧？"

先生说："人心与天理本就浑然一体，圣贤将之写进书里，就像给人画像一般，只不过是给人看一个基本的轮廓，使得人们能够据此探求真正的心体；至于所画之人的精神相貌、言谈举止，本来就不太能表现出来。后世的许多著述，是将圣人所画的像再描摹誊写，又在里面加入许多妄自尊大的理解，试图炫耀自己的才能，这样就离真正的圣学越来越远了。"

【度阴山曰】

如果有人问你，"孝钦慈禧端佑康颐昭豫庄诚寿恭钦献崇熙配天兴圣显皇后"是谁，你大概答不上来。但如果有人问你，慈禧是谁，你一定知道。很多人总是把简单的东西搞复杂，就如慈禧太后这个谥号。同样，真理也是如此。

顾城说：**"我不知道什么是真理，但我知道，它一定是简单的，要不人早知道它了。"**

顾城说的是真理。

中国古人常讲，大道至简。意思是，真正的人生大道理、生存真理都是特别简单，妇孺能知的。孔子说，仁者爱人，这就很简单。要注意的是，孔子所谓的"人"可不是所有苍生，而只是当时的贵族阶级。墨子则说，要兼爱天下人。只要是个人，我们就都要爱。

如此简单的真理，被后人解释得神乎其神，复杂艰涩。"仁者爱人"四个字，就能写出一本书。

哪里有那么复杂？

只要发自真心地去爱别人就是了，搞那么多理论，把一个人人都能明白的真理解释得"山路十八弯"，最后连自己都蒙了。

王阳明说，真理这玩意儿就像一幅简单勾勒出的肖像画，大家一看，原来是这样。但自作聪明的人觉得圣人画的这画肯定没这么简单，于是左一笔右一笔地涂抹，最后，这幅画就成了一幅复杂的油画。

这样一来，就产生了两种恶果。

第一，真理这幅肖像画升级为油画，它就成了艺术。艺术不是人人都懂的，所以很多人就放弃了追求真理，放弃了遵循人生大道理。他们一致认为，真理这玩意儿是圣人玩的，咱们普通人怎么玩？咱们只能玩玩人欲。

第二，一旦对朴素的真理添油加醋，人就只会在理论上付出精力，而少了许多行动，最后导致的就是知行不一。

中国传统哲学，是以儒学为根基的。事实上，儒释道三家，道家哲学最深奥，其次佛家，最简单的才是儒家。中国人选择了最简单的儒家，而不是道、佛，已足以说明，真理就是最简单的，若想让所有人能知能行，只有最简易的哲学才可以。

孔孟之道，一以贯之，忠恕而已；阳明心学，一以贯之。这个"一"就是心，就是良知。为人处世凭良知，这就是阳明学的真理，非要把阳明学搞得高深莫测，不但是画蛇添足，而且是贻害众生，是人类的最大敌人。

我们常常为真理涂脂抹粉，掩盖了它的本来面目，我们要认清它，必须为它卸妆。这卸妆的工作是最难的，但最难的事，有人做得不亦乐乎，做得很成功。

对最简单的事情，我们却丧失了认清和处理它的能力。你对父母孝顺吗？你对工作忠诚吗？你对身边的人友好吗？这些简单的事，认识和做起来，在今天非常费劲。所以，顾城才说，真理一定很简单，否则，大家就都懂了。

不给真理涂脂抹粉，不把真理搞得复杂的唯一途径，就是遵循经典，回归本心。因为所有的真理、经典，说的都是一件事：真心！

16. 事上磨炼

问："静时亦觉意思好，才遇事便不同。如何？"

先生曰："是徒知静养，而不用克己工夫也。如此，临事便要倾倒。人须在事上磨，方立得住，方能'静亦定，动亦定'。"

【译文】

陆澄问："静守时感觉不错，但遇到事情就感觉不同。为何会如此？"

先生说："这是因为你只知道在静守中存养，却不去努力下克制私欲的功夫。这样一来，遇到事情就会动摇。人必须在事情上磨炼自己，这样才能站得稳，达到'无论静守还是做事，都能够保持内心的安定'的境界。"

【度阴山曰】

有部叫《双旗镇刀客》的电影，主人公是个小孩，武器是双刀。后来他干掉了号称"一刀仙"（大概是杀人只用一刀）的第一大坏蛋。

但和"一刀仙"决斗前，小孩心惊胆战，毫无信心，还请了位吹牛皮的高手。因为那位吹牛皮的高手不敢来，所以小孩只好硬着头皮上了，结果却大大出乎他的意料。

这部影片如果从心灵鸡汤的角度来讲，它告诉我们，千万别小看了自己；从阳明心学的角度来讲就是，**你不去事上练，就永不知道自己到底有多厉害。**

南宋中期，有位叫郭倪的官员，认定一条真理：世上没有读书人不会的事。他认为，文人带兵，就如老猫捕鼠，手到擒来。所以，他向来认定自己是"大宋诸葛亮"。

为了和诸葛亮有贴心的感觉，郭倪在自己的扇子上面郑重地题下"三顾频烦天下计，两朝开济老臣心"，在屋舍中的墙壁上写满了"伯仲之间见伊吕，指挥若定失萧曹"这类赞颂诸葛亮的诗句。

郭倪的种种行为艺术传到了权臣韩侂胄耳里，韩侂胄大喜过望，任命他为北伐军总司令，征伐金国。

接受重任的郭倪扬扬得意，在地图上排兵布阵，指挥若定，口若悬河。众人都认为他真的是再世诸葛亮。

可惜，他指挥的大军在几个月的时间里被金军打得屁滚尿流，这位"大宋诸葛亮"更是带头落荒而逃。

经过这么一仗，大家也都看清了郭倪"纸上谈兵"的草包本质，对其鄙视之余，干脆给他起了个新的外号：带汁诸葛亮。

这个故事告诉我们，**不去事上练，你永远不知自己的良知有多小。**

"克己"是克制私欲，存天理、去人欲的意思。王阳明说，人必须去事上磨炼，其实就是要克己。但怎样克己呢？

整日端坐，想尽各种方式抵御诱惑，这算克己吗？

根本不算，因为没有现实的诱惑在，你把自己想得多么伟大都可以。

人必须去经历诱惑的事，只有在事情上抵御住诱惑，才算是克己了。

为什么要去事上磨炼呢？

因为你的心在腔子里是心,到事物上才是理。若没有理,也就等于你没有心,因为心即理。

去事上磨炼,得到的种种道理,无论是好的还是坏的,都是在磨炼你的心。

有人号称是有良知的人,必是他做了很多有良知的事,否则,众人怎么可能知道他是有良知的人呢?

良知必须体现到现实中来,才是真良知,你也才能知道你的良知到底多光明,多黑暗,多大!

17. 什么是工匠精神

问:"'惟精''惟一',是如何用功?"

先生曰:"'惟一'是'惟精'主意,'惟精'是'惟一'功夫。非'惟精'之外复有'惟一'也。'精'字从'米',姑以米譬之:要得此米纯然洁白,便是'惟一'意,然非加舂簸筛拣'惟精'之工,则不能纯然洁白也。舂簸筛拣是'惟精'之功,然亦不过要此米到纯然洁白而已。博学、审问、慎思、明辨、笃行者,皆所以为'惟精'而求'惟一'也。他如'博文'者即'约礼'之功,'格物致知'者即'诚意'之功,'道问学'即'尊德性'之功,'明善'即'诚身'之功,无二说也。"

【译文】

陆澄问:"如何做'精研'和'专一'的功夫?"

先生说:"'专一'是'精研'所要达到的目的,'精研'是

'专一'的实现手段。不是在'精研'之外另有'专一'。'精'字是米字旁，姑且就用米来做比喻：要使得大米纯净洁白，便是'专一'的意思，但是如果不对米进行舂簸筛拣精选，那么大米便不能纯净洁白。舂簸筛拣便是'精研'的功夫，其目的也只不过是使大米纯净洁白罢了。博学、审问、慎思、明辨、笃行，都是通过'精研'来达到'专一'的目的。其他诸如'博文'是'约礼'的手段，'格物致知'是'诚意'的手段，'道问学'是'尊德性'的手段，'明善'是'诚身'的手段，其中的道理都是一致的。"

【度阴山曰】

很久以前，有个厨子叫庖丁，此人最擅长的就是杀牛。他给魏王现场表演宰牛，手所接触的地方，肩膀所倚靠的地方，脚所踩的地方，膝盖所顶的地方，都哗哗作响，进刀时音律和谐，看他宰牛，哪里是看宰牛，简直是在欣赏一场艺术。

魏王看到最后，眼睛都直了，问他："你宰牛的技术怎么高超到这种程度？"

庖丁平静地回答道："要依照牛体本来的构造去宰去解，刀刃要始终像刚磨过一样锋利。每当碰到筋骨交错、很难下刀的地方，便要格外小心，提高注意力，动作缓慢，把视力集中到一点……"

这就是庖丁解牛。它给我们熬了一碗这样的鸡汤：做任何事只有做到手到、眼到、神到、心到，才能创造奇迹。

最终的一点就是要心到，以阳明心学的语境而言，就是用心。用今天的话语来讲，就是工匠精神。

工匠精神，说得假大空一点则是，不要把工作当成谋生的工具，要树立一种对工作执着，对所做事情、所制产品精益求精、精雕细琢的精神；说得朴实一些就是，把最简单的事、最简单的动作，不停地用心重复，做到极致，到最后，你就是大师。

归根结底，就是用心。

北宋初期，皇帝赵匡胤要把封禅寺扩张为开宝寺，该工程的带头人是当时最牛的建筑师喻浩。喻浩接到任务后，整日在工地东量西测，三过家门而不入。他事无巨细，全部躬行，甚至是挑选搬运工人，都要亲自面试。

几个月后，开宝寺建成，政府派人来检查。开宝寺从里到外，处处体现着喻浩的匠心独运，但就在众人的赞叹声中，有人突然发现，开宝寺塔身不正，很明显地向西北方倾斜，也就是说，大名鼎鼎的建筑师喻浩把这个工程搞砸了。

为什么塔是歪斜的呢？

喻浩揭开谜底，他说，京城（开封）这个地方平坦无山，总刮西北风，所以我把塔建成向西北方倾斜的样子，一百年后，风就会把它吹正。

在普通人的认识中，一个建筑师，只要把建筑本身打造完美就万事大吉了，但喻浩还在建筑本身之外充分考虑了气候因素。这就是用心！

没有这种用心的精神，喻浩只能是个伟大的工匠；有了这种用心的精神，喻浩就成了大师。

精研、专一，说的就是这种用心精神。王阳明以米为喻：我们若想吃到纯净洁白的米，必须聚精会神地用心精研，把米舂簸筛拣精选，做到这一点，就会抵达专一境界。

心即理，人的心是无穷的，因为我们心上有个良知，肯用心就是肯致良知，良知无所不能，肯致良知，就能解决人生中的一切问题。肯用心，就有无限可能，就能达到无限阔达的人生境界。

致良知的过程，就是用心的过程，就是工匠精神的展现。

在我们的生活和工作中，总能见到那些把工作和生活打理得特别好的人，做同样一份工作，他就是做得比你好。就如同样建造一座塔，喻浩就比你想得多。大家的智商层面都差不多，之所以造成这种结果，只有一个原因，那就是大家用心的程度不一样。

工匠精神，就是用心！

18. 人生最遗憾的就是半途而废

"知者行之始，行者知之成。圣学只一个功夫，知行不可分作两事。"

【译文】

"知是行的开端，行是知的结果。圣人的学问只有一个功夫，知与行不可分作两件事。"

【度阴山曰】

东汉时，河南郡有位奇女子，没有留下姓名，只知道她老公叫乐羊子，于是后人称她为乐羊子妻。

乐羊子后来出去寻师求学，一年后归来。

乐羊子妻问他："你学成了？"

乐羊子摇头说："出门时间太长，想家了。"

乐羊子妻突然就操起一把刀走到织布机前："这机上织的绢帛产自蚕茧，成于织机。一条丝一条丝地积累起来，才有一寸长；一寸寸地积累下去，才有一丈乃至一匹。但我现在将它割断，就会前功尽弃，从前的时间和精力等于浪费了。"

这碗鸡汤令乐羊子羞愧地低下了头。

乐羊子妻继续阐释她的纺织观点:"读书也是这样,你积累学问,应该每天获得新的知识,从而使自己的品行日益完美。如果半途而归,和割断织丝有什么两样呢?"

如你所知,乐羊子被老婆这段话感动,跑出去七年都没有回家,后来终于学业有成。

《中庸》说:"君子遵道而行,半涂(途)而废,吾弗能已矣。"这就是"半途而废"的典故。

大家可能看过这样一幅漫画:一个挖井人,挖了很多坑,有的坑下面就是水源,但他没有挖下去,而是潇洒地扛着铁锹离开了。

人生在世往往做事半途而废,为什么会如此?原因只有一个:没有搞明白知和行的关系。

王阳明认为,最完美的人生体验,就是知是开始,行是结束,如同一条直线的两头,离了哪一头,都不是直线,也不是完美。

半途而废,就是我们只有直线的开头,却没有这条直线的结尾。

知,是良知,只有我们依凭良知判定的行动,才是好的开头,也才能有好的结尾。那些半途而废的人,往往都是没有依凭良知的判断去行动,所以虎头蛇尾。

如果我们的视听言动都是发自良知,那当我们遇到困难时就会回溯起始点。一旦我们知道起始点是正确的,我们就会一往无前,绝不会被困难阻挠。最终,就能达到知行合一。

圣人的学问,只是一件:知行是一回事,绝不会分成两件事。

没有行动到底,就没有开花结果;没有开花结果的行动,就不是真的知。直白而言,就不是良知,而只是简单的知道。

19. 真正的宁静就是去事上练

问:"宁静存心时,可为'未发之中'否?"

先生曰:"今人存心,只定得气。当其宁静时,亦只是气宁静,不可以为'未发之中'。"

曰:"'未'便是'中',莫亦是求'中'功夫?"

曰:"只要去人欲、存天理,方是功夫。静时念念去人欲、存天理,动时念念去人欲、存天理,不管宁静不宁静。若靠那宁静,不惟渐有喜静厌动之弊,中间许多病痛,只是潜伏在,终不能绝去,遇事依旧滋长。以循理为主,何尝不宁静?以宁静为主,未必能循理。"

【译文】

陆澄问:"在宁静之中存心养性,这算不算是'感情未发出来时的中正'呢?"

先生说:"现在的人存心养性,只是使气不动。当他平静的时候,也只不过是气得到平静,不能认为是'未发之中'。"

陆澄说:"未发出来便是中道,这不也是求'中'的功夫吗?"

先生说:"只有摒弃私欲、存养天理,才能算是功夫。在平静时心心念念要摒弃私欲、存养天理,在行动中也要心心念念摒弃私欲、存养天理,无论外在是否平静都要如此。如果只一味依靠外在的平静,不但会逐渐养成喜静厌动的弊病,还会有许多其他的毛病,只是潜伏着,终究不能根除,一遇到事情便会滋长。只要内心时刻依循天理,又怎会不平静呢?然而仅仅追求平静,未必能够依循天理。"

【度阴山曰】

隋朝末年,群雄并起,争夺天下,其中李渊、李世民父子兵团最出类拔萃。当李氏兵团进入河南少林寺后，少林寺认定李世民是真龙转世，想帮助李世民快速统一中国。

于是，少林寺一些老僧人组织起来，有文有武。文的负责给李世民念经祈祷；武的负责上战场，凭借少林寺绝学建立功业。

遗憾的是，武僧们一上战场，就被敌人打得鬼哭狼嚎，表现乏善可陈。

少林和尚，常常"嘿哈"地练武，但他们也有专业功课，那就是静坐。和尚的居所，大都在深山老林的幽静之处，这就是试图靠外在的平静使内心平静。

不过正如王阳明所说，人长期处于外在宁静的状态中，就会养成喜静厌动的毛病，这些毛病在平时不会发作，一遇事马上就会显露出弊端来。

崇祯（明思宗朱由俭年号）末年，半吊子心学大师刘宗周在朝中担任要职，朱由检面对风起云涌的反抗军和满洲人的不断侵袭，手足无措。

他问刘宗周："天下如何能宁静？"

刘宗周回答："心静则天下静。"

如你所知，刘宗周似乎根本不懂心学的真谛。

朱由检问："如何才能快速有效地解决盗贼问题？"刘宗周回答："以仁义治国。"

正如一房屋失火，儒家不教人如何灭火，反而就在火堆旁大谈如何防火。乍一看，感觉他们好像什么都不懂，其实正是他们的主张——静——在支配着他们。

王阳明认为，人常常喜欢安静，并且在安静中修炼，这等于是自掘坟墓。人生中有很多问题，都不是能靠宁静解决的，必须跳出宁静，去事上磨炼，才能在遇到问题时，快速有效地解决。

人类历史上，有太多这样的人，正如心学家李贽所讽刺的那样：

这些人无事时只知"打躬作揖""同于泥塑"（指朱子教人习静坐和闭目反思的训练），而国家"一旦有警，则面面相觑，绝无人色"，以至于"临时无人可用"。

宁静不是不可以，但在宁静中要有存养天理的意识，这存养天理的意识必须成为经验，而要积累经验必须去事上磨炼。

所以，纯粹的宁静，只是枯木死灰，于事无补，甚至会给当事人带来更大的灾难。

真正的宁静，是"鹰立若睡，虎行似病"。老鹰在山巅休息时，像是睡着了，但它时刻在监控着猎物；老虎行走时半死不活，可一旦发现猎物，立即就能发出雷霆一击。

能有这样的效果，全在于它们平时的训练——小鹰和小老虎就没有这样的本事——所谓宁静，其实是在休养生息，当转化成动时，就会天地失色。

20. 立下伟大志向，然后忘掉它

问："知识不长进，如何？"

先生曰："为学须有本原，须从本原上用力，渐渐'盈科而进'。仙家说婴儿，亦善譬。婴儿在母腹时，只是纯气，有何知识？出胎后，方始能啼，既而后能笑，又既而后能识认其父母兄弟，又既而后能立、能行、能持、能负，卒乃天下之事无不可能。皆是精气日足，则筋力日强，聪明日开，不是出胎后便讲求推寻得来。故须有个本原。圣人到'位天地，育万物'，也只从'喜怒哀乐未发之中'上养来。后儒不明格物之说，见圣人无不知、无不能，便欲于初下手时讲求得尽。岂有此理！"

又曰："立志用功，如种树然。方其根芽，犹未有干；及其有干，尚未有枝；枝而后叶；叶而后花实。初种根时，只管栽培灌溉，勿作枝想，勿作叶想，勿作花想，勿作实想。悬想何益？但不忘栽培之功，怕没有枝叶花实？"

【译文】

陆澄问："知识没有长进，该怎么办？"

先生说："为学必须有个本原，从本原上下功夫，循序渐进。道家用婴儿做比喻，也十分精辟。婴儿在母亲腹中，只是一团气，有什么知识？出生后，一开始能哭，继而能笑，然后可以认得父母兄弟，再然后可以站立行走，能拿东西能负重，最后世上各种事情都能做。这些都是因为婴儿的精气日益充足，筋骨力量日益增强，耳目的聪明日益增长，并不是婴儿一出生就可以推究到这个地步。因此才需要有个本原。圣人达到'天地各安其位，万物生长繁育'的境界，也只是从'喜怒哀乐未发之中'培养出来的。后世的儒者不明白格物的学问，看到圣人无所不知、无所不能，便想在初学时就达到这样的境界。哪有这样的道理呢！"

先生又说："立志下功夫，就像种树一样。刚有根芽的时候，还没有树干；等到有树干了，还没有树枝；有了树枝之后才会发叶；发叶之后才会开花、结果。起初种下根芽的时候，只需要栽培灌溉，不必想到往后的枝、叶、花、实。空想这些有什么用？只要不忘栽培灌溉的功夫，何必担心没有枝、叶、花、实？"

【度阴山曰】

有个寓言说，有两个猎人去打猎，他们看到天上飞过一只鸟，于是将箭上弦。正要拉满弓，其中一人说："咱们烤了吃。"另外一人不赞同,说要红烧。两人吵起来,吵了许久,鸟已经飞走了,二人连根鸟毛都没有得到。

很多人都树立过远大理想,于是就像鸭子一样伸出脖子,盯着那个理想,忘记了脚下的路该怎么走。

人树立大理想,没有问题,这就譬如爬山,大理想是山顶,可我们千万别忘了小目标,这个小目标就是脚下的每一个台阶。

站在第一级台阶,最现实的理想就是如何爬上第二级台阶,而不是山顶。

远大理想这玩意儿,千万别说出来,即使说出来,也千万别当真。远大理想是成功后才能说的,而且说得越烂漫,就越吸引人。

那些成功的人,往往都是埋头苦干。正如王阳明所谓的种树一样,种下根芽后,只需要栽培灌溉,不必想到往后的枝、叶、花、实。空想这些有什么用?只要不忘栽培灌溉的功夫,何必担心没有枝、叶、花、实?

要获取我们需要的成功,至少要注意以下几点。

第一,我们所树立的理想必须是以良知为灵魂的。确切地说,是发自我们本心的、有益于大多数人的理想。

第二,一旦树立这种理想后,就不要总时常挂念它,只是一门心思地去做些符合道义的事,尽一切可能无限地接近它。关注当下,把当下的每一步走好。

第三,远大理想和谋生目标截然不同。开个商店,只是为了糊口;但开个跨界超市,就是为了满足大多数人的需求,是为远大理想。

人生的成功就是每一条正知正念主导下的细节的链接,这是一条悠长的链条,缺少哪一环都不成。因此,**现在就立下伟大志向,然后暂时忘记它,走好每一步。**

21. 怎样读书最有效

问:"看书不能明,如何?"

先生曰:"此只是在文义上穿求,故不明。如此,又不如为旧时学问。他到看得多,解得去。只是他为学虽极解得明晓,亦终身无得。须于心体上用功,凡明不得、行不去,须反在自心上体当,即可通。盖四书、五经不过说这心体。这心体即所谓道,心体明即是道明,更无二。此是为学头脑处。"

【译文】

陆澄问:"看书却不能明白其中的含义,该怎么办?"

先生说:"这是因为仅仅在文字意思上探求,所以才不能明白。要是这样,还不如专做朱子的学问。朱子的学问看得多了,意思自然能理解得明白。只是朱子的学问虽然讲得十分明白,但终其一生而了无所获。所以必须在自己的心体上用功,凡是不明白、行不通的地方,需要返回自己的心中去体会,这样自然会想得通。四书、五经也不过是说这个心体。这个心体便是道,心体明白就是大道彰明,两者是一致的。这就是为学的宗旨。"

【度阴山曰】

北宋开国宰相赵普,足智多谋,总能在最复杂的情况下做出最精准的判断,从而解决别人无法解决的困难。

皇帝赵匡胤曾问他:"你是天纵英才,还是后天修炼所得?"

赵普回答:"世上有几个圣人?我当然是后天修炼所得。"

赵匡胤又问:"怎么个修炼法?"

赵普回答:"读书啊。"

"你读过多少书？"

"数不过来，万卷是破了。"

赵匡胤不禁称赞起来，对身边的老弟赵光义说："瞧见没有，还是要多读书。"

后来，赵光义继承帝位，继续任用赵普，赵普又兢兢业业辅佐赵光义。再后来，赵普老了，临死前，他让人把一个箱子交给赵光义，说："告诉皇上，我毕生所读，尽在其中。"

赵光义接到箱子，听了传话人的话，大感不解，箱子太小，实在装不了万卷书。

他打开箱子，只见里面躺着本破破烂烂的《论语》，拿起来一看，居然还是半部。

这就是赵普"半部论语治天下"的典故。

显然，赵普犯了欺君之罪。他为什么要欺君？据野史猜测说，如果他对赵匡胤坦白自己只读了半部论语，那赵匡胤肯定打死都不信，因为在人们刻板的印象中，人只有读书越多，才会越聪明。赵匡胤不相信，就不会信任赵普，赵普的宰相之位恐怕就不保了。

但是，赵普的读书方法其实有些不靠谱。明代心学大师王阳明创立心学后，有弟子问他："该如何读书？"

王阳明回答："读经典（儒家经典）。"

弟子再问："经典就那么几本，读了真有效吗？"

王阳明回答："当然有效。所谓经典，全是古人呕心沥血以良知创作而成，它说的全是人性的事，如果你对人性了如指掌，世上还有什么事不能了解，不能做到？"

众弟子不禁赞叹起来，王老师能创立一门学说，并立下赫赫战功，德行高超，全是因为只读那几本经典啊。

但是，他们不可能不知道，王阳明在创立心学之前，可谓无书不读，正是因为有这些阅读积累，他才能从量变到质变，创立心学。

这也就是说，王阳明给弟子们的读书建议值得商榷，他因为读了太多书，知道什么是有用的，什么是无用的，可他的弟子们没有他的经历。没有经历，就没有体悟；没有体悟，却照搬别人的鸡汤，非中毒不可。

王阳明在给家人的信中，提出了最有效的读书方法。**第一步，泛读，有书就读；第二步，精读，挑选你认为最好的书，持续不断反复地读；第三步，是最重要也是最要命的，那就是自得于心。**

什么是自得于心？那就是形成自己的思想。不形成自己的思想，就算你读书破百万卷，也是个有脚书橱、别人的传声筒。

但很少有人能做到这点。我们常常能听到某些人讲话，开口就是"著名人物××说"。注意这种掉书袋的人，他们和真正有智慧的人相比，差距是很大的。

形成自己的思想之所以最要命，就是因为它特别有难度。

越是智商高的人，就越有难度。因为他接收别人的思想速度快，能轻而易举读懂别人的思想，或者说，别人的思想会快速地进入他脑里被他铭记，各种各样的思想全部进入他的脑袋，塞得满满的，他自己的思想就没有了立锥之地。

于是，我们看到很多自诩学富五车的人，好像都是一个模子刻出来的，这就是别人思想的行尸走肉。

你若想最有效地读书，非得建立自己的思想不可。其实在王阳明看来，你的思想本就有，是与生俱来的，你所做的就是把它激活。而激活的手段就是读别人的书，别人的书是一把钥匙，只要你肯用心，就能打开本有的宝藏。

我们应该把别人的书当作资料和工具书，绝对不能把它当成思想本身。

实际上，怎样读书最有效，不在书，而在人。即是说，你读书的目的是什么？

有人说，读书可以改变自己，这是客套话。如果一个人能轻易地被一本书改变，那实际上是件可怕的事。你能被《论语》改变，自然也能被《金瓶梅》改变。

还有人说，读书使人增长智慧，这是虚无。人很难只通过读书增长智慧，从而形成自己的思想才能。

又有人说，读书可以发家致富，那是从前的事。现在这个社会，只要你读完大学，熟练运用互联网，你就有机会发家致富，真要想发财，读那么多书干什么？

至于有人说读书可以附庸风雅，那就更扯了。书本身就是个商品，如果商品能附庸风雅，何必用书？

真正最有效的读书方式，其实就是顺其自然地读书，没有目的，读书本身就是目的。正如食色一样，它是我们的本能。

如果你有意识地去读书，那就不是最有效的读书方式，正如你有意识地去食色一样，都失了心的本体。

所以你喜欢读什么样的书，就去读，小人儿书可以，故事大王也可以，千万别随大溜。别被什么几大名著、世界名著套住，以为是名著，就非要去读。

有些"名著"，其实就是文字垃圾，捏着鼻子都读不完一页。读书本是快乐的事，你何必跟自己过不去？

或许有人说：哎哟，名著那可是经过时间的判定流传下来的，肯定是好东西，若读书，非读名著不可。

这话没有错，但问题是，我们每个人的心性是不同的。你的心里有某某名著，你读它会有喜悦感，因为你的心和它发生了感应；但如果你的心里没有它，你读起来比自我阉割还难受，就感应不了。感应不了的东西，为什么还要强逼自己？

所以，最后要说的是，**读书最有效的方式就是，读你爱读的，不读你不爱读的。**

另外，生活的乐趣有无数种，不一定非要读书。

22. 如何对付坏人

或曰："人皆有是心，心即理，何以有为善，有为不善？"
先生曰："恶人之心，失其本体。"

【译文】

有人问："既然每个人都有这颗心，这心就是天理，那为何会有善与不善呢？"

先生说："恶人的心，已然不是心的本然状态了。"

【度阴山曰】

1510年，王阳明在江西庐陵做县令，公安部门捉到一个恶贯满盈的江洋大盗，王阳明在取得无数证据后，迅速做出秋后问斩的判决。

有弟子问王阳明："人皆有良知，知善知恶，那为何会有坏人？"

王阳明回答："坏人也是有良知的。"

众弟子不信，王阳明就把那个江洋大盗带进一密闭房间，当时正是盛夏，酷热难耐。

因犯汗流浃背，王阳明说："如果你感觉很热，就把囚衣脱了吧。"

江洋大盗说："我连死都不怕，还怕脱衣服吗？"

于是他脱掉外衣，只剩下内裤。

过了一会儿，仍然很热，王阳明又说："你把内裤也脱了吧。"

江洋大盗犹豫起来，王阳明就打开门，和在外面观赏的弟子们说："你看，他虽然十恶不赦，但仍是有良知的，他知道什么是羞耻。"

这个故事的真实性有待查验，不过它告诉了我们这样一件事：坏人也有良知，坏人的人性也是善的。他之所以做出坏事，不是良知和人性变异，而是七情六欲出了问题。

坏人对七情六欲的掌控没有好人那么自律，所以总是被七情六欲驱使，做一些不被良知认可的坏事，天长日久，他们就成了人们眼中的坏人。

如果对利益产生欲望，坏人就会向奶粉里加有害物质；如果对情爱的欲望过于强烈，坏人就会做出欺负女性的事。但你不能说，坏人没有人性，因为无论多么坏的人，他对自己爱的人都会付出真心。坏人仍有良知，他知道做坏事是错的，所以绝不敢光明正大地去做。

儒家胸怀博大，包容天地万物，尤其是我们人类。所以无论是多么恶的人，儒家都认为他们仍然具有人性，仍然有良知在身，只是为情欲所左右，最终才成为坏人。

我们要如何对付坏人呢？

多年以前，孟子千里迢迢去见魏国国王，兜售他的仁政。

魏王问："你有什么绝活？"

孟子昂首挺胸道："仁者无敌。"

魏王不明白。

孟子说："人性本善，任何坏人都可被教化成好人。您如果多一点仁心、多一点耐心，就能把全天下的坏人都教化成好人，好人不会与您为敌，所以整个天下都是您的朋友，那天下岂不就是您的了吗？"

魏王撇嘴："我的监狱里关了一批十恶不赦的人，你让我感化他们？"

孟子说:"仁者之所以无敌,是因为把敌人感化成了朋友,当然就无敌啦。"

魏王说:"老头,吃完饭,哪儿来的回哪儿!"

若干年后,荀子路过魏国。魏王请他吃饭,问他:"多年前,有个老头让我的祖先教化恶人,您怎么看?"

荀子问:"恶人有多恶?"

魏王说:"屡教不改。"

荀子说:"如果所有的恶人都能被教化,那要军队和监狱干什么?对屡教不改的恶人,教化成本太高,不如火化。"

魏王不是完全赞同,说:"孟子太迂腐,你太狠毒,你二人若中和一下就好了。"

如你所知,中国人后来走的是孟子的那条路,主张人性本善,人人都可自我管理,尤其是至高无上的君王。于是,没有了制度约束,独裁体制建立,延续了两千多年。

孟子的徒子徒孙们主张的最美好政治是圣君贤相,却没有建立制度来保证这一美好愿景的发生。所以当"君不圣相不贤"时,唯一能做的就是干瞪眼。

感化思想,是罪魁祸首。

程颢有一天仰观天俯视地,突然说道:"万物一体。"

由此开创了中国哲学家们的一个世界观:万物一体。所谓万物一体,简单得很,就是把天地万物都当作自己身体、心灵的一部分,爱护它们,敬爱它们。你对自己的身体有多爱护,就应该以此心去爱护别人和万物。

王阳明也谈"万物一体"。在他看来,我们之所以"万物一体",是因为我们心中有良知。看到小孩要掉井里了,我们就会紧张,心就会不安。但小孩并非我们身体的一部分,为何我们会对此紧张呢?因为我们心中有良知,我们的良知有恻隐的成分,于是,就把我们和小孩联通到了一起。

按王阳明之前的思想家之见，当有人饥饿时，我们纵然自己饿着肚子，也要把食物给对方，因为万物一体。如此，就更显得我们高风亮节，良知光明。

爱天地万物，爱他人，看似理应如此。但问题是，对方值得爱吗？

有些人十恶不赦，你也非要用你的仁义之心去感化他吗？

1527年，王阳明道广西平定思田二州的叛乱。大功告成后，有人对他说，这地方有两股土匪，真是无恶不作，搞得民不聊生。

王阳明翻阅卷宗，认定这些人的确是十恶不赦之徒。从前，他喜欢招抚；而现在，直接动用武力，全部剿杀。

有弟子说："土匪里面恐怕也有好人。"

王阳明说："大多数都是坏透了的人，其中那些好人当然可以被感化，但成本太高！"

所以，王阳明的"万物一体"，包含了感化和火化两种手段。良知判定你可以被感化，那我就感化你；良知判定你无法被感化，那我浪费那么多时间和精力做什么？

直接"火化"！

俗话说，给脸不要脸，说的就是很多无法被我们感化的人。你越是动之以情，晓之以理，他越是觉得天理站在他那一边，越是对你的慈悲嗤之以鼻。

对付这种人，你必须提高你的行动力，那就是"火化"他。

每个人都不可能被别人感化，看似他听了你的谆谆教导后，懊悔得痛哭流涕，其实只是他的良知做出了正确的判断，你只不过点亮了他的心灯而已，但你的谆谆教导不是心灯本身。

所以当你试图感化他人时，主动权不在你这里，而在对方身上；但当你用火化的手段时，主动权就在你这里，而不在对方身上。

争取主动权，就是知行合一。我们必须有主动权，才能做到心想事成。

西方厚黑学始祖曾说，不仅仅是领导者，任何人若欲心想事成，就必须让人惧怕你，而不是让人爱你。

让人怕你，主动权在你手里；让人爱你，主动权则在对方手中。

火化这一手段，它是我们从良知的判断力出发（而不是道德感），得出的最简捷、最有效率的解决问题的路径。遵循这一路径，不废话，不絮叨，斩钉截铁，就能让对方瞬间知道你的严正立场，剩下的事，就好办了。

我们为什么很难拒绝别人？不是我们的判断力不够精准，而是我们叽叽歪歪不想遵循判断力的指示。我们还是希望有些事情可以通过漫长的、深刻的沟通得到皆大欢喜的结果。

这就是我们本性里的仁义希望我们去感化别人，但这仁义有时候是假仁假义，有些人，值得我们用仁义，而有些人未必。

23. 曾国藩的功过格

"省察是有事时存养，存养是无事时省察。"

【译文】

"反省体察是在有事时的存心养性，存心养性是在无事时对天理的反省体察。"

【度阴山曰】

曾国藩是省察存养方面的高手，也是凭借着省察存养，智商不高的他成为中国历史上两个半圣人中的那半个。

所谓省察，就是检讨自己的思想行为，用阳明心学的说法，就是认真检查念头发动时的一刹那；所谓存养，就是保持赤子之心，修养善良之性。在阳明心学这里，善良之性本俱足，不需要外来的补足和修养，所以存养，就是光明良知。

当然，这只是理论，我们还必须有方法。曾国藩和大多数儒家知识分子的方法是写日记，记下每天的言谈举止，然后在错误的言谈举止上，省察存养，第二天不要再犯。

比如曾国藩某篇日记中曾有这样的记述：今天，在同僚家中遇到其妻，真是倾国倾城，不禁多看了几眼，搞得同僚一直咳嗽。这个好色的毛病很不好，要改正！

再比如，今天看同僚下棋，下得臭得要命，我居然不由自主地蹿上去下了两盘，这是错的，要改正！

曾国藩还有自己的省察存养特色：功过格。做了件好事就记在功格里，做了件坏事就记在过格里，时刻提醒自己，要存天理、去人欲。

有事时反省体察不得力，多因无事时失于存心养性所致；无事时反省存心养性不得力，多因有事时不能反省体察。

无论是反省体察，还是存心养性，其实都是持续不间断地"存天理、去人欲"。

如果能将反省体察和存心养性合二为一，那就是圣人。

譬如你要走远路，存心养性就是粮食，省察则是指南针。指南针要提前准备，粮食也要提前准备，指南针在路上可用，粮食同样如此。所以省察存养，本是一回事，就如知行是一回事一样。

24. 不要做老好人

澄问:"仁、义、礼、智之名,因已发而有?"

曰:"然。"

他日,澄曰:"恻隐、羞恶、辞让、是非,是性之表德邪?"

曰:"仁、义、礼、智也是表德。性一而已。自其形体也,谓之天;主宰也,谓之帝;流行也,谓之命;赋于人也,谓之性;主于身也,谓之心。心之发也,遇父便谓之孝,遇君便谓之忠,自此以往,名至于无穷,只一性而已。犹人一而已,对父谓之子,对子谓之父,自此以往,至于无穷,只一人而已。人只要在性上用功,看得一'性'字分明,即万理灿然。"

【译文】

陆澄问:"仁、义、礼、智的名称,是不是由发现于外的感情而得名的?"

先生说:"是的。"

又一天,陆澄说:"恻隐、羞恶、辞让、是非这四种感情,是性的别名吗?"

先生说:"仁、义、礼、智也是性的别名。性只有一个。就其具有形体而言,称为天;就其主宰万物而言,称为帝;就其流动于天地而言,称为命;就其赋予人而言,称为性;就其主宰人之身体而言,称为心。心则有其作用,表现在事亲上便称为孝,表现在事君上便称为忠,以此类推,各种名称没有穷尽,其实只是一个性而已。好比同一个人,对父亲而言称之为子,对儿子而言称之为父,以此类推,也没有穷尽,但只是一个人而已。所以,为学只要在性上下功夫,只要能够把握这个'性'字,那么一切道理都能明白了。"

【度阴山曰】

南宋大将岳飞，对子女慈爱，对手下的将士爱如子女，与妻子恩爱有加，对皇上忠心耿耿，看上去，岳飞是个具备了仁义礼智的大好人。但他对敌人残酷无情，从不宽恕。

如果"仁义礼智"是我们的人性本身，那岳飞应该有万物一体之仁的心，对任何人都会付出爱。如果"恻隐、羞恶、辞让、是非"也是我们的人性本身，那我们对所有人都会采用同一种包容、慈悲的态度。

可事实不是这样。

仁义礼智固然是人性，但它只是人性的一部分，或者说是人性呈现出来的表象，而不是人性本身。人性中有正的，比如仁义礼智；也有恶的，比如残忍、冷酷。

王阳明认为人性是善，但这不是绝对概念，而是相对的。对亲人仁是善；对敌人的残忍，看似恶，其实也是善。

真正的人，会针对不同的人，发挥人性中正的或者是恶的部分。**人之所以为人，就在于恩怨分明和是非分明上，而不是老好人般和稀泥。**

一个人总发挥人性中的正的部分，对任何人都宽容，对任何事都不计较，恰好证明了他不是个好人。对他人他事宽容的人，对自己也会宽容。对任何人和事都保持一致的平和，只能说明他不太在乎这些事，冷漠！

最终的结果就是，他会纵容恶，会让本该杜绝恶念的人将恶火点燃。

其实我们人只有一个东西，就是人性，而人性归根结底就是我们的心。我们的心会不断变化，在不同的情境里，针对不同的人，做出正确的判断，然后依此判断去行动。

仁义礼智、残忍冷酷，就是这人性指导我们做出的行动，所以王阳明才说，这些看上去特别正能量的人性，其实只是人性的表象。人应该对境应感，对父母是这样，对敌人就要那样。

每个人最终表现出来的，都是人性，区别在于，圣人表现得特别精准到位，庸人则表现得乱糟糟，坏人则故意逆人性而动。

这就是圣人、庸人和坏人的区别。

25. 如何修习阳明心学

一日，论为学工夫。

先生曰："教人为学，不可执一偏。初学时心猿意马，拴缚不定，其所思虑多是人欲一边。故且教之静坐，息思虑。久之，俟其心意稍定。只悬空静守，如槁木死灰，亦无用。须教他省察克治。省察克治之功则无时而可间，如去盗贼，须有个扫除廓清之意。无事时，将好色好货好名等私逐一追究搜寻出来，定要拔去病根，永不复起，方始为快。常如猫之捕鼠，一眼看着，一耳听着，才有一念萌动，即与克去。斩钉截铁，不可姑容、与他方便，不可窝藏，不可放他出路，方是真实用功，方能扫除廓清。到得无私可克，自有端拱时在。虽曰'何思何虑'，非初学时事，初学必须思。省察克治即是思诚，只思一个天理，到得天理纯全，便是'何思何虑'矣。"

【译文】

一天，大家讨论做学问的功夫。

先生说："教人做学问，不能偏执于一边。人在刚开始学习的时候，容易心猿意马，不能集中心思，而且所考虑的更多是私欲方面的东西。故而要先教他静坐，使其停止思虑。久而久之，待得心思稍能安定。但如果只悬空静坐，身如槁木、心如死灰一般，也没有作用。这时需要教他内省体察、克制私欲的功夫。省察克制的功夫在任何时候都要持守，就像铲除盗匪，必须有彻底扫除的决心。闲来无事的时候，要将好色、贪财、求名的私欲逐一省察，务必拔去病根，使它永不复起，才算是痛快。就好比猫捉老鼠，一边用眼睛盯着，一边用耳朵听着，私心妄念一起，就要克制它。态度必须坚决，不能姑息纵容，给它方便，不能窝藏它，不能放它生路，这才算是真真切切地下苦功，才能够将私欲扫除干净。等到没有任何私欲可以克制的时候，自然可以安安心心地坐着。虽然说'何思何虑'，但这不是初学时的功夫，初学的时候必须去思考。内省体察、克制私欲就是使念头诚敬，只要心念所思均是天理，等到心中纯然都是天理，就是'何思何虑'的境界了。"

【度阴山曰】

1508年，王阳明创立心学后，提出了著名的王门四规，即立志、勤学、改过、责善。所谓立志，就是以做好人为志向；勤学，就是勤奋学习经典；改过，就是要不停地行动，只有不停地行动才能产生过错，然后快速改之；责善，就是交往志同道合的朋友，在与朋友的交流中，提升自己，以朋友的智识磨炼自己。

王门四规是学习阳明心学的门槛，而以上原文所提到的方法，则是学习阳明心学的不二法门。

人生在世，未接触阳明心学前，总是劳心劳力，整日都在忙碌。这种忙碌不仅局限在身体上，更在精神上，我们的心永远都无法安静下来，所以王阳明指出，第一步就是静坐。通过静坐，把心上所有的繁杂全部去除。

但这不是重点，重点是心安静下来后，还要"内省体察、克制私欲"，所谓"内省体察、克制私欲"，就是要去事上有意识地磨炼自己的心，最终让心不被动，让心控制万事万物，而不是被万事万物控制心。

王阳明举的例子就是猫捕捉老鼠，猫在老鼠洞前等待时，是聚精会神的：一边用眼睛盯着，一边用耳朵听着，一动不动，除了捉老鼠的念头，全无他念。人也应该如此，私念一起，立即克除，绝不能给它生存一息的机会。

如果按照这种方式做了，那最终就能抵达"何思何虑"的境界。

总结而言，修习王阳明心学步骤如下：

第一，遵守王门四规——立志、勤学、改过、责善。

第二，静坐（禅宗式），将自己的心放空。

第三，省察克己，去事上磨炼心，达到"此心不动，随机而动"的境界。此心不动，就是不要被动。

第四，静坐（儒家式），如猫捕捉老鼠一样，捕捉自己心里的私念。

26. "鬼"是由良知制造的

澄问："有人夜怕'鬼'者，奈何？"

先生曰："只是平日不能'集义'，而心有所慊，故怕。若素行合于神明，何怕之有？"

子莘曰："正直之'鬼'不须怕，恐邪'鬼'不管人善恶，故未免怕。"

先生曰："岂有邪'鬼'能迷正人乎？只此一怕，即是心邪！

故有迷之者，非'鬼'迷也，心自迷耳。如人好色，即是色鬼迷；好货，即是货鬼迷；怒所不当怒，是怒鬼迷；惧所不当惧，是惧鬼迷也。"

【译文】

陆澄问："有的人晚上怕'鬼'，怎么办？"

先生说："只是因为平时不能'积德行善'，心中有所愧疚，才会怕'鬼'。如果平日里做事都能合乎神明的意志，那又有什么好怕的？"

子莘说："正直的'鬼'不需要怕，怕的是恶'鬼'，不管好人坏人都要加害，所以才会害怕。"

先生说："哪里有'恶鬼'可以迷惑正直的人的？仅仅有这个怕的感情在，心就已经不正了！所以有被'鬼'迷的人，不是真正被'鬼'迷惑，而是被自己内心迷惑。比如喜欢美色的人，就为色鬼所迷；贪财的人，就为贪财鬼所迷；易怒的人，就为怒鬼所迷；胆小的人，就为胆小鬼所迷。"

【度阴山曰】

山东人蒲松龄多次落榜，认清自己的智商后，决定不再高考，发奋写一些稀奇古怪的故事，打发余生。在这些稀奇古怪的故事中，有一部分故事就是鬼故事。我说的不是那些青面獠牙的大丑鬼，而是风姿绰约、柔情似水的女鬼。

这些"女鬼"，任何一个都是男人追思的对象，但这些"女鬼"有个择偶标准，她们要迷惑的人，必须是人文知识分子。

具体而言，就是那些正准备科举考试，绝对没有做官的读书人。这些人其实就是蒲松龄内心深处的自己：既然得不到官，又没有现实中的妙龄女郎，那创作出几个"女鬼"总可以吧。

所以,《聊斋志异》中的读书人都以蒲松龄本人为原型。大略看下这些"女鬼"就会发现,她们和那些青面獠牙、凶巴巴的"鬼"不一样,她们对男主人公特别好,全身心付出。这才是最要命的,那些青面獠牙的"鬼"只攻击人的身体,可"女鬼"们不但攻击人的身体,还攻击人的心灵。

当她们和男主人公欢乐多时,让男主人公对她们念念不忘后就突然离开,男主人公茶饭不思,最后到半死不活的地步。

蒲松龄制造出来的这些"女鬼"德艺双馨。我们每个人都和蒲松龄一样,都在制造着各种"鬼",至于是什么样的"鬼",和我们的心性有很大关系。

东方的鬼和西方的鬼大大不同。西方的鬼无论是吸血鬼还是狼人,给人的感觉固然恐怖,但那种恐怖不是深层的,过眼即忘。吸血鬼和狼人很多时候攻击的是人类的肉体,在血肉横飞中给人感官刺激,所以我们看这些影片时,现场很恐怖,但出了电影院,恐怖感就烟消云散。

这是因为西方文化中,人人都是罪人,所以人人心中都有"鬼",而要消除这个"鬼",必须借助外力——上帝的力量,而且只有这个力量才能让人消除鬼,这是一种外力依凭。

这种巨大外力的存在,导致了西方人不会在心上用功,只要有鬼怪,就找上帝,所以,鬼的形象没那么复杂。

东方就截然不同。

受儒家心性学派影响,我们认为靠自己在心上用功就能成功,所以我们在心理上琢磨的功力无比巨大。比如,《聊斋志异》中讲述聂小倩夜晚来到宁采臣身边,与之对话,话语间的氛围渲染让人的恐惧久久无法消散。

这是因为它设计的鬼的形象全来自我们的心,人心复杂,鬼自然也就复杂。

一个是攻身，一个是攻心，效果高下立判。

有弟子问王阳明："有的人晚上怕'鬼'，怎么办？"

王阳明回答："只因为平时不能'积德行善'，心中有所愧疚，才会怕'鬼'。如果平日里做事都能合乎神明的意志，那又有什么好怕的？"

某影片中，主人公总坐地铁上班，由于旅途乏味，他总是向窗外张望，希望能看到有趣的事。有一天，他看到外面一废弃的房子窗户上有个人影，再定睛一看，居然是他前女友。

这让他毛骨悚然，因为他前女友早就因堕胎而去世了！

主人公以为看花了眼，但接下来的几天内，他的前女友始终站在窗前，冷冷地看着他。这让他最终鼓起勇气，去那个废弃的房子一探究竟。

但他到后，发现那扇窗户的房间里尘埃遍地，看上去已经多年无人居住了，房间里只有一个木偶，那木偶看上去根本不像他的前女友。

这件事让他心神不宁，他千方百计寻找线索，希望能得到那座废弃房屋的一些信息。某日，他又来到废弃的房屋，忽然发现里面有很多人，这些人都神情紧张，众人互相介绍后发现，大家有个共同点，都在这个废弃的房间里看见过人。

主人公大为惊骇，难道自己的前女友真的活着吗？

但之后众人的说法更让他惊异万分，每个人看到的人都不一样，只不过，所有人看到的人，都是不想再看到的。

主人公坦白说："我前女友本来想要那个孩子，可我不同意，在堕胎时发生了意外，她死了，这件事让我大为愧疚，直到现在。"

其他人也说："我们所见到的人，也是我们心里最不想见到的，因为我们都做了有愧于他们的事。"

这部电影，很好地印证了王阳明上面这段话：**你怕"鬼"，是因为你心里先有了"鬼"，所以才怕；如果心中没有"鬼"，"鬼"不**

是客观存在，也就不会怕了。

我们内心有愧时，其实就是我们的良知制造了一个"鬼"在我们心里，它不停地使我们紧张乃至恐惧。消除它的办法只有一个，那就是不要做坏事，做了坏事后立即改正，除此，别无他法。

或许有人问，良知应该是保护我们的，为何它会制造"鬼"恐吓我们？恐吓我们，就是在提醒我们，归根结底还是保护我们。良知不是永远一副慈眉善目的样子，它会随着你的行动而改变模样，要么和蔼可亲，要么青面獠牙。

但接下来，又有弟子问王阳明："正直的'鬼'不需要怕，怕的是'恶鬼'，不管好人坏人都要加害，所以才会害怕。"

王阳明回答："哪里有'恶鬼'可以迷惑正直的人的？仅仅有这个怕的感情在，心就已经不正了！所以被'鬼'迷的人，不是真正被'鬼'迷惑，而是被自己内心迷惑。比如喜欢美色的人，就为色鬼所迷；贪财的人，就为贪财鬼所迷；易怒的人，就为怒鬼所迷；胆小的人，就为胆小鬼所迷。"

这段话，乍一看，王阳明似乎答非所问，其实恰好一语道破了其中的关键。

我们每个人，对欲望过度追求时，良知就会提醒我们。提醒的方式之一，就是制造一个鬼。你对美色的欲望过高，它就会制造个色鬼给你；你对财富的欲望过高，它就会制造个贪财鬼给你；你胆小怕事，良知就会制造个胆小鬼给你；你无所事事，它就会制造个空虚鬼给你。

这些"鬼"被良知制造出来，反过来又干扰你的良知，使你内心不宁，心理压力增大，最后就会发现自己是具行尸走肉。

人人都在制造各种各样的鬼，要清除它，唯一的途径就是借助良知的力量，看清楚自己为何会空虚，为何会贪财，为何会好色，为何小肚鸡肠。

总结出这些问题后，首先去做正义的事、自己喜欢做的事，然后关注当下，认真做好每件事。少胡思乱想，因为就在胡思乱想中，藏着多如牛毛的鬼，你不召唤它，它不会出来；你一召唤它，它绝对俯首听命。

27. 感情流露太多就是欲

澄在鸿胪寺仓居，忽家信至，言儿病危，澄心甚忧闷，不能堪。

先生曰："此时正宜用功，若此时放过，闲时讲学何用？人正要在此等时磨炼。父之爱子，自是至情，然天理亦自有个中和处，过即是私意。人于此处多认做天理当忧，则一向忧苦，不知已是'有所忧患，不得其正'。大抵七情所感，多只是过，少不及者。才过便非心之本体，必须调停适中始得。就如父母之丧，人子岂不欲一哭便死，方快于心？然却曰'毁不灭性'，非圣人强制之也，天理本体自有分限，不可过也。人但要识得心体，自然增减分毫不得。"

【译文】

陆澄跟随先生在南京鸿胪寺居住，突然收到家书，说儿子病危，陆澄十分担心、郁闷，难以纾解。

先生说："此时正是修养的好时机，如若放过这个机会，平时讲学讨论又有什么用呢？人就是要在这样的时刻多加磨炼。父亲爱儿子，是十分真切的感情，不过天理告诉我们应当适度，超过合适的度就是人欲。许多人在这种时候往往认为按照天理应当有所忧虑，于是就一味地忧愁痛苦，却不知道如此已经是'过度忧患，心绪已然不正了'。大致而言，人有七种感情，感情流露得太多即是过度，流露得太少则是不够。才超过一点就已不是心的本然状态了，所以必须通过调节，使得心绪中正平和才可以。以子女哀悼父母的丧事为例，作为父母的孝子，难道不想一下哭死才能纾解悲痛之心？然而圣人却说'哀伤不能害了性命'，这不是圣人要强人所难，只是天理的本来状态规定了一定的限度，因此不能超过。人只要能够认识心的本来状态，自然一丝一毫都不会有所增减。"

【度阴山曰】

按王阳明心学的观点，人的七情六欲如果能保持适中状态就是符合天理的，这也是他和朱熹理学的本质区别所在，朱熹认为七情六欲不符合天理，所以要彻底去除。

那么七情六欲如何保持适中状态，也就是和的状态，可以举例说明。比如陆澄这个例子，儿子生病，父亲理应担心，满脸愁容，但绝不能担心得死去活来。因为人最宝贵的就是生命，生命乃父母所赐，伤害自己，就等于伤害父母，这是不孝。

陆澄更不能不担心，只有畜生才没有感情。但担心得过了头，走到哪里都拉着一张苦瓜脸，这就有点做作，似乎是做给别人看的。

饿了吃饭，找个干净的饭馆就是，这符合天理，但你非要在点菜和吃饭的过程中，显示你有钱，这就是过度的七情六欲。孝顺父母，这符合天理，但你非要搞得尽人皆知，这就是过度的七情六欲。

人心的本来状态，其实就是中和状态。中和状态，就是点到为止，不能过度。这甚至是一种本能，不知不觉，你就处在这种状态中了。

古人说，万恶淫为首，这个"淫"不是卖淫，而是过度。我们在感情上常常淫，哀伤到要死，狂喜至闭气，这些都是毁情灭性的事。

《红楼梦》里的林黛玉，最后就死在了多愁善感上，这多愁善感就是淫，和过于多愁善感的人在一起，他们总是愁眉苦脸，毫无情趣，你也跟着难受。《水浒传》中的李逵，最后是活生生乐死的，这也是淫。

我们为什么要保持情绪、情感的中和状态？原因不是中和状态会给我们带来利润，而是因为人心本就如此，一旦过度，就是在逆心而行。

明白了心教导我们的对情感的态度，就明白了过度悲喜都是错误，适度悲喜才符合天道。

28. 什么样的心，决定了什么样的行

"不可谓'未发之中'常人俱有。盖'体用一源'，有是体即有是用。有'未发之中'，即有'发而皆中节之和'。今人未能有'发而皆中节之和'，须知是他'未发之中'亦未能全得。"

【译文】

"不能说常人都能保持'感情未发出来时的中正'。因为'本体与作用同源'，有怎样的本体就有怎样的作用。有'未发之中'的本体，自然有'发而皆中节之和'的作用。现在的人没有做到'发而皆中节之和'，可见是因为还没有完全实现'未发之中'。"

【度阴山曰】

清朝末年，西方崛起，多次击败中国。痛定思痛之下，一大批本土思想家、军事家和从西方返回的思想家提出了"中学为体，西学为

用"的主张。他们深信，只要将这主张付诸实践，必能让自己的国家重新回归世界中心的地位。

但后来的事，众所周知，甲午中日战争、八国联军进京让中国颜面扫地，"中学为体，西学为用"的战略宣告失败。

用王阳明心学来解释，这种战略不符合心学思想，因为本体和作用是同源的，有怎样的本体就有怎样的作用。这就像你种了棵竹子，只能长出竹子，不可能长出土豆。

两种思想文化的合作，还要分出主次，这就比如猫指挥老虎去捉耗子，非但多此一举，而且绝对泡汤。世界上有一种橘子，在南方就是甜美的橘子，移植到北方，就成了苦涩的枳子。这个"体"就是南方的土质，"用"就是橘子。只有南方的土质才能长出橘子，只有"未发之中"的本体，才能有"发而皆中节之和"的作用。

想要在北方的土质里长出橘子，绝不可能；正如想要在南方的土质里长出枳子，也是妄想。

其实，"体用一源"真正告诉我们的是，我们的视听言动，就是"用"，这种"用"若要符合天理，必须是"体"里有良知。**我们的每一个言谈举止，每一个人生决定，若想正确，就必须发自本心。否则，必然大错特错。**

如果我们的心不够强大，我们的良知不够光明，整日私欲丛生，又不肯努力恢复良知，那我们做什么事都不会成功，因为如果"体"本身就是错的，那"用"就不可能正确。

用王阳明的说法就是，现在的人没有做到"发而皆中节之和"，可见是因为还没有完全实现"未发之中"。

29. 海纳百川才是正途

王嘉秀问:"佛以出离生死诱人入道,仙以长生久视诱人入道,其心亦不是要人做不好。究其极至,亦是见得圣人上一截,然非入道正路。如今仕者,有由科、有由贡、有由传奉,一般做到大官,毕竟非入仕正路,君子不由也。仙佛到极处,与儒者略同。但有了上一截,遗了下一截,终不似圣人之全。然其上一截同者,不可诬也。后世儒者又只得圣人下一截,分裂失真,流而为记诵、词章、功利、训诂,亦卒不免为异端。是四家者,终身劳苦,于身心无分毫益,视彼仙佛之徒清心寡欲、超然于世累之外者,反若有所不及矣。今学者不必先排仙佛,且当笃志为圣人之学。圣人之学明,则仙佛自泯。不然,则此之所学,恐彼或有不屑,而反欲其俯就,不亦难乎?鄙见如此,先生以为何如?"

先生曰:"所论大略亦是。但谓上一截、下一截,亦是人见偏了如此。若论圣人大中至正之道,彻上彻下,只是一贯,更有甚上一截、下一截?'一阴一阳之谓道',但'仁者见之便谓之仁,知者见之便谓之智,百姓又日用而不知,故君子之道鲜矣',仁智岂可不谓之道?但见得偏了,便有弊病。"

【译文】

王嘉秀问道:"佛家用超脱生死轮回来引诱人信佛,道家以长生不老来引诱人修道,他们的本心也并非要人去作恶。究其根本,他们两家也都能看到圣人之教的'上达'功夫,但不是入道的正途。好比如今为官的人,有的通过科考,有的通过举荐,有的通过继承,同样做到了大官,但如果不是为官的正途,君子是不会去做的。道家与佛家到达极致,与儒家有相同之处。然而有了'上达'的功夫,失去了

'下学'的功夫，终究不像圣人的学问全体兼备。但是佛与道在'上达'方面与儒家的相同，这点不能随便否认。后世的儒者又都只得到了圣人之学'下达'的功夫，分割了圣学，使之失去本真，沦落为记诵、词章、功利、训诂的学问，最终也难免沦为异端邪说。从事这四种学问的人，一生劳苦，却于自家的身心没有丁点益处，相比佛家、道家那些清心寡欲、超脱于世俗牵累之外的人，反而有所不及。如今的学者，不必起先就排斥佛、道，而应当笃志于圣人之学。圣人之学发扬光大了，佛道的学说自然就会消亡。如若不然，对于儒者所学的东西，佛、道两家恐怕不屑一顾，还想使佛、道两家拜服儒学，可能吗？这是我的浅见，先生认为如何？"

先生说："你的看法大体上正确。但你区分了'上达'和'下学'，也只是一般人的见识罢了。如若讲到圣人大中至正的道，则是通天彻地，一贯而下，哪里有上与下的区分呢？'一阴一阳之谓道'，然而'仁者见仁，智者见智，百姓与大道日日相处视若无睹，故而君子所遵循的大道很少有人能够明白'，仁爱与睿智不也是道吗？但理解得片面，就会有弊病。"

【度阴山曰】

王嘉秀大致说了以下几点人生大道理。

第一，人类历史上，无论是哪种宗教、哲学，归根结底都是指向人心、让人向善的。道、佛虽然有各种不同于儒家的奇思妙想，但教人向善的主旨相同。

第二，王嘉秀指出，人在世上，通往的目标可能一样，但路径不一样。有人通过学佛学道做大官，有人通过科举考试做大官，有人靠祖宗的白骨做大官，无论是哪一种，都不是圣贤大道。圣贤大道只有一条：不在乎心外的这些功名利禄，只在乎内心的强大与否。

第三，击败对手的唯一方法，只能是强大自己。儒家如果强大了，就会吸引更多的人加入。所以，**我们不是喋喋不休地攻击对方有多坏**，重要的是我们自己做得有多好。如果我们是坨狗屎，只能吸引来屎壳郎，纵然我们把鲜花骂得体无完肤，也不能让蜜蜂来咱们这里。我们如果是鲜花，那何愁蜜蜂不来？

第四，王嘉秀说，道家和佛家理论深奥，是上达，是道，但没有实践，所以就没有下学，没有实践和术；而儒家很实际，恰好与道佛相反，只有术没有道。

王阳明只总结了一点，他说，别说谁有下学、谁有上达，但凡你用心去学任何一种好的思想，就能学到，学到了就是上达和下学兼而有之；反之，如果总是在那里胡扯下学、上达，而不去做，那再好的思想，也和你无缘。

这是一种海纳百川的胸怀，因为心外无学，凡是不用心学的思想，根本学不到，凡是用心学的思想，你管它叫什么名号，为我所用，就是天理。

30. 阳明心学就是因时制宜

问孟子言"执中无权犹执一"。

先生曰："中只是天理，只是易。随时变易，如何执得？须是因时制宜，难预先定一个规矩在。如后世儒者要将道理一一说得无罅漏，立定个格式，此正是执一。"

【译文】

有人向先生请教孟子所说的"执中无权犹执一"的意思。

先生说:"中道便是天理,便是权变。随时而变,又如何可以执着?必须因时制宜,很难预先设定一个标准。后世的儒者要把各种道理阐述得没有纰漏,确立一个固定的格式,这正是执着于一。"

【度阴山曰】

隋朝人徐文远,德才兼备,远近闻名。隋末大乱,各地武装风起云涌,徐文远隐居起来。但很不巧,他被农民武装之一的李密兵团抓获。李密曾经做过他的学生,一见到徐老师,就毕恭毕敬,嘘寒问暖,但徐文远好似没有看到李密一样。

李密摆酒设宴,请他出山,徐文远说了一通大道理,最后却拒绝了李密,说:"我可不陪你玩。"

李密没有生气,依旧对徐老师恭恭敬敬。自此,徐老师"清高孤傲"的名声传开了。后来,李密和王世充打仗,李密失败后,徐文远被王世充抓了去。王世充也做过徐文远的弟子,看见老师来,非常高兴,好吃好喝供着他。

和对待李密不同的是,徐文远每次见到王世充,都恭敬下拜,从不像在李密跟前时那般随便。

有人好奇地问徐文远:"您一向对这些草头王都是傲慢的,比如李密,现在却对王世充如此恭敬,是什么原因啊?"

徐文远神秘兮兮地说:"李密是君子,我在他面前摆谱,他不会拿我怎么样;王世充可不同,他是小人,惹恼了他,谁都敢杀。不同的人就得不同对待,这是古人的教诲啊!"

徐文远告诉我们的正是王阳明告诉我们的:**随时而变,不可执着。**

预先设定一个标准,是人类的通病。每个学问家都有个标准,按他们的说法,依此标准,就能一劳永逸,无往而不利。

功利主义认为，人就应该功利。这就是个标准，但你不能什么时候都功利，以此标准去为人处世，注定是胶柱鼓瑟，非碰钉子不可。

无私主义认为，人就应该无私。这就是个标准，但你不能什么时候都无私，以此标准去为人处世，会碰上更大的钉子。掩耳盗铃，不顾现实地去坚持一种人生观，这就是为自己确立了一个固定的格式，就是执一。

中国儒家非常推崇"中庸"。"扣其两端而执其中"，说得简单，这个中，你真能精确到是两点的中点？中庸本身就是执，不是什么时候都可以中庸。

去厨房宰杀鸡鸭，就不要念佛；去佛堂祈祷，就不要拎着菜刀，这就是因时因地制宜。

我们所确立的格式应该不是人生观，而应该是价值观，这种价值观就是知行合一：依凭良知的判定去行动。良知不会欺骗你，它能在任何情境下，做出保护你的所有的正确判定。

31. 有心为善，虽善不赏

唐诩问："立志是常存个善念，要为善去恶否？"

曰："善念存时，即是天理。此念即善，更思何善？此念非恶，更去何恶？此念如树之根芽，立志者长立此善念而已。'从心所欲不逾矩'，只是志到熟处。"

【译文】

唐诩问:"立志就是要时刻存守善念,时刻想着为善去恶吗?"

先生说:"善念得到存守之时,便是天理。这个念头本身就是善,还要去想什么善?这个念头本身就不是恶,还要去什么恶?这个念头好比树木的根芽,立志之人只要时刻确立这个善念便足够了。孔子说'从心所欲不逾矩',只是立志达到纯熟的境界而已。"

【度阴山曰】

《聊斋志异》中有个故事叫《考城隍》,大致内容是说,有个活人提前被通知去当考官,考试的人如果通过,就是某地的城隍。此人安排好家事后,就离世来到阴间,开始主考。

考题是:一人二人,有心无心?

考生们似乎对这两句话理解不透,所以答得都不怎么好。

作者蒲松龄在文末回答:有心为善,虽善不赏;无心为恶,虽恶不罚。

按王阳明的意思,**做件好事就是天理,但你做件好事非要让人知道,这就是人欲。**也就是说,我们做好事本身就是目的,而不能为了某种目的去做好事。

念头、动机特别重要,很多人总是成不了圣人,就是因为想法太多,每一个动作中都包含着千百万个目的,这样一来,虽然你做了很多好事,但最终反倒成了坏事。

为什么有心为善,虽善不赏?

因为良知发动是刹那之间的事,是无心之事。见到孩子要掉进井中,听凭良知快速去救,这就是无心为善。如果是有心为善,那就是看到孩子要掉进井中时,思考了一下:我救这个孩子能得来什么好处呢?

由此可知,有心为善的有心,其实是有脑,我们经过思考后做出的善事，就不是善事。

至于"无心为恶，虽恶不罚"同样如此，注重的也是动机。比如好心办了坏事，这种情况下，因为有错误在先，还是要罚，只是要罚得轻一些。

好心办坏事，恐怕是因为当事人的良知只拥有道德感（哪些事是我应该做的），而没有判断力（哪些事是我有能力做到的），最后，搞得自己里外不是人。

32. 我们所能掌控的，只是我们的心

"精神、道德、言动，大率收敛为主，发散是不得已。天、地、人、物皆然。"

【译文】

"精神、道德、语言和行动，大多以收敛为主，发散于外是特定情况下不得已而为之。天、地、人乃至万物都是如此。"

【度阴山曰】

北宋名相富弼年轻时就以胸怀宽大著称。

曾有人向他告密："某某骂你。"

富弼回答："恐怕是骂别人吧！"

人解释说："叫着你的名字骂的，怎么是骂别人呢？"

富弼说："恐怕是骂与我同名字的人吧。"

那个骂他的人听说此事后，惭愧不已。

王阳明说，精神、道德、语言和行动，大多以收敛为主。这个"收敛"其实是管理和掌控，我们人类并没有想象中的那么伟大，我们所能管理和掌控的其实只有我们自己的精神、道德、语言和行动。

唯有能管理和掌控我们的精神、道德、语言和行动，宁静于内，我们才能在发散时做到无敌于外，不会受外界干扰而乱了分寸。

其实，我们唯一能掌控的只是我们的心、我们的精神世界，我们只有掌控了自己的心，才能在不得已的时刻与客观世界建立对接，创造一个最能保护自己的全新世界。

富弼之所以能成为北宋名相，并在和辽国的谈判中大获全胜，全因他平时能管理和掌控自己的精神、道德、语言和行动。

33. 欲让人知，就是私欲

"喜怒哀乐，本体自是中和的，才自家着些意思，便过不及，便是私。"

【译文】

先生说："喜怒哀乐的感情，其本然面貌便是中正平和的，只要加入一点自己的意思，便会过度或不及，便是私欲。"

【度阴山曰】

唐人卢藏用才华横溢，有人劝他去做官，他嗤之以鼻。有人劝他去投靠名门望族做门客，卢藏用立即掀了桌子，捂起耳朵大喊："快走，快走，我不听这种俗话。"

世人都认为卢藏用淡泊名利，只想做个普通百姓。

卢藏用也知行合一，跑进首都长安附近的终南山隐居起来。

开始，很多人都找不到他，就连对终南山最熟悉的砍柴工也不例外。可后来，不知什么原因，连去终南山旅游的游客都能见到他的身影。

卢藏用名声大噪，很快就传入禁宫。

皇帝得知后，要宰相去请他出来做官，卢藏用推辞了很多次，但最终，他还是无法推辞，出山做了官。

这就是成语"终南捷径"的由来，意思是，用直线（科考）无法做官时，可以曲线（隐居混得名气后）做官。

卢藏用的故事，恰好能从另外一个角度切中王阳明这段话的七寸。

喜怒哀乐，本是人心具有，属于天理。我们遇到突如其来的好事，就会惊喜；遇到让人焦虑的事，会立刻显出哀伤；看到不平事，会发自本能地呈现愤怒。这些感情的自然流露，就是中正平和。

但是，加入一点自己的意思，就是私欲，就不符合天理了。

比如，**我们遇到好事大欢喜是中和，可非要让别人知道我们大欢喜，这就是私欲；我们遇到让人焦虑的事，会哀伤，可非要让别人知道我们哀伤得死去活来，这就是私欲。**

"加入一点自己的意思"，就是我们在展现感情时，故意想让人知道，这就是别有用心，就不是中和了。正如卢藏用，隐居就是隐居，非要让别人知道他隐居，其用心是做官，这就是私欲。

见到老鼠，对于一般人而言，肯定会紧张，这紧张就是中和，但你非要夸张地绕柱还走，这就是人欲。

直接而言，就是不端不装。遇事时全凭我们自然情感的推动，不掺杂一点故意让人知道自己情感的心，这就是中和。

34. 对职业有敬畏心

问"哭则不歌"。

先生曰:"圣人心体自然如此。"

【译文】

陆澄问孔子的"哭过便不再唱歌"的含义。

先生说:"圣人的心体自然而然就是如此。"

【度阴山曰】

在孔子之前,儒生有一项工作很另类,就是主持别人家的丧事。不仅仅要做主持,还要演戏,有一出戏就是扮演丧者的家人,在死者坟前号啕大哭。

孔子说"哭则不歌"——在一天时间里,哭过了就不要再唱歌。这是想告诉我们,对职业应该有敬畏心,刚从工作岗位下来,就变成另外一个人,和自己在工作岗位时泾渭分明,这是不对的。

好比你刚在人家坟头哭过,一转身就哈哈大笑,这不但侮辱自己的职业,对客户也是极大的不尊重。

特别是那些身居高位的人,更要保持对职业的敬畏,不能台上一套,刚一下台就男盗女娼。

哭则不歌,其实讲的还是知行合一。我们做的每一件事都应该发自内心,如果是发自内心地哭,那就很难在同一天内笑;如果不是发自内心地哭,那哭完就能笑。

这只是用心和不用心的差别。

35. 私欲一起，效率降低

"克己须要扫除廓清，一毫不存方是。有一毫在，则众恶相引而来。"

【译文】

"克制自己的私欲必须彻底扫除干净，一丝一毫都不能存留。只要有一丝一毫的私欲尚存，众多的恶念便会接踵而至。"

【度阴山曰】

《中庸》曰：率性之谓道。什么是率性？就是顺着人性，听命于人性。我们每个人的人性都是善的，只要顺着它，视听言动就皆符合天理。

但是，一旦有私欲进来，也就是我们一旦思考，那众恶就全部出现了。

为什么会这样？

原因就是，我们一旦思考，所思考的必然是"利害毁誉"，譬如我见到孩子在井边玩耍，率性而为，就应该立即跑去井边，把孩子从井口抱过来。如果我们在去抱孩子之前，掺入思考：我解救了孩子，会得到什么报酬？我解救了孩子，万一孩子有什么损伤，孩子的父母找我麻烦该如何？

这就是私欲，不是我们人性的自然流露，一旦有了这种私欲，我们做的事就会变质，甚至压根儿就不会做这件事。

人生在世，有很多事都是我们应该做的，比如见义勇为，为民请命，为天地立心。但这些符合人性、遵循天理的事情，要么只是一念起就灭，要么半途而废。其原因就在于，我们有私欲掺杂进来。

当官的就应该为民请命，私欲则是，我会不会得罪领导，顶戴花翎不保？做企业的就应该做良心产品，私欲则是，我会不会耗费大量人力物力后，得不偿失？见到不仁不义之事，就应该拔刀而起，私欲则是，我会不会因此惹祸或者是受到伤害？

只要有一丝一毫的私欲尚存，众多的恶念便会接踵而至。想得太多，效率就无法提高，事情就无法成就。没有效率的人生，就是恶的人生。

36. 人心如明镜，看你怎么擦

曰仁云："心犹镜也，圣人心如明镜，常人心如昏镜。近世格物之说，如以镜照物，照上用功，不知镜尚昏在，何能照？先生之格物，如磨镜而使之明，磨上用功，明了后亦未尝废照。"

【译文】

徐爱说："人心好比镜子，圣人之心好比明亮的镜子，而常人之心好比昏暗的镜子。朱熹的格物学说，好比拿镜子去照物，只在照的行为上下功夫，却不知道镜子本身是昏暗的，又怎么能够照物呢？先生的格物之说，好比是打磨镜子，使它明亮，在打磨镜子上下功夫，镜子明亮了自然能够照物。"

【度阴山曰】

禅宗五祖老了，准备把衣钵传给弟子。在其弟子中，有两位最优秀，一是神秀，二是慧能。五祖让两位交份修行感悟，神秀的修行感悟是：身是菩提树，心如明镜台；时时勤拂拭，勿使惹尘埃。

五祖说："你呀，还没有入门。"

慧能的修行感悟是：菩提本无树，明镜亦非台；本来无一物，何处惹尘埃？

五祖说："你呀，只不过刚入门。"

后来，慧能离开寺庙，行走人间，终于证道，成为禅宗六祖。

今天来看，神秀属于理学，必须刻苦修行，得到天下真理；慧能属于心学，我心中即有天理，不必向外求学。

而阳明心学和传统心学不同，他说，人心是明镜，只要擦拭明镜即可。

但拿什么擦？

慧能才入门时，认为只要拿自己的念头擦就是了，而王阳明则认为，**拿念头擦，不是如枯木死灰地在那里坐着，认为天理在我心中，就万事大吉，你必须去事上验证这个天理。**

确切地说，这是一种科学精神，要不停地做实验。做实验的真正目的不是创造新事物，而是验证已经存在的事物的正确性。经过验证后，若发现从前的天理不对，那就要立即纠正。这纠正的过程就会产生新事物。

做实验，就是如慧能一样去人间，体悟各种人情事变。

镜子本身如果昏暗，就是良知不明，这样一来，你越是涉猎外物，就越是迷惑，越不能获取到真正的知识，因为你的镜子是昏暗的。若要良知光明，就必须擦亮镜子。

擦的过程就是去事上磨炼的过程，其实就是验证我们心中与生俱来的真理的过程。

真理非常简单，人所共知，所以人人都能验证真理，只要肯擦镜子，镜子就没有不明的。

37. 学如逆水行舟，不进则退

先生曰："诸公近见时少疑问，何也？人不用功，莫不自以为已知，为学只循而行之是矣。殊不知私欲日生，如地上尘，一日不扫便又有一层。着实用功，便见道无终穷，愈探愈深，必使精白无一毫不彻方可。"

【译文】

先生说："你们近来疑问少了，这是为何？人不用功，就会以为自己什么都知道，认为只要按过去的方法做就可以了。殊不知私欲日益增长，好比地上的灰尘，一日不扫便会多一层。如果在实处下功夫，便会发现大道无穷无尽，愈探究便愈精深，只有做到精确明白，没有一丝一毫不彻底之处方可。"

【度阴山曰】

人的脑子是个特别奇怪的器官，它能让你快速学到东西。你本以为学到脑子里的东西会永远待在脑子里，但遗憾的是，它除了能学到东西，还能快速忘记东西。

无论你学习的东西是深奥还是浅显，如果不反复复习，终究会忘。

学如逆水行舟，不进则退。你不进，由于水在流动，你其实就是在退。

如何做到不退？必须前进。这前进就是对从前知识的复习以及接受新知识。王阳明的解释很耐人寻味：**不用功的人，不会知道自己在退步**，天长日久，你就真的退到愚昧之境了。

如果你肯用功，就会发现你所知道的不过是九牛一毛。知道自己不知道，就是进步。你如何才能知道自己不知道？只能是去学习，唯有学习，才能获取新东西，才能知道自己不知道。

我们如何才能不遗忘从前学到的东西？只有一个办法，就是反复温习。反复温习，就会把深奥的东西变得浅显，浅显的东西，更容易记住。

所以，这个公式就是，深奥化为浅显，浅显化为本能。

38. 要敢于怀疑

问："知至然后可以言诚意，今天理、人欲知之未尽，如何用得克己工夫？"

先生曰："人若真实切己用功不已，则于此心天理之精微，日见一日，私欲之细微，亦日见一日。若不用克己工夫，终日只是说话而已，天理终不自见，私欲亦终不自见。如人走路一般，走得一段方认得一段；走到歧路处，有疑便问；问了又走，方渐能到得欲到之处。今人于已知之天理不肯存，已知之人欲不肯去，且只管愁不能尽知，只管闲讲，何益之有？且待克得自己无私可克，方愁不能尽知，亦未迟在。"

【译文】

陆澄问："致知的功夫实现了才可以谈诚意的，如今天理和人欲还没弄明白，如何去做克制私欲的功夫呢？"

先生说："一个人如果自己切实不断地下功夫，那么对于心中天理的体会认识必然日益精微，而对私欲的认识也日益精微。如若不去做克制私欲的功夫，整天只是嘴上说说，终究看不清天理和私欲。好比人学习走路，走过一段路才认识这段路；走到分岔路口时，有疑问便问；问了再走，才能慢慢到达目的地。现如今有些人，对于已经体会到的天理不愿存养，对于已经认识到的人欲不肯除去，自顾自地去担心不能全部弄明白，只顾空谈，又有什么作用？等到克己的功夫下到无私欲可克的地步，再去担心不能全部弄明白，也还不算迟。"

【度阴山曰】

古代杞国有个人总担心天塌地陷，所以寝食难安，瘦得只剩下骨头。他的一位哲学家朋友生了恻隐之心，就安慰他：天是气，塌不下来；地广阔深厚，也陷不了。

杞人立即从忧虑中解脱出来，如同经历了三灾八难，比从前还快活数倍。

哥白尼之前，西方世界都主张"地心说"，但哥白尼觉得不对，他开始认真做实验琢磨这个地心说。有人跑来和他说："地心说是对的，你就别疑神疑鬼了。"

哥白尼问："为什么是对的？如果我找不到这个理由，那它就是错的。"

这和那个杞国人的态度截然不同，有人告诉他不可能天塌地陷，他就点头称是，而不再担心。而哥白尼保持着这种怀疑的态度在这种怀疑下，提出了日心说。

回到王阳明的语录中来，有人问他："天理和人欲如何区分？"

王阳明回答："如果你不切实不断地下功夫，那就没有办法区分天理和人欲，因为外在的天理和人欲的规定看上去都是不言自明的。"但真的是这样吗？

凡是普适的东西真的就是真理？未必，所以，你必须去探究。

哥白尼如果没有探究精神，就不可能推翻地心说，提出日心说，这样人类的科学就没有办法进步。

怀疑的精神包括两方面：敢于怀疑，然后拿出行动来证明你的怀疑有道理。**敢于怀疑是知，拿出行动是行，这其实就是"知行合一"。**

王阳明举的例子是，譬如你走路，从前常常走的一条路，好久不走了，今天你去走，发现岔路口多了，你该怎么办？

王阳明的办法是，遇到岔路口就问，不要以为你曾经走过，就认为自己掌握了路径，人需要不停地怀疑和追问，才能得到天理。这天理是与时俱进的，不是大家耳熟能详、不言自明的从前的真理。

你站在岔路口，一门心思琢磨这条路该怎么走，可就是寸步不移，这对于走这条路毫无帮助，必须即走即问，即问即走。

若想搞清楚一些事，就必须去行动，就如走路，先走起来再说，遇到不明白的地方，自然要问，这就是知行合一。

39. 不要局限自己

问："名物度数，亦须先讲求否？"

先生曰："人只要成就自家心体，则用在其中。如养得心体，果有'未发之中'，自然有'发而中节之和'，自然无施不可。苟无是心，虽预先讲得世上许多名物度数，与己原不相干，只是装缀，临时自行不去。亦不是将名物度数全然不理，只要'知所先后则近道'。"

又曰："人要随才成就，才是其所能为。如夔之乐、稷之种，是他资性合下便如此。成就之者，亦只是要他心体纯乎天理，其运用处，皆从天理上发来，然后谓之才。到得纯乎天理处，亦能'不器'，使夔、稷易艺而为，当亦能之。"

又曰："如'素富贵行乎富贵，素患难行乎患难'，皆是'不器'。此惟养得心体正者能之。"

【译文】

陆澄问："事物的名称与度量，是否需要预先讲究？"

先生说："人只要能存养自己的心体，具体的作用便自然在心体之中了。如果存养心体能够达到'感情未发出来时的中正'状态，自然会有'发而中节之和'的作用，自然无所不到、无事不可。如果没有确立心体，即便预先探求许多事物的知识，与自己的心体也毫无关系，只是装点门面的功夫，遇到事情没有任何作用。当然，也并非全然不讲究事物的知识，只是'要知道何者为先、何者为后，就接近道了'。"

先生又说："人要根据自己的才能去成就事业，才能有所作为。如同夔之于音乐、稷之于农事一样，是他们的天性适合做这样的事情才能如此。要有所成就，就是要让心体纯粹都是天理，心的运动作用，都是从天理上发现出来，方能称之为才。等到心里纯粹都是天理，甚至可以不为具体的才能所束缚，让夔和稷互换工作，他们也能够做好。"

先生又说："像《中庸》所说，'身处富贵则做富贵时该做的事，身处患难则做患难时该做的事'，都是不为具体的才能所束缚。而这只有心体达到中正的人才能够做到。"

【度阴山曰】

曾国藩、李鸿章、左宗棠是清末最耀眼的三颗政治明星，一般排序，都是"曾李左"，但左宗棠一生都不服气这种排名，因为他是三人里面智商最高的。

如果三人同时答一份试卷，三人都能得一百分，但是在左宗棠看来，曾国藩、李鸿章答一百分，是因为他们就这水平，而他答一百分，是因为试卷只有一百分，如果是一千分，那他仍然是满分，但曾、李二人就未必了。

同样一个难题，让曾国藩处理，你会看到他抓耳挠腮，但左宗棠处理起来云淡风轻。哲学家都主张人人平等，然而这不可能，至少智商方面，人与人之间就是不平等的。

每个人都有天赋，遗憾的是，很少有人刻意去寻找，只是随波逐流，看到别人在某方面成就很大，就钦羡起来，然后去学人家。拿自己的努力和别人的天赋去拼，只能累到吐血。

所以王阳明说，人要根据自己的才能去成就事业，才能有所作为。夔的天赋是音乐，稷的天赋是农事，因为他们的天性适合做这样的事情，才能做得特别好。所谓天性，就是天赋。

有人问王阳明："名物度数，是否要预先讲究一下？"

意思是，咱们要不要先设定一个规则，我要做什么，不要做什么？从前古圣先贤做事的套路，我要不要预先学习讲究一下呢？

王阳明说："不必这样，人只要能存养自己的心体就可以了。"

意思是，**人只要在心上用功，不必局限自己。遇到什么事就用心来做这件事，这才是真正的讲究。**

就如同你去买手套，买之前，不必量手，到了那里，用手试一下就知道买哪种了。

这个手就是心。

如何在心上用功，王阳明没有说透彻。他最后一句话大概就隐藏着答案："像《中庸》所说，'身处富贵则做富贵时该做的事，身处患难则做患难时该做的事'，都是不为具体的才能所束缚。"

不为具体的才能所束缚,就是不要把自己所谓的优势当成真理,必要时,要放弃自己的优势。你说你是个超级美食家,这就是优势;但闹饥荒时,根本没有美食,你只能吃些草根树皮,如果这个时候,连草根树皮都不吃,你就会被饿死。

所以,不能执,万不可先给自己设定人生规则,一旦时间和空间发生转变,你所坚持的规则和你所拥有的优势,就成了扼杀你的毒药。

阳明心学主张心外无理,一切天理都在心内,所以根本不必去准备讲究,只要心光明,遇其事,就有其理。

人但能如此,就是圣人。

40. 成败皆在我身

"与其为数顷无源之塘水,不若为数尺有源之井水,生意不穷。"

时先生在塘边坐,旁有井,故以之喻学云。

【译文】

"与其挖一个数顷之大而无源头的水塘,不如挖数尺深而有源头的井,井水会源源不断。"

那时先生正坐在池塘边,旁边有一口井,因而先生以此来比喻做学问。

【度阴山曰】

朱熹说:"问渠那得清如许?为有源头活水来。"意思是,渠水之所以清澈永恒流动，是因为有源头，而源头是源源不断的。我们处理问题的方式就是渠水，良知就是源头。

"与其挖一个数顷之大而无源头的水塘，不如挖数尺深而有源头的井。"这句话正是王阳明龙场悟道"吾性自足，不假外求"的最佳注解。

它的意思是，我们每个人其实都是一口深而有源头的井，但是很多人不在这口井上用功，非要到处去挖各种各样无源头的水塘。水塘固然能暂时解决问题，但它并不长久。

很多人有了烦心事，不在心上用功，从解决这个烦心事，而是去借酒浇愁，或者颓废地生活一段时间，这都不是解决问题的态度。

学问是什么？**学问的第一法门，就是要认定**，成败皆在我身，和**其他无关，就是要认定自己是个能量源，能解决人生中所遇到的所有问题**，通过调节自己的情欲和遵循人性，无往而不利。

而情欲和人性都是我们与生俱来的，不需要靠外物来加持，唯有如此认识，学问才有所增长，而不是毫无根基的金玉其外、败絮其中。

我们要做有源之水，这有源之水就在我们自己身上；我们千万别做无源之水，这无源之水就是那些能暂时缓解我们痛苦，使我们推迟解决问题的特别坏的外物。

41. 意志征服世界

"善念发而知之，而充之；恶念发而知之，而遏之。知与充与遏者，志也，天聪明也。圣人只有此，学者当存此。"

【译文】

先生所说:"善念萌发时要认识它、扩充它;恶念萌发时,要认识它、遏制它。认知、扩充、遏制,都是意志的作用,都是天所赋予的聪明才智。圣人也只是有这个意志,学者应当时刻存养这个意志。"

【度阴山曰】

人一出生,就带着良知而来。良知能分是非善恶,可解决天地间一切人情事变。依此而言,我们在人间遇到的所有事,根本轮不到你拼超能力,仅凭我们的诚意之心,就能解决所有的人生问题。

但为什么还是有很多人做了无数半途而废的事,最终一事无成呢?原因就在王阳明所说的意志力。西方心理学认为,所谓意志力,就是指人自觉地确定目的,根据目的来支配、调节自己的行动,克服各种困难,从而实现目的的一种品质,乃至一种人格。

尽管我们常常用判断力思考问题和解决问题,但最终能否解决问题的关键,还在于意志,而不是才智。

王阳明所谓的意志力,是这样的:善念萌发,就坚持把它扩充;恶念萌发,就不择手段地将其遏制。不管遇到任何困难,坚持这两点,那就是合格的意志力了。

一旦有这种意志力,那就能征服世界,天下无敌。

我们在善念和恶念上的态度,决定了我们将来的人生。善念萌发,不去扩充,等于没有善;恶念萌动,不去遏制,就真的成了恶。

归根结底,王阳明还是要你去行动,在行动上见真章,而不是满口的理论大道。

不要小看了对待善念恶念的态度,倘若你连善念恶念都不能坚持扩充与遏制,那其他事,根本就不必谈。

意志力,最基本的表现就是对善恶的分辨与行动,最灵魂的表现也是如此。知道了善恶,并以行动确定,你就是个圣人了。

42. 什么样的人最虚伪

问:"先儒曰:'圣人之道,必降而自卑;贤人之言,则引而自高。'如何?"

先生曰:"不然,如此却乃伪也。圣人如天。无往而非天;三光之上,天也;九地之下,亦天也。天何尝有降而自卑?此所谓大而化之也。贤人如山岳,守其高而已。然百仞者不能引而为千仞,千仞者不能引而为万仞。是贤人未尝引而自高也,引而自高则伪矣。"

【译文】

陆澄问:"程颐先生说:'圣人之道,必然谦逊而朴素;贤人的言说,则自我抬高。'这话如何?"

先生说:"不对,如果这样就是作假了。圣人像天一般。没有什么不是天:日月星辰之下,是天;九泉之下,也是天。天何尝需要自己降低自己、让自己显得谦卑呢?这是孟子所谓'大而化之'的含义。贤人则像高山,固守其高处而已。然而百仞的高山不能抬高自己到千仞,千仞的高山不能抬高自己到万仞。所以贤人也并未抬高自己,若是这样便是作假了。"

【度阴山曰】

李适(唐德宗)在位初期,常常打亲民牌——到首都长安郊区和最底层的老百姓聊天。某次,李适带着许多史官到一农民家中,嘘寒问暖,说些真情实意的废话。农民感动得要命。

李适一走,有人就跑来和农民说,这个皇帝不咋的。皇帝是天,何尝见过天和地打成一片的?

正如此人所说,李适做皇帝是不咋的,执政后期,帝国发生泾原兵变，李适被叛军赶出长安，后来虽然平定叛乱，回到长安，但他开始了昏聩时代，大唐帝国从此一蹶不振。

中国历史上有几位打亲民牌的皇帝，把国家治理得都不怎样；那些看上去傲慢、永远不接地气的皇帝，反而把国家治理得很好。李世民、忽必烈是典型代表。

有弟子问王阳明："《大学》讲亲民，是否可以这样理解，做大官的乃至皇帝，都要到基层和群众打成一片？"

王阳明回答："天何尝与地打成一片，天只要做天该做的事，不必下移，就是真天。如圣人一样，做圣人该做的事，纵然高高在上，也能普度众生。"

圣人之道，并非像隔壁笑呵呵的老王一样，谦虚而朴素。真圣人，肯定和众生不同，看上去端着装着，其实他就是在做圣人该做的事。如果让一个圣人，天天和民众打成一片，不分彼此，让自己显得谦卑，那神秘感就会消失，庄严感荡然无存，圣人就玩不转了。况且，圣人何必如此？

在什么位置就把这个位置的事做好，这就是真圣人。

有些人接地气，是知行合一；有些人不接地气，也是知行合一。

至于贤人，就要按能力来做事为人，绝对不能把自己抬到高不可攀的地步，贤人接地气，就是致良知。

一旦想脱离自己的位置，就是伪。为何要脱离？恐怕不是公心，必是私意。

圣人知道自己该做什么，所以不接地气；贤人知道自己该做什么，所以接地气。这样世界就和谐了。

43. 真正的大道需要不停追求

问:"'颜子没而圣学亡',此语不能无疑。"

先生曰:"见圣道之全者惟颜子,观'喟然一叹'可见。其谓'夫子循循然善诱人,博我以文,约我以礼',是见破后如此说。'博文''约礼'如何是善诱人?学者须思之。道之全体,圣人亦难以语人,须是学者自修自悟。颜子'虽欲从之,末由也已',即文王'望道未见'意。望道未见,乃是真见。颜子没而圣学之正派遂不尽传矣。"

【译文】

陆澄问:"先生您曾说'颜渊死后孔子之学便衰亡了',对此我有疑问。"

先生说:"能够全部领会孔子圣学的只有颜回一人,这从颜渊'喟然一叹'便可以看出。他说'孔子善于循序渐进引导学生,以文教扩充我的学识,以礼仪约束我的行为',这是他全部领会孔子之学后才能说的话。'博文''约礼'怎么能够善于教导人呢?为学之人必须认真思考。对于道的全体,即便是圣人也很难告诉人,必须是为学之人自己去修行、去体悟。颜回'想要再向前迈进一步,却又不知怎样着手',也就是文王'见到大道却如同没有见到一样渴求'的意思。见到大道而如同未见到一般渴求,才是真正的见到。颜回死后,孔子的学说正宗便无法尽数流传下来。"

【度阴山曰】

孔子弟子多如牛毛,可惜只有一个叫颜回的领悟到孔子所谓的圣人之道。这个圣人之道是,以文教扩充人的学识,以礼仪约束人的行为。简单而言，即是儒家系统里被说烂了的"博文约礼"。

王阳明认为，此句话的确是孔子作为圣人的标准。就好比说，孔子为何是圣人，因为他博文约礼。听起来很简单，但为何只有颜回一人悟到了？

因为颜回有一种别人所没有的精神：探索、实验，亲身去修行、去体悟。

探索，就是拥有好奇心以及怀疑的精神；实验，则是验证，用自己的身心去验证。拥有了这些基本特质，离圣人就不远了。

另一个人就是周文王，这人在儒家系统里太过于经典，因为他"见到大道却如同没有见到一样渴求"。不是他瞎了，而是觉得大道这种物品不是一劳永逸，而是永无止境的。

不停地渴求才会去追求，追求得越深入，就越明白，真正的大道就是要不停地渴求、追求。

这是一个良性循环：渴求、追求、见道，感觉没有见道，渴求、追求、见道，感觉没有见道……

而很多人没有这种博大心态，略摸索出点小技，就以为见到了道，然后手舞足蹈，傲视天下，不思进取，最后，道就从他手中滑掉了。

孔子弟子那么多，只有颜回一人如此，可见，真正的见道没那么容易。虽然中国人说，大道至简，但其实说的是，真大道是简单的，正因为简单，所以才容易被人忽略滑落。如果能保证不滑落，那就是真的见道了。

保证不滑落，很难，迄今为止，只有一个方法论：博文约礼，永不停息。

44. 活在当下

"只存得此心常见在便是学。过去未来事,思之何益?徒放心耳。"

【译文】

"只要时刻存养本心就是学习。过去与将来的事,想它又有何益处?只会迷失本心罢了。"

【度阴山曰】

人受情绪和现实的影响,总会患得患失,瞻前顾后。对过去的事,耿耿不忘;对将来的事,疑神疑鬼。

王阳明说,你想那些过去未来的事,有何益处?非但没有益处,而且全是坏处。

每个人都在空间和时间中不停转变,特别是在时间上,由于它的流逝,所以会形成"从前的我""当下的我""未来的我"。你想过去事,就是用"从前的我"顶替"当下的我"思考问题;你想未来事,就是用"未来的我"顶替"当下的我"思考问题。

这是一种典型的神经错乱,你没有办法掌控从前的你和未来的你,你唯一能掌控的就是当下的你。

唯一能掌控的却不掌控,无法掌控的却千方百计去掌控。其实,你只有关注好当下、掌控好当下,才能掌控好未来。反之,就是缘木求鱼,注定镜花水月。

如何关注当下,这需要你学习。学习的方式就是时刻存养本心,存养本心就是听凭良知。当下所能掌控的任何事,都以良知为指导,能致良知,这就是圣人了。

因为圣人的基本要素之一，就是能关注和掌控当下。

45. 言语是心的外化

"言语无序，亦足以见心之不存。"

【译文】

"说话颠来倒去，也足以说明心没有得到存养。"

【度阴山曰】

中国古人始终相信：人情不同，其辞各异。比如心中有忤逆之意，言辞就会有惭愧意味；心中疑惑不定，言辞就枝蔓。顺利的人言辞很果断，焦躁不安的人言辞就啰唆，没有操守的人说的话就很不坚定。

说话颠三倒四，既说明其心中疑惑不定，又说明其焦躁不安。对任何事没有判断力就会疑惑，疑惑后就会焦躁。焦躁又导致其内心不静，没有判断力。这是个恶性循环。

如何打破这恶性循环？或者说，如何使自己讲话时不要颠三倒四？这只能在心上下功夫。

存养心，就是要让内心强大，高度自信，时刻训练能使自己在社会上生存下来的技能，内心宁静而不受外部欲望的吸引。人有技能在身，就会高度自信，内心平静，就能快速冷静地观察出事物的本质；找到这一本质，则能迅速解决问题。

46. "不动心"的两种境界

尚谦问孟子之"不动心"与告子异。

先生曰："告子是硬把捉着此心,要他不动。孟子却是集义到自然不动。"

又曰："心之本体原自不动。心之本体即是性,性即是理。性元不动,理元不动。集义是复其心之本体。"

【译文】

薛侃问孟子所说的"不动心"与告子所说的"不动心"有何差别。

先生说："告子的不动心是强行把捉住心,使心不动。孟子的不动心则是通过不断修养德行使心自然不动。"

先生又说："心的本体原本是不动的。心的本体便是性,性便是理。性原本不动,理也原本不动。不断修养德行,就是复归心的本体。"

【度阴山曰】

王阳明年轻时曾两次落榜,落榜后他无动于衷。有个落榜考生号啕大哭,看到他不哭,就说他不知羞耻。王阳明给出一句经典回答:你以落第为耻,我以落第动心为耻。

直白而言就是,王阳明对落榜这件事不动心。如果能做到对任何事不动心,那就能宁静于内,无敌于外。

但是,不动心有两种境界,一种是告子所谓的"不动心",另一种是王阳明赞同的孟子所谓的"不动心"。

告子的"不动心",是强行把心捉住,让心不动。我们见到美色,心动了,想干点不符合道德的事,但转念一想,绝对不能这样,心不能动。

乍一看，这种不动心也很好，至少我们有意识地把持住心，没有做坏事。但仔细一想，这种不动心，不是长久之计。你不停地在强行控制自己，虽然没有行动，但心却始终在动，心动了，又没有出口，长期下去，你就会被憋成变态。

孟子和王阳明的不动心就是另外一种神秘境界了。二人觉得，不动心是通过各种修养德行，让心自然不动。

修养德行，只是个理论，方法是什么？

我们如何才能通过修养德行的方法，让此心自然不动呢？

王阳明又说了一套理论：心的本体原本是不动的。心的本体便是性，性便是理。性原本不动，理也原本不动。不断修养德行，即是复归心的本体。

由此可知，此心自然不动，本是天理使然。人心的本体就是自然不动的，我们恢复了心的本体，就大功告成。

王阳明心学讲究心外什么都没有，**该看的看，不该看的不看。**在五彩缤纷的大千世界，做到这一点很难。所以，想达到心自然不动的境界很难。

正因为难，我们才需要去修养德行，以良知作为行为坐标，一切都听良知的，尽力做到，凡事不能尽如人意，但求无愧于心。

47. 不要骗自己

"工夫难处，全在格物致知上。此即'诚意'之事。意既诚，大段心亦自正，身亦自修。但'正心''修身'工夫亦各有用力处，

'修身'是已发边，'正心'是未发边。心正则中，身修则和。"

【译文】

"做功夫的困难之处，全部在格物致知上。这就是如何'诚意'的问题了。意念如果真诚，那么心也差不多能够摆得正，修身也就水到渠成了。不过'正心'和'修身'的功夫也各自有着力点，'修身'是就已经发出来的情感而言，'正心'是就还未发出来的情感而言。心摆得端正，那么未发的情感就能够中正；身得以修养，那么已发情感就可以平和。"

【度阴山曰】

格物致知的关键点就是诚意。**所谓诚意，就是真诚无欺地对待自己的念头，做到这一点，后面的正心、修身就没有问题了。**做不到诚意，后面的一切都玩儿完。

我们可以举个例子来说明诚意。譬如你要去西天，意就是念头，诚意就是把去西天这个念头坚定下来，无论遇到多大挫折，都要有必须到达的信念。但这还不够。你要去西天，但你知道路吗？去哪里乘车、去哪里坐船、带多少粮食、携多少水，这些都需要你准备。

你如何准备呢？

就是要用心，全盘考虑，制订周密的计划，然后才能上路。否则，只凭有个坚定抵达西天的意志，就奋不顾身地上路了，最后的结果肯定不会圆满。

所以，"诚意"是既要树立信念，又要为这信念做充分的准备，缺了哪一样，都不是诚意。

阳明心学是行动哲学，没有了行动，一切都是虚无。所以无论是格物、诚意，还是正心，最终都要把事情呈现出来。凡是不呈现出来的，就是佛老；凡是能呈现出来的，才是阳明心学。

48. 止、定、静、安

"至善者性也。性元无一毫之恶,故曰至善。止之,是复其本然而已。"

问:"知至善即吾性,吾性具吾心。吾心乃至善所止之地,则不为向时之纷然外求,而志定矣。定则不扰扰而静,静而不妄动则安,安则一心一意只在此处。千思万想,务求必得此至善,是'能虑而得'矣。如此说是否?"

先生曰:"大略亦是。"

【译文】

"至善是天性使然。天性原本没有一丝一毫的恶,所以才叫至善。止于至善,就是复归于本来的天性而已。"

陆澄问:"明白至善是人的本性,而本性就包含在人的心中。人的本心就是至善的所在,明白这个道理就不会像以前那样去外面探求至善,这样意志才能确定。意志确定之后就可以不受干扰、内心平静,内心平静就不会心念妄动,就会感到心安,心安就能够一心一意只关注至善。思来想去,都是要探求这个至善,这样便是'能虑而得'了。这样理解可以吗?"

先生说:"大体上不错。"

【度阴山曰】

王阳明心学的"格物",是在事情上正念头。但为什么很多人都做不到呢?有时候明明念头是对的,却不肯去按这念头行动;有时候念头根本就正不过来,而成了坏念头。

确切地说,我们如何才能做到精准地"格物"呢?

要做到精准地"格物",就要明白格物前的四字诀:止、定、静、安。

这四字诀来自《大学》:**知止而后有定,定而后能静,静而后能安。**

所谓知止,就是知道人生所追求的一切,都止于我们内心。也就是说,我们心中有个良知,听心上良知的命令,就能解决一切问题,不需要去外求。

知道了止后,你心中就有定见:不需要去外求,只关注自己的心,听本心的,而且要明白,本心无所不能。如此一来,你就有了高度自信,志向和意志全部确立了。这就是定。

志向和意志确立了,又有了高度自信,你就会不受外界干扰,内心平静。这就是静。

静之后,就会感到心安。心安之后,你会发现心安的原因是我们在关注内心的良知;更会发现,一切按照良知来,就能在考虑和做任何事情时都心想事成,就是能虑能得了。

止、定、静、安、虑、得。

而"虑"和"得"就是格物的方法和结果,能虑必能得,格物必精准。

1508年,王阳明在龙场大悟"格物致知"之旨,其实悟到的就是格物不是向外求,而是向心内求。但如何能做到精准地格物?就是需要我们明白(知止):良知乃吾师,听凭良知就是立志,就是高度自信(定),感悟到这一点,你就不会胡思乱想,能静下来(静),听良知的声音,听良知后,你的心就会安(安),然后你再格物(虑),就必能得。

王门四规的"立志、勤学、改过、责善",归根结底,就是要你止、定、静、安,为精准地格物做充分的准备。

49. 博爱的人不靠谱

问:"程子云:'仁者以天地万物为一体。'何墨氏兼爱,反不得谓之仁?"

先生曰:"此亦甚难言,须是诸君自体认出来始得。仁是造化生生不息之理,虽弥漫周遍,无处不是,然其流行发生,亦只有个渐,所以生生不息。如冬至一阳生,必自一阳生,而后渐渐至于六阳,若无一阳之生,岂有六阳?阴亦然。惟有渐,所以便有个发端处;惟其有个发端处,所以生;惟其生,所以不息。譬之木,其始抽芽,便是木之生意发端处;抽芽然后发干,发干然后生枝生叶,然后是生生不息。若无芽,何以有干有枝叶?能抽芽,必是下面有个根在。有根方生,无根便死。无根何从抽芽?父子兄弟之爱,便是人心生意发端处。如木之抽芽,自此而仁民、而爱物,便是发干、生枝、生叶。墨氏兼爱无差等,将自家父子兄弟与途人一般看,便自没了发端处。不抽芽,便知得他无根,便不是生生不息,安得谓之仁?孝弟为仁之本,却是仁理从里面发生出来。"

【译文】

陆澄问:"程颢先生说:'有仁德的人将天地万物视为一个整体。'为何墨子的兼爱之说,反而不能认为是仁德呢?"

先生说:"这很难说清楚,诸位必须自己体会才能明白。仁德是造化万物、生生不息的天理,虽然弥散流动在天地之间,无所不在,然而它的流动变化、作用发生,也都是逐渐发生的过程,因此才能够生生不息。好比冬至的时候,阳气刚刚生发出来,而后慢慢积聚才会旺盛,如果没有一开始阳气的发生,哪里有后面旺盛的阳气呢?阴气的变化也是同样的道理。正因为仁德的作用是一个过程,所以才会有一个发端之处；正因其有个发端之处，所以才能生出万物；正因其能生出万物，所以才能不停不歇。例如树木，一开始发芽，就是树木生生之意的发端之处；发芽后长出树干，继而长出树枝、树叶，才得以生生不息。如果没有发芽，何来的树枝、树叶？而树木之所以能够发芽，是因为下面有树根。有树根才能够生，没有树根就会枯死。没有树根如何发芽呢？父子、兄弟之间的感情，便是人心中生生之意的发端之处。就像树木发芽一样，从孝悌之情开始，渐渐能发展成仁民和爱物的感情，就好比是树木长出树干、树枝和树叶。墨子的兼爱之说提倡没有差别的感情，将自己的父亲兄弟视作与路人相同，这就没有了发端之处。无法发芽，就知道墨子的兼爱是没有根的感情，便无法生生不息，这样怎能称其为仁德呢？孝悌之情是仁德的根本，而仁德正是从孝悌之情中生发出来的。"

【度阴山曰】

有一个特别无聊却极能引人深思的问题：当你的老婆和你的妈妈同时落水时，你先解救谁？

有人的答案是，救最近的那个。

为什么？因为情境来得太快，你根本无暇考虑，只能凭借良知的判定做出那个正确的举动。

但是，当你的妈妈和一个陌生人同时落水时，你先救谁？

如果有人的答案还是救最近的那个，无论最近的那个是不是你的妈妈。那只能证明，此人要么在起哄，要么就是白痴。

中国古代，有个"赵氏孤儿"的故事，说的是，有人为了解救他人的儿子而牺牲了自己的儿子。这个故事被传诵至今，很多别有用心的人都在称赞牺牲自己儿子的那个人是义士。

王阳明说，仁是爱人，但有个发端处，也就是说，爱别人也是分等级的，我们最先爱的应该是自己和亲人，而不是和我们没有血缘关系的人。如果一个人连自己和亲人都不爱,你怎么敢指望他爱其他人?

墨子说,要无差别地爱所有人。这就是没有根的爱,它无法生息,因为不符合人性。仁是从孝悌之情中生发出来的,不是从众生中生发出来的。

要想博爱,第一要务就是爱自己和身边的亲人,从此慢慢铺展出去,渐渐去爱别人。倘若有人大言不惭地说,他能爱一切人,那一定要小心他。

这种人,肯定有不可告人的勾当。

博爱不靠谱,圣人虽把天地万物当成一体,但在这一体中也有个轻重。当你在手指和脑袋中只能选择留下一样时,没有人会选择留手指而砍脑袋,这就是轻重。

搞不清轻重缓急,就不是良知,更不是博爱,只能是傻或者别有用心。

50. 逃避是最重的私心

问:"延平云:'当理而无私心。''当理'与'无私心'如何分别?"

先生曰:"心即理也,'无私心'即是'当理',未'当理'便是'私心'。若析心与理言之,恐亦未善。"

又问:"释氏于世间一切情欲之私都不染着,似无私心。但外弃人伦,却是未当理。"

曰:"亦只是一统事,都只是成就他一个私己的心。"

【译文】

陆澄问:"延平先生说:'合乎天理而没有私心。''合乎天理'与'没有私心'如何区别?"

先生说:"心就是天理,'没有私心'就是'合乎天理','不合乎天理'就是'有私心'。如果将心和理分开来说,恐怕不太好。"

陆澄接着问:"佛家对于世间一切情欲私心都不沾染,似乎没有私心。但将一切外在的人伦关系全都抛弃,却也不合乎天理。"

先生说:"佛家和世人都是一回事,都只是要成就自己的一己私心而已。"

【度阴山曰】

在中国古代的四川,有一个传说,有一种蛊,作用就是让情侣永生永世不得见面。下蛊后,男的白天是人,晚上就成了蝙蝠;女的白天是石像,晚上是人。

这对情侣就是天理和私心,二者永不可能相见。要么是天理,要么就是私心。

按朱熹的解释,天理在天地未开时就已存在。但朱熹一系,乃至中国古代哲学家们都无法解释——你凭什么知道天理在天地未开时就存在?确切地说,这种说法没有一个终极解释,即使有,也是似是而非。

其实,朱熹这样解释天理,很可疑。生命可贵,不能乱伤人,这就是天理。但你问,凭什么说生命是可贵的?有什么终极依据和解释吗?

对方肯定回答不出来,因为它是人类自己创造出来的,然后又把它当成天经地义的天理,让人类遵守的。

这类似于画地为牢和作茧自缚。

天理是什么?王阳明认为,它就是我们人类为人处世时所依凭的一个心安的坐标系。为人处世，心安就是天理，心不安就不是天理。

所以他一直强调：心即理。就是说，所有的天理和道理都在我们每个人的心里，而不在心外，因为所有天理、道理都是我们人类自己用心创造的，而不是外星人和神仙提前创造好的。

失了天理就是私心，就是人欲。其表现特征就是心的安与不安。你追逐私欲太频太多，就会感到心不安。

那么你不追逐，比如出家当和尚，是不是天理呢？

王阳明的回答：不是。和尚把人之为人的对家庭、社会的责任都抛弃，只为了自己成佛，这是最大的私心，丧尽天良。

人生在世，必须有个坐标系，这个坐标系就是社会，你在这个坐标系上必须有位置，也就是承担各种社会责任。逃避，没有担当，跑进深山古寺一心想成佛，看似是信仰，其实是懦弱无能的胆小鬼，私心最重的，莫过于此。

51. 过度关注意志力，就会丧失意志力

侃问："持志如心痛，一心在痛上，安有工夫说闲语、管闲事？"

先生曰："初学工夫如此用亦好，但要使知'出入无时，莫知其乡'。心之神明原是如此，工夫方有着落。若只死死守着，恐于工夫上又发病。"

【译文】

薛侃问："持守意志好比心痛，一心一意全部放在感受这个痛上，哪还有工夫说闲话、管闲事？"

先生说:"初学时这样用功固然好,但是要知道意志的生发与作用是'出现与消失都无法确定时间,也不知道去往何方'的。心的神妙灵明本来就是如此,功夫才能够有所着落。如果只是死守着,恐怕又犯了执着的毛病了。"

【度阴山曰】

阳明心学将意志力解释为:它是以我们良知的判定,对一件发自正念的事物保持长久而高度的热情,并能知行合一,最终将此正念呈现,将事物完成。

拥有这种意志力,就是拥有良知,无时无刻不在用良知提醒自己,现在做什么,下一步该做什么。所以它就如心脏病一样,时刻都会被我们感受到。**一旦拥有意志力,就没有工夫说闲话、管闲事,一门心思都在这意志力上。**

然而,王阳明的说法是,保持意志力如得了心脏病,这还只是初期。当我们做一件事,在初期阶段时,为了完成此事而有此意志力,没有问题;可如果这件事已经到了中期甚至晚期,还把意志力保持得如得了心脏病一样,就有点过度了。

真正的意志力不会有意识地展现在你心中,它就是你的血液,在你体内不停地流动,但你感觉不到它。倘若你每天都有意识地倾听自己的血液流动,并且能听到它,这就不是纯粹的意志力了。

如果一门心思关注意志力,哪里还有心思去关注必须将意志力贯穿其中的事情呢?

成吉思汗一生的成就,靠的全是意志力。但在他看来,意志力就是一种看不见、摸不着,已经和你身体融为一体的东西。在无事时,它安静如死水;一旦有事,它就在你身体里沸腾起来,催着你向前向前。

我们过度关注意志力,就会丧失意志力。真正的意志力不需要关注,它就是你的呼吸、你的细胞、你的血液。你何尝关注过这些?

可它始终在帮你,帮你修身养性和成就功业。

52. 人生总向外求,是对自己的不自信

侃问:"专涵养而不务讲求,将认欲作理,则如之何?"

先生曰:"人须是知学,讲求亦只是涵养。不讲求,只是涵养之志不切。"

曰:"何谓知学?"

曰:"且道为何而学?学个甚?"

曰:"尝闻先生教,学是学存天理。心之本体即是天理。体认天理,只要自心地无私意。"

曰:"如此则只须克去私意便是,又愁甚理欲不明?"

曰:"正恐这些私意认不真。"

曰:"总是志未切。志切,目视耳听皆在此,安有认不真的道理!'是非之心,人皆有之',不假外求。讲求亦只是体当自心所见,不成去心外别有个见。"

【译文】

薛侃问:"专注于涵养德行而不注重讲究求索的功夫,把私欲认作天理,应该怎么办?"

先生说:"人必须知道如何学习,讲究求索也只是涵养德行。不做讲究求索的功夫,只是涵养德行的意志不够坚定。"

薛侃问:"什么叫知道如何学习?"

先生说:"你且说说为何要学习?学些什么东西?"

薛侃说:"曾听闻先生说过,学只是学习如何存养天理。心的本体就是天理。体认天理,就是要使得心中没有私欲。"

先生说:"如果是这样,就只需要克除私欲便可,又何愁不明白天理和私欲呢?"

薛侃说:"我正是担心辨认不清哪些是私欲。"

先生说:"说到底还是意志不够坚定的缘故。如果意志坚定,眼睛、耳朵都在察觉私欲上,怎么会认不清呢!'辨别是非的能力,是人天生所具备的',不需要向外去求。讲究求索也只是体会内心的感受,并非向外去求别的认识。"

【度阴山曰】

阳明心学,最讲究二合一,德行的提升属于涵养,研究事物属于讲求。但是,王阳明认为,体认天理,克去私意,求之于身心,就是讲求,就是涵养。向高手学习,只要是依凭良知,真心实意,这就是讲求,同时也是涵养。

人生总向外求,原因是对自己的不自信。王阳明拎出人心中能知是非善恶的良知,就给人以高度自信。既然良知无所不能,那还向外求取什么?

况且,王阳明断定,心外无物。为何心外没有事物?因为万物是一体的。你不能把你的手当成是外物,也不能把你所看到的万事万物当作外物,所以只要你用心去求索,被求索的事物就成为你心中的一部分,那么心外哪里还有物?

所以,一切都在心中求。涵养和讲求本是一回事,它们都必须在心内完成。

中国古人始终主张"德艺双馨"。德,就是涵养;艺,就是讲求。缺艺,空有德,你只能算是个好人,影响力有限;缺德,空有艺，你也只能算是个匠人，算不上大师。

德艺必须兼备，才算是人生大师。世上很多人，只有其中一样，所以费尽周折，也无法抵达圆满境界，问题就在这里。

因为涵养和讲求是一回事啊，并非搞成两回事，那就是分裂。这和人格分裂一样，都不是美好。

53. 只谈功夫不谈结果

先生问在坐之友："比来工夫何似？"

一友举虚明意思。先生曰："此是说光景。"

一友叙今昔异同。先生曰："此是说效验。"

二友惘然，请是。

先生曰："吾辈今日用功，只是要为善之心真切。此心真切，见善即迁，有过即改，方是真切工夫。如此，则人欲日消，天理日明。若只管求光景，说效验，却是助长外驰病痛，不是工夫。"

【译文】

先生问在座的学友："近来功夫有何进展？"

一位学友说自己心中感到清澈明亮。先生说："这是说做功夫的情景。"

一位学友叙述了自己过去和现在的区别。先生说："这是说做功夫的效果。"

两位学友一片茫然，向先生求教。

先生说："我们现在下功夫，只是要使得为善之心更加真切。为善之心真切了，见到善就自然会贴近，有过错就会改正，这才是真切的功夫。只有这样，才能使得人欲日渐消弭，天理日渐明白。如果只是探求做功夫的情景和效果，反而会助长向外求的毛病，不是真正的功夫。"

【度阴山曰】

按中国传统的思想，人生只有今生，没有前世和来生。所以它不像宗教，对未来有所期待，只要为善这一生，就足够。

这为善就是功夫，为善之心真切，见到善就自然贴近，有过错就会立即改正，这就是功夫用得好。

功夫若用得好，人欲日渐消弭，天理日渐明白。你能识得天理，还会担心结局很差吗？

但问题恰好在这里，许多人不是不用功夫，是总想用了功夫就立刻出效果，目的性太强。

一个目的性太强的人，在某件事上用功夫时就会不停地关注结果，一旦结果缓慢或者不如他意，他就会放弃这一功夫，改用另外的方法。正如我们常常看到的那幅漫画，在漫画主人公身后有多处马上要见到泉水的井，但没有一处井水被挖掘出来。

只谈功夫不谈结果，就是让我们一门心思地专注于功夫，而不要分心去想结果。功夫到了，结果自然会好。功夫没到，想那么多结果也毫无意义。

王阳明所谓的功夫，就是"存天理、去人欲"，把这一功夫做好，也就等于过好了你的人生。反之，总想着"存天理、去人欲"后会有什么效果，这念头就大错特错。因为人生就是个"存天理、去人欲"的过程。

在"存天理、去人欲"中寻找快乐，身心愉悦，功夫就成了本体。

54. 有心求异，就是错

朋友观书，多有摘议晦庵者。

先生曰："是有心求异，即不是。吾说与晦庵时有不同者，为入门下手处有毫厘千里之分，不得不辩。然吾之心与晦庵之心，未尝异也。若其余文义解得明当处，如何动得一字？"

【译文】

学友们看书，时常指摘议论朱子。

先生说："存心去找区别，就是错误的。我的学说与朱子往往有所不同，在入门功夫上甚至有毫厘千里的差别，必须分辨清楚。然而我的用心与朱子并无二致。如果朱子在文义上解释得清楚明白的地方，又怎能改动一个字呢？"

【度阴山曰】

朱熹和王阳明的学说肯定不同，阳明心学是对朱熹理学的拨乱反正。朱熹说心能辨别出天理，王阳明却直接说，心之好恶就是天理；朱熹说，只有人性才符合天理，情欲不符合，王阳明则说，人性和情欲都符合天理；朱熹说先知后行，王阳明说知行合一。

两人学说黑白分明。

在入门功夫上同样如此。朱熹的方法论"格物"是探究万事万物的真理，王阳明的方法论"格物"是在事情上正念头；朱熹说"存天理、灭人欲"，王阳明说"存天理、去人欲"。总之，方法上，一个如果是剑，那另外一个就是流星锤——二者固然都是兵器，却一眼就能分辨出来。

王阳明的弟子们读朱熹著作时，常常指责朱熹的错误（和王阳明不同就是错误），王阳明却说，存心去找区别，就是错误。

为什么？

因为王阳明和朱熹的出发点都是为了人能做圣贤，二人的学说、方法论虽然不同，却都是导人向善的，没有说让人去做坏事。

也就是说，两个人的学说都是好学说，都是让人为善之学说，有人可能在王阳明这里找到方法，而有人能在朱熹那里找到方法，双方没有高下之分。

人一旦要存心去找两个学说的区别，就是要分门别派，就是要自立门庭，自我关闭。王阳明说，心外无学，不论是什么学说，只要学说的出发点是好的，那你肯用心去钻研，就必有所成。一切好的学说，都是从心出发的学说。你若有心求异，念头就先错了，求出来的东西再让人耳目一新，它也不符合天理。

认可别人的"是"，就遵循；发现了别人的"非"，也别张牙舞爪，绕过去就是了。**真正的聪明人，永远在学别人的"是"，从不在别人的"非"上较真。**

从来没有人因为给别人挑毛病而成就学问的。一旦盯着人家的"非"不放，就忘记了人家的"是"，最后学了一肚子小肚鸡肠和意气，于学问和做人，都不是好事。

所以，做人和做学问一样，有心求异，就是错。

55. 做最好的自己，而不是做最传奇的别人

希渊问："圣人可学而至，然伯夷、伊尹于孔子才力终不同，其同谓之圣者安在？"

先生曰："圣人之所以为圣，只是其心纯乎天理而无人欲之杂。犹精金之所以为精，但以其成色足而无铜铅之杂也。人到纯乎天理方是圣，金到足色方是精。然圣人之才力，亦有大小不同。犹金之分两有轻重。尧舜犹万镒，文王、孔子犹九千镒，禹、汤、武王犹七八千镒，伯夷、伊尹犹四五千镒。才力不同，而纯乎天理则同，皆可谓之圣人。犹分两虽不同，而足色则同，皆可谓之精金。以五千镒者而入于万镒之中，其足色同也。以夷尹而厕之尧、孔之间，其纯乎天理同也。盖所以为精金者，在足色而不在分两；所以为圣者，在纯乎天而不在才力也。故虽凡人而肯为学，使此心纯乎天理，则亦可为圣人，犹一两之金，比之万镒，分两虽悬绝，而其到足色处，可以无愧。故曰'人皆可以为尧舜'者以此。学者学圣人，不过是去人欲而存天理耳，犹炼金而求其足色。金之成色所争不多，则煅炼之工省而功易成；成色愈下，则煅炼愈难。人之气质清浊粹驳；有中人以上、中人以下；其于道，有生知安行，学知利行。其下者必须人一己百，人十己千，及其成功则一。后世不知作圣之本是纯乎天理，却专去知识才能上求圣人，以为圣人无所不知、无所不能，我须是将圣人许多知识才能，逐一理会始得。故不务去天理上看工夫，徒弊精竭力，从册子上钻研，名物上考索，形迹上比拟。知识愈广而人欲愈滋，才力愈多而天理愈蔽。正如见人有万镒精金，不务煅炼成色，求无愧于彼之精纯，而乃妄希分两，务同彼之万镒。锡、铅、铜、铁杂然而投，分两愈增而成色愈下，既其梢末，无复有金矣。"

时曰仁在旁，曰："先生此喻足以破世儒支离之惑，大有功于后学。"

先生又曰："吾辈用力，只求日减，不求日增。减得一分人欲，便是复得一分天理，何等轻快脱洒！何等简易！"

【译文】

希渊问:"圣人可以通过学习来达到,然而伯夷、伊尹与孔子相比,才学与能力终究不同,为什么孟子均称其为圣人呢?"

先生说:"圣人之所以为圣人,只是心中纯粹都是天理而不夹杂人欲。好比纯金之所以是纯金,只是因其成色足而没有铜和铅等杂质。人达到心中纯然是天理就是圣人,金达到成色十足就是纯金。然而圣人的才学能力也有大小的区别,好比金的分量有轻有重。尧舜好比是万镒的黄金,文王、孔子好比是九千镒的黄金,大禹、商汤、武王好比是七八千镒的黄金,伯夷、伊尹好比是四五千镒的黄金。他们的才学与能力虽然不同,但心中纯粹都是天理这一点是相同的,因此都可以称为圣人。这就好比黄金的分量虽然不同,但成色十足是相同的,故而都可以称为纯金。将五千镒的纯金融入一万镒的纯金中,成色还是相同的。以伯夷、伊尹的圣德与尧、孔子的圣德相比较,心中纯粹都是天理是相同的。因此是否为纯金,在于成色是否十足而不在于分量的多少;是否为圣人,在于心中是否纯粹都是天理,而不在于才学和能力的大小。因此,即便是一般人,只要肯用功学习,使得心中纯粹都是天理,也可以成为圣人,好比一镒的纯金,相比于万镒的纯金,虽然分量悬殊,但就其作为足色的黄金而言并没有可以挑剔的地方。正因为如此,孟子才说'人人都可以成为尧舜'。为学之人向圣人学习,也不过是学习摒弃人欲、存养天理的功夫,好比学习炼金也就是学习如何将黄金炼到纯净。如果原料成色本身就比较足,冶炼的功夫就相对省力,炼成足金也相对容易;成色越差的原料,冶炼起来也就越难。人的气质禀赋有清澈混浊、纯粹驳杂的差异;有一般人以上、一般人以下的才能差异;对于道的体悟,有生而知之、安而行之,学而知之、践而行之的差别。各方面较差的人,必须比别人多下数倍,甚至数十倍、数百倍的功夫,然而一旦功夫做成了就都是一样的。后世的学者不理解学做圣人的根本在于心中纯粹都是天理，却专门在知识与才能上下功夫，认为圣人无所不知、无所不能，认为自己必须将圣人的许多知识和才能都逐一掌握，才能成为圣人。故而，这些人不务求在存养天理上下功夫，却费尽心思钻研书本、考究事物、追求形迹。知识越发广博，人欲也日益滋长；才能越发增进，天理却日益遮蔽。好比看到有人有万镒的黄金，就不去冶炼黄金的成色，不求在成色上无可挑剔，却妄想在分量上与他人相同。锡、铅、铜、铁等杂质一并投下去，分量是增长了，但成色下来了，炼到最后，连黄金都不是了。"

这时徐爱在旁边，说："先生这个比喻足以破除现今儒者唯恐学问支离破碎的困惑，对后世的学者大有裨益。"

先生又说："我们做功夫，只求每日减少，不求每日增加。减去一分人欲，便恢复得一分天理，多么轻快洒脱！多么简单的功夫！"

【度阴山曰】

这段"精金分量之喻"在阳明心学中，分量重如泰山。

古人认为，人禀气而生，含气而长，得贵则贵，得贱则贱。朱熹一针见血地说：人人都是禀气而生，禀气之清者，为圣为贤；禀气之浊者，为愚为不肖。

也就是说，人的生死贵贱是由生而禀受的气所决定的，这是典型的宿命论。幸好，古人还认为，气的清浊只能决定你后天的才力（智商、家庭背景、事功、影响力）大小，却无法决定你是否能成为尧舜那样的圣贤。

王阳明说，你的气注定你是一斤重的金子，而有人的气注定他是十斤重的金子。在金子的分量上，你肯定比不过人家。

有人是含着金汤勺出生，有人在娘胎里智商就比你高，有人天赋中就有影响别人的能力，这些硬指标，你是绝对比不了的。

在事功上，有人被万众瞩目，有人却默默无闻；有人能飞黄腾达，有人却总遭遇失败。如果你的奋斗方式是正确的，却仍无法超越别人，那可能就是你禀的气不怎样。

如果你非要在才力上超越那些比你禀气好的人，那如王阳明所说，你就要在金子上增加重量，把些破铜烂铁掺杂进来——重量虽然上去了，你却不纯了。

这就是为什么有些人在开始的时候为求目的不择手段，到最后又长期处于心不安的状态。那么，我们是否要通过奋斗来完成我们的人生价值？

当然要！但要量力而行。别拿你的努力去和人家的天赋拼，这样会累死你的。

王阳明认为，才力限于气禀，你若非要在才力上和别人比拼，那你会发现不可能成为圣人；但你若在天理上用功而不论才力，那你就很容易成为圣贤。

在天理上用功，其实就是向内求，接受自己金子的重量，而不是向外求，去弄些破铜烂铁。向内求，就是减少欲望，"减去一分人欲，便恢复得一分天理，多么轻快洒脱！多么简单的功夫"。

当你毫无欲望时，你就成了圣人。圣人就是好人，好人就是在你的人生圈子里被所有人喜欢，即使有一天你离开这个人间，也会活在别人心中。

归根结底，王阳明就是让你**做最好的自己，而不是做最传奇的别人**。深刻认识到自己有圣人潜质，而开发潜质的方法也在自己身上——事事时时都依着自己的良知去做，就能成为最好的那个金灿灿的自己。

56. 别给事物贴标签

侃去花间草,因曰:"天地间何善难培,恶难去?"

先生曰:"未培未去耳。"少间曰,"此等看善恶,皆从躯壳起念,便会错。"

侃未达。

曰:"天地生意,花草一般,何曾有善恶之分?子欲观花,则以花为善,以草为恶。如欲用草时,复以草为善矣。此等善恶,皆由汝心好恶所生,故知是错。"

曰:"然则无善无恶乎?"

曰:"无善无恶者理之静,有善有恶者气之动。不动于气,即无善无恶,是谓至善。"

曰:"佛氏亦无善无恶,何以异?"

曰:"佛氏着在无善无恶上,便一切都不管,不可以治天下。圣人无善无恶,只是'无有作好''无有作恶',不动于气。然'遵王之道''会其有极',便自一循天理,便有个裁成辅相。"

曰:"草既非恶,即草不宜去矣?"

曰:"如此却是佛老意见。草若是碍,何妨汝去?"

曰:"如此又是作好作恶。"

曰:"不作好恶,非是全无好恶,却是无知觉的人。谓之不作者,只是好恶一循于理,不去又着一分意思。如此,即是不曾好恶一般。"

曰:"去草如何是一循于理,不着意思?"

曰:"草有妨碍,理亦宜去,去之而已;偶未即去,亦不累心。若着了一分意思,即心体便有贻累,便有许多动气处。"

曰:"然则善恶全不在物?"

曰:"只在汝心。循理便是善,动气便是恶。"

曰:"毕竟物无善恶?"

曰:"在心如此,在物亦然。世儒惟不知此,舍心逐物,将'格物'之学错看了,终日驰求于外,只做得个'义袭而取',终身行不著、习不察。"

曰:"'如好好色,如恶恶臭'则如何?"

曰:"此正是一循于理,是天理合如此,本无私意作好作恶。"

曰:"如好好色,如恶恶臭,安得非意?"

曰:"却是诚意,不是私意。诚意只是循天理。虽是循天理,亦着不得一分意。故有所忿懥好乐,则不得其正。须是'廓然大公',方是心之本体。知此,即知'未发之中'。"

伯生曰:"先生云'草有妨碍,理亦宜去',缘何又是躯壳起念?"

曰:"此须汝心自体当。汝要去草,是甚么心?周茂叔窗前草不除,是甚么心?"

【译文】

薛侃在花园里除草,问道:"天地间为何善难以培养,恶难以除去呢?"

先生说:"只是因为没去真正去做培养善、去除恶的功夫罢了。"过了一会儿又说,"像你这样看待善和恶,都是因为从自己的身体出发来思考,这样就会出错。"

薛侃没有理解。

先生说:"天地间的生命,比如花和草,又有什么善恶之分?你想要赏花,就认为花是好的,草是坏的。如你想要用草,又会认为草是好的了。像这样的善恶之分,都来自你心中喜欢与厌恶的感情,所以我才知道这是错的。"

薛侃说:"难道世间就没有善恶之分了吗?"

先生说:"无善无恶是天理的静止状态,有善有恶的是气化的流动。气如果不动,便没有善与恶的区分,这就是至善。"

薛侃说:"佛家也说无善无恶,如何与之区别开来呢?"

先生说:"佛家执着于无善无恶,一切人事都不管不顾,不能用来治理天下。圣人所说的无善无恶,只是让人'别刻意去为善为恶',不为气所动。然而'遵循王道''归于标准',就是自然遵循天理,自然会有帮助天地万物各得其所的力量。"

薛侃说:"既然草并不是坏的,那也没有除去的必要了。"

先生说:"这样说的话就又是佛、道的观点了。草如果有所妨碍,去掉又何妨?"

薛侃说:"那这样又是刻意地为善为恶了。"

先生说:"不刻意去为善为恶,并不是要你完全没有好恶之心,要是这样就成了没有知觉的人了。所谓不刻意,只是说好恶都依循天理,不夹杂一点私意。做到这样,就好像自己没有了好恶一样。"

薛侃说:"去除杂草怎样才能算是依循天理,不夹杂一点私意?"

先生说:"草有妨碍,理当去除,去除便是;即便并未去除,也不要放在心上。如若夹杂了一点私意,那么心就会受到拖累,就会为气所动。"

薛侃说:"那么善恶完全与事物无关吗?"

先生说:"善恶只在你自己的心上。依循天理就是善,为气所动就是恶。"

薛侃说:"事物本身终究没有善恶吗?"

先生说:"对于心而言是如此,对事物而言也是这样。世俗之儒就是因为不知道这个道理,舍弃本心去追逐外物,将格物的意思理解错了,整日向外去求,只是妄想'不通过积累便获得成就',刚开始做时不明白其所以然,习惯后更不明白其所以然。"

薛侃说:"'好比喜欢美色,好比厌恶恶臭',要如何理解呢?"

先生说:"这正是依循天理,是天理要求人应当如此,并非刻意而为。"

薛侃说:"喜欢美色、厌恶恶臭,如何不是刻意的行为呢?"

先生说:"这是因为其中的意念是诚挚的意念,而非私意。诚意只是依循天理。依循天理,便是没有一丝一毫私意。故而有愤怒、怨恨、喜欢、快乐的感情,心便无法保持中正。必须使得心胸广阔公正,才是心的本体。了解到这个层面,就能知道什么是'感情未发时的中正'了。"

孟源说:"先生说'草如果有妨碍,理当去除',为何又说是从自己身上产生的念头呢?"

先生说:"这需要你自己去用心体会。你要除草,是出于什么用心?周敦颐窗前的草不除去,又是什么用心?"

【度阴山曰】

人因为发自真诚的好恶,而给事物贴上善恶的标签,这没有问题。问题是,人在给某事物贴上善恶标签后,忘记了摘,那件事物的善恶就成了天经地义、自然而然了。

于是,明明是被我们所掌控的事物,反过来控制了我们。

譬如,当你把金钱贴上善的标签而忘记摘下后,"金钱是善的"就成了不言而喻的真理。赚到金钱,你高兴;失去金钱,你痛苦。金钱控制了你,你却永远都不会反省,其实金钱是无善无恶的,之所以有了善,只是你给它贴的标签。

你痛恨一个人,就给他贴上恶的标签,当你忘记摘下后,"此人是坏蛋"就成了不言而喻的"真理",你无时无刻不在想念着他。如果他倒霉了,你就大笑;如果他比你风光了,你就如丧考妣。他成了你人生中不可缺少的一部分,他控制了你的喜怒哀乐。

王阳明说，天地万物是无善无恶的，之所以有了善恶，只是我们人类用心给他们贴的标签。没有了我们人类，天地万物也就没有了善恶是非的意义。任何一件事物如果没有了善恶是非的意义，它也就失去了存在的意义。

所以说，善恶只在我们人类心中，而不在我们心外的万事万物上。

薛侃花园除草，是《传习录》中最详细、最有味道的一个故事，从这个故事中我们清晰地认知到：善恶只在人心，不在万事万物。所以说，心外无物。

同时，我们在人世间做的每一件事，只要是倾听内心的声音去做的，事后就不要回想，一回想就是心有挂碍，就不符合天理。

薛侃要除草，那就除掉，除掉后就把这件事抛到九霄云外去。薛侃不除草，那就暂时不除，不能因为没有除草，就整日想着除草这件事，这又是混进了私欲，而不是天理了。

所以我们应该明白的是，人生在世，难免给事物贴标签。但贴过之后要立刻摘下——摘下也别理解为放下，不是手上的放下，更不是心上的放下——如果你不摘，被贴标签的事物就有了善恶，它会反过来控制你。

57. 有志向的人不抱怨

或问："为学以亲故，不免业举之累。"

先生曰："以亲之故而业举为累于学，则治田以养其亲者，亦有累于学乎？先正云：'惟患夺志。'但恐为学之志不真切耳。"

【译文】

有人问:"为父母参加科举,难免要被科举所牵累。"

先生说:"为父母参加科举会妨碍学习,那么种田赡养父母,也会妨碍学习吗?程颐先生说:'只是害怕科举事业会使学者失去志向。'为学之人只需要担心自己为学的志向不够坚定罢了。"

【度阴山曰】

这段对话,要认真看才能明白。

问的人,想必是在王阳明门下学心学很有收获。但是,阳明心学不是科举考试的内容,只是课外兴趣班。问的人的父母,希望他能学朱熹理学(科举考试内容),通过科举考试,升官发财,赡养父母。

所以,此人才哀叹说:"为父母参加科举,难免要被科举所牵累,而不能专心学习阳明学。"

王阳明告诉他:"父母让你去参加科举,你说妨碍学习,那么父母让你去种田,你也说妨碍学习吗?"

这段话其实是点出了中国传统思想的一个重点:孝。

凡是父母让你做的事,你都要去做,不能有怨言说妨碍了你的事情。当你认为父母让你做的事妨碍了你的事时,其实问题不在于你的父母,而在于你的志向。程颐就说过,科举之事,无论是谁让你做的,你都应该抱怨自己为学的志向不够坚定,而不应该抱怨其他。

天下事成败的关键点就在于志向的坚定与否。**志向坚定,心外无物,就什么事情都妨碍不着你;志向不坚定,一有风吹草动,你马上就会发出抱怨,然后放弃。**

只要你确立"学心学是做圣人"这一志向,什么种田、科举,根本碍不着你什么;如果你这个"学心学是做圣人"的志向不坚定,岂止是科举、种田,天热天冷都会让你觉得受到妨碍。

很多人为什么会有那么多抱怨,就是因为不能坚定志向,甚至没有志向，所以总活在浑浑噩噩中，身边鸡毛蒜皮的小事都会成为他的绊脚石。有志向的人，心中坚定，必须实现这志向，在通往志向这条路上，遇到石头就踢开，遇到鬼怪就绕开，哪里有时间抱怨？

所以，人有志向，是多么重要的事，它不但能让你意志坚定，心想事成，还能让你去除负面情绪，光明上路。

58. 为什么不要急功近利

崇一问："寻常意思多忙，有事固忙，无事亦忙，何也？"

先生曰："天地气机，元无一息之停。然有个主宰，故不先不后，不急不缓。虽千变万化，而主宰常定。人得此而生。若主宰定时，与天运一般不息，虽酬酢万变，常是从容自在，所谓'天君泰然，百体从令'。若无主宰，便只是这气奔放，如何不忙？"

【译文】

欧阳德问："平常思想意念多忙乱，有事时固然忙乱，无事时却也忙乱，这是为何？"

先生说："天地万物生生不息，没有一刻停止。然而天地之间有一个主宰，所以天地万物才不会乱了秩序。虽然有千变万化，但主宰不变。人正是因这个主宰才得以产生的。如果主宰恒定不变，与天地运动不息一起存在，即便万物运动变化不止，主宰还是能够从容自在，这就是所谓'天君泰然不动，百体遵令而从'。如果没有主宰，只是气的奔放流窜，怎么能够不忙乱呢？"

【度阴山曰】

阳明心学和孔孟思想一样，只注重人生观，而很少关注宇宙观。一切貌似宇宙观的东西，比如"天"这个字，其实也是为人生观服务的。确切地说，就是看宇宙识人生、指导人生。

弟子问王阳明："平常思想意念多忙乱，有事时固然是忙，无事时心也难以平静，还是感觉忙，这是咋回事呢？"

王阳明说："你看天地万物，生生不息，从来没有停止过。人也应该是这样的，倘若你真的感觉心上不忙了，要么就是死了，要么就是枯禅，这就不是人生观了。"

天地的忙碌有个主宰，这主宰就是从容不迫、自然而然地生生不息。天如果着急了，就会加速度日升日落；地如果着急了，就会快速旋转。天摇地动之下，岂有生灵？

万物如果着急了，违背了其生长规律，那长出来的东西肯定不会好吃，今天我们吃的各种催生食物就是证明。

速度快了，急功近利，非但心上忙乱，而且很难抵达目的地，人生就是如此。 我们每个人和天地万物一样，也有个主宰，这个主宰就是良知。

凡事按照良知去做，不急不缓，不急不躁，形成一种生生不息的惯性，而不要像乱气一样奔放流窜，这样，我们就是天地。

反之，倘若不能按良知来，时时事事都要争先恐后，该是你的你拿，不该是你的你还拿，你就不可能没有无事之时。即使有无事之时，也会被闲思杂虑充斥，心上烦乱。

越有事，就越有事；越无事，则越无事。

59. 多一分务实，少一分务名

先生曰："为学大病在好名。"

侃曰："从前岁自谓此病已轻，此来精察，乃知全未。岂必务外为人？只闻誉而喜，闻毁而闷。即是此病发来？"

曰："最是。名与实对。务实之心重一分，则务名之心轻一分。全是务实之心，即全无务名之心。若务实之心如饥之求食，渴之求饮，安得更有工夫好名？"

又曰："'疾没世而名不称'，'称'字去声读，亦'声闻过情，君子耻之'之意。实不称名，生犹可补，没则无及矣。'四十五十而无闻'，是不闻道，非无声闻也。孔子云：'是闻也，非达也。'安肯以此望人？"

【译文】

先生说："做学问最大的毛病在于爱好虚名。"

薛侃说："从去年起，我认为我的这个毛病已经减轻了，现在认真省察，才知道并非如此。难道我真的十分在意外人的看法吗？只是听到赞誉便高兴，听到诋毁便郁闷罢了。想必这就是这个毛病发作时的表现？"

先生说："正是如此。虚名与实务相对。务实之心多一分，务名之心就少一分。如果全都是务实之心，就没有务名之心了。如果务实之心像饿了要吃饭、渴了要喝水一样迫切，哪里还有工夫爱好虚名呢？"

先生又说："'疾没世而名不称'中的'称'字读第四声，也就是'声名超过实情，君子感到羞耻'的意思。实情与声名不相称，在世时还可以弥补，过世后便没有办法了。'四十五十而无闻'，是指没有听闻大道，并不是没有声名在外的意思。孔子说过：'这是声名，并非贤达。'，他又怎么会用声名来评价人呢？"

【度阴山曰】

孔子有个极端严肃的主张，就是正名。孔子坚信，名可以控制实，只有名实相符才是正道。当时的楚国早就是王国了，但孔子偏不承认它，非要称它的国王为楚子。子是"公侯伯子男"的倒数第二级，是很多年前由西周国王封赐给楚国国君的。

在现在看来，孔子有点掩耳盗铃。但孔子格外严肃地认为，名可以控制实，让实和名不相符合的人感到惭愧，最后自动自发地承认错误，达到名实相符。此意为，楚王会取消国王称谓，改邪归正为子。

实大于名，对个人而言是好事。一个人功力深厚，却寂寂无名，这是符合天道的。最怕的就是"盛名之下，其实难副"的名大于实。

爱好虚名，是人之通病。其实爱好虚名的人，并非真的爱好那个名，而是名背后的利。名利向来是孪生兄弟，有了名自然就有了利。

在王阳明看来，人追求名声没有问题，中国古人最称赞的三不朽（立德、立功、立言）就是名。但是，一个人若想三不朽，必须有立德、立功、立言这个实。没有了实的名，就成了虚名，不堪一击。

我们以一杯茶来做比喻。名是水，实是茶叶，一满杯茶里，茶叶多些，水就会少些；水多些，茶叶就会少些。水太多，茶水没有味道，就不是茶水了，当然，全是茶叶而没有水，也不能称为茶水。

所以说，名和实都要有。不过，人还是要重实轻名，这就如同一个少林寺扫地僧，毫无名气，但一展露实力，就立刻名闻天下。但如果你名声在外，就会引得人都来和你争，万一你实力一般，身败名裂可立而待也。

王阳明说："虚名与实务相对。务实之心多一分，务名之心就少一分。如果全都是务实之心，就没有务名之心了。"没有了务名之心就全是务实，虽然没有名气，但一有机会，立即会名动天下。

倘若全是务名之心，总在名上下功夫，而不去务实，就是舍本逐末，扬汤止沸，最终能得到的只是别人的嘲讽。

务实是向内求，专心用功即可，所以它可被我们控制；务名是向外求，千方百计要别人认可，而我们根本无法控制别人。

我们唯一能控制的名就是务实。

60. 最好的后悔药就是立即改正

侃多悔。

先生曰："悔悟是去病之药，然以改之为贵。若留滞于中，则又因药发病。"

【译文】

薛侃经常后悔。

先生说："悔悟是治病的良药，然而悔后能改才难能可贵。如果悔悟之情滞留在心中，又会因药而病了。"

【度阴山曰】

人非圣贤，亦非未卜先知的魔法师，所以人人都做过后悔的事，但不同的人面对后悔的事，行为截然不同。

有人根本就不在乎，做了就做了，好像做了错事天经地义一样。

有人会悔悟，而悔悟又分两种。一种是捶胸顿足，大骂自己是猪，骂完后就把这件事抛到九霄云外了。另一种是懊恼后，立即想办法补救，这补救可能无效，但它是阳明心学真正的后悔药——他在以行动为自己做的错事负责，也就是王阳明所谓的"改过"。

悔悟之后改过，一方面是良知的谴责，另一方面则是良知给出的最佳方式。正如王阳明所说，如果悔悟之情滞留在心中，又会因药而病了。

阳明心学主张：心，在物为理。就是说，你的每个念头，都要去物（事情）上将其呈现，否则就不符合真正的"心即理"。

悔悟也是一样，悔悟本身就是良知光明的人心中的一个"理"，可如果你不把它呈现出去，那这个理就不能称为真正的理。它会一直在你心里折磨你，让你痛苦，最后你就真的病了。

我们必须把悔悟这个天理呈现出去，那就是要改过。一旦改过，就符合了阳明学的基石"心即理"这个理论。

从这一点而言，**行动正是阳明心学的特征，一切事情都必须以行动来衡量。离了行动，再伟大的概念、理论也只是水中月、镜中花。**

古人云，世上没有后悔药可以吃，言外之意是，人做任何事都要谨慎。可一旦做了让自己懊悔的事，也别焦虑。

首先，你还知道懊悔，就说明你良知还算光明；其次，知道懊悔是"知"，改过是"行"，要把"知"和"行"合一；最后，懊悔和改过这个"知行合一"就是世界上最有效的后悔药。

61. 每个人都有自己的使命

德章曰："闻先生以精金喻圣，以分两喻圣人之分量，以煅炼喻学者之工夫，最为深切。惟谓尧舜为万镒，孔子为九千镒，疑未安。"

先生曰:"此又是躯壳上起念,故替圣人争分两。若不从躯壳上起念,即尧舜万镒不为多,孔子九千镒不为少。尧舜万镒,只是孔子的,孔子九千镒,只是尧舜的,原无彼我。所以谓之圣,只论'精一',不论多寡,只要此心纯乎天理处同,便同谓之圣,若是力量气魄,如何尽同得?后儒只在分两上较量,所以流入功利。若除去了比较分两的心,各人尽着自己力量精神,只在此心纯天理上用功,即人人自有,个个圆成,便能大以成大,小以成小,不假外慕,无不具足。此便是实实落落明善诚身的事。后儒不明圣学,不知就自己心地'良知良能'上体认扩充,却去求知其所不知,求能其所不能,一味只是希高慕大,不知自己是桀纣心地,动辄要做尧舜事业,如何做得?终年碌碌,至于老死,竟不知成就了个甚么,可哀也已!"

【译文】

刘德章说:"听闻先生用纯金比喻圣人,用金的分量比喻圣人的才力,用炼金比喻学习,十分深刻。只是说到尧舜是万镒的纯金,孔子是九千镒的纯金,似乎不妥。"

先生说:"你这又是从外在的事物上起念头,所以才要替圣人去争些分量。如果不从外在的事物上起念头,就不会认为把尧舜比作万镒纯金太多、把孔子比作九千镒纯金太少。尧舜的万镒也是孔子的,孔子的九千镒也是尧舜的,原本没有彼此之分。圣人之所以为圣人,只看心体是否'精研专一',不论才力多寡,只要心中纯粹都是天理这一点相同,便都可以称为圣人,如果在才力气魄上比较,如何能够相同呢?后世的儒者只是在分量上计较,所以才流于功利。如果去除计较分量的心思,每个人尽力让心中纯粹是天理,那么人人都能有所成就,才力大的人成就大,才力小的人成就小,无须向外追求就都能完备。这便是实实在在、止于至善、以诚立身的事业。后世的儒者不明白圣人之学,不知道在自己心里的'良知良能'上去体认扩充,却去追求那些自己所不知道的知识,学自己所不会的技艺,一味地希求高远、羡慕博大,不知道自己依然是桀纣的心思,却动不动想做尧舜的事业,这又怎么办得到呢?一年到头忙忙碌碌,等到老死,却不知道自己做成了什么事业,可哀可叹!"

【度阴山曰】

西汉大儒董仲舒说:"利以养身,义以养心。"意思是,人有两种食物,一是物质的,它负责供养我们的身体;一是精神的,它负责供养我们的精神。

我们的身体很容易供养,一斤鲍鱼能吃饱,一斤馒头也能吃饱,极端情况下,一斤树皮也没有问题。但是,正因为供养容易,所以消失也快——我们的身体很容易饿。这就能解释,为什么许多物质的东西无法让我们愉悦,即使愉悦了,也不持久。

人的愉悦、人生价值主要还是靠精神食物,精神食物不易得,可一旦得到,就不会消逝。一部经典著作、一首美丽诗歌、一件雅致的艺术品,若能被你吸收,就足以在你的精神世界驻足一生。

义(精神食粮)是养心的,我们人类就是养心才能活得愉悦,纯粹靠利,绝对达不到这种效果。人类追求利(物质食粮),并没有错。错的是一门心思追求利,而忘记了追求义(精神食粮)。

一门心思追求利,就是在躯壳上起念,整个身心都扑在物质上,要享尽世间荣华富贵——别人有的,我要有;别人没有的,我也要有。这是典型的向外求,身体被养得如同肥猪,养心的食物却没有跟上,最后就成了一个时刻都空虚、无聊的行尸走肉。

王阳明让你不要在躯壳上起念,只让你在心上用功。不要希求高远、羡慕博大,因为那是别人的,是你心外的。

你要明白一点，每个人来到这个世界上都有个使命，有的使命大，有的使命小，但无论大小，你都要践履你自己的使命，而不是别人的。

若要知道自己的使命，就该在心上求：做任何一件事都保证能心安，这心安的事做得多了，你就知道自己的使命是什么了。

62. 致良知，不是不能，而是不肯

问："上智下愚，如何不可移？"
先生曰："不是不可移，只是不肯移。"

【译文】

薛侃问："孔子为什么说，最聪明的人和最愚笨的人，他们的性情都不能改变呢？"

先生说："并不是说不能改变，而是不愿改变。"

【度阴山曰】

一年轻人去拜访一老禅师（仁波切），他问："怎样才能活得幸福？"

智者闭目不语。

年轻人以为老人家眼花耳聋，所以提高嗓门，又问了一遍。

老禅师仍不语。

年轻人急了，吼了一遍。

老禅师睁开眼，指了指年轻人的心："问它。"

年轻人低头看了半天，做恍然大悟状："我明白了，问自己的心。"

老禅师微微一笑。

"能不能有点具体的，可以操作的？"

"**日行一善**。"老禅师说。

年轻人沉思半响，不阴不阳地问："行一善在哪儿？"

有弟子对王阳明说："唯上知与下愚不移。"

这是孔子老先生的话，孔子把人分三等："上知"（上等智慧、上等性情）、"中人"（中等智慧、中等性情）、"下愚"（下等智慧、下等性情）。

"中人"是两头草，肯学的话，就可升级为上知，不肯学就滑落到"下愚"。也就是说，"中人"可移，但"上知"和"下愚"不可移。

王阳明却评判道："不是不能移，而是不肯移。只要肯致良知，'下愚'也能移成'中人'。若不致良知，'上知'也能移成'中人'，甚至是'下愚'。"

"下愚"移成"上知"的典型人物是曾国藩。曾国藩天赋奇差，一篇文章背诵一夜，仍磕磕巴巴。他年轻时性情也坏，狂傲轻忽，尖酸刻薄，搞得人际关系如糨糊。但他后来发愤图强，以比别人多十倍，甚至百倍的努力苦学，终成一代理学大师；又在性情上痛改前非，终成人见人爱的道德圣人。

"上知"移成"下愚"的例子也有，无数平庸人物，起初都天赋异禀，但因不肯努力，最终被人遗忘。

当然，"上知"和"下愚"，恐怕不仅仅是单纯地指聪明和愚笨，聪明和愚笨指的是致良知的能力，自动自发致良知的就是聪明，被动致良知的就是愚笨。

简单而言，致良知就是以良知为你行为的准则，致良知永远是自己的事，而且也是你唯一能掌控的事。只要你想，你就能致良知。如孔子所说，你欲仁，仁就来了；你欲致良知，良知就在眼前。

因此，每个人都能轻而易举地致良知，但为什么仍有那么多下愚的人呢？他们不是不能致良知，而是不肯。

人类最大的问题就在于，明知道自己有缺点，而且自己有能力改变，却不肯改。世间此类人多如牛毛。他们在世间把自己不好的一面全部展现出来，由此制造了社会陋习，这种社会陋习成为常态，又浸染进入社会的人。最终，绝大多数人生活在这一乌烟瘴气的环境中，浸染越深，就越不想改变，良知之灯，不绝如缕。

若想改变社会风气，那每个人都要致良知。这是轻而易举的事，因为人们不是不能致良知，而是不肯。

只要你肯，良知之灯就一定能重现世界。

而难度也就在于此，大多数人在没有外力推动时，很少能做到主动。不能改和不肯改，有时候就成了一回事。

由此我们知道，王阳明所谓的"移"只是要人致良知，致良知就是行良知，以良知为人生指示牌，不停向前奔跑，这就是走正确的道路，你只有走正确的道路，才有可能把道路走正确。

遗憾的是，很多人走的路都是不正确的，而且他们明明知道，却不肯改弦更张，这就是不肯移。

63. 交友之道

问"子夏门人问交"章。

先生曰："子夏是言小子之交，子张是言成人之交。若善用之，亦俱是。"

【译文】

有人向先生请教"子夏门人问交"这一章。

先生说:"子夏说的是小孩间的交往,子张说的是成人间的交往。如果善于运用,都是正确的。"

【度阴山曰】

《论语》中有个故事:子夏的学生请教子张交友之道。

子张很伶俐,反问道:"你师父子夏是怎么说的?"

那人回答:"我师父说:'可以相交的就和他交朋友,不可以相交的就拒绝他。'"

子张一拍大腿:"胡说!君子既尊重贤人,又能包容众人;能够赞美善人,还能同情能力不够的人。如果自己是十分贤良的人,那对别人有什么不能包容的呢?如果自己不贤良,那人家就会拒绝你,又何谈能拒绝人家呢?哈哈。"

王阳明的弟子就问王阳明:"您说子夏和子张两人谁说得对呢?"

王阳明回答得超级巧妙:"子夏说的是小孩的交友之道,子张说的是成人的交友之道。能看清对象使用交友之道,就是正确的。"

这段话太重要了,我们在日常生活中交朋友总出错,就是把这两种方式搞混了。

小孩子之间交朋友,就是这样简单干脆:我觉得你可以相交,那咱就是好朋友;某天你把我惹恼了,咱们就绝交。我觉得你不可以相交,那绝对不交。

大人之间的交往就比小孩子复杂得多,对各色人等都要交往,但交往的深度不能一样。中国儒家主张入世,人是个社会的人,所以人际关系特别重要。问题是,你如何才能交往到各种人呢?这就要从自己身上下功夫,自己要把自己锻造得特别贤良。

只要你德艺双馨,所有人都会被你交下;如果你无德无才,根本没有人交你，哪还谈得上拒绝别人？

但大多数人活到快入土了，还没有搞明白交友之道。他们至少犯了以下错误。

第一，像小孩子一样，以意气交朋友，朋友符合心意，就两肋插刀；一旦不符合你心意，马上就拔刀相向，老死不相往来。

第二，总以为朋友越多，人脉越广就越好，其实**你自己不强大，交再多朋友也没有用**，因为朋友，**本来就是同一阶梯的人**。

第三，最强大的人脉是实力，只需要锻造自己的实力，就是在交朋友。这是一举两得之事，一方面你提高了自己，另一方面还交到了朋友。

这就是交友之道，它是天理，天理自在人心，真正朋友多的人都是这么想的。

64. 比学习的内容更重要的是学习的目的

子仁问："'学而时习之，不亦说乎？'先儒以学为'效先觉之所为'，如何？"

先生曰："学是学去人欲、存天理。从事于去人欲、存天理，则自正诸先觉。考诸古训，自下许多问辨思索、存省克治工夫，然不过欲去此心之人欲，存吾心之天理耳。若曰'效先觉之所为'，则只说得学中一件事，亦似专求诸外了。'时习'者'坐如尸'，非专习坐也，坐时习此心也；'立如斋'，非专习立也，立时习此心也。'说'是'理义之说我心'之'说'。人心本自说理义，如目本说色、耳本说声，惟为人欲所蔽所累，始有不说。今人欲日去，则理义日洽浃，安得不说？"

【译文】

子仁问："孔子说：'学习并时时练习，不是很愉快的事情吗？'朱熹认为学习是'后觉者效法先觉者的行为'，对吗？"

先生说："学是学习摒弃人欲、存养天理。只要专注于摒弃人欲、存养天理，便自然是效法先觉者了。推究古人的遗训，许多学问思辨、存养省察克制的功夫，也不过是为了去除心中的私欲、存养心中的天理罢了。说'后觉者效法先觉者的行为'，其实只说了为学的一件事，也还是向外求索。'时习'的时候'像受祭者一样端坐'，并不是专门学习静坐，而是在静坐时修习本心；'像斋戒那样恭敬地站着'，也不是专门学习站立，而是在站立时修习本心。'悦'是'天理道义愉悦我心'的'悦'。人心原本就会对天理道义感到愉悦，好比眼睛喜好美色、耳朵喜好美声，只是被私欲遮蔽牵累，才会不愉悦。如今人欲日益去除，天理道义日渐滋养，岂会不愉悦呢？"

【度阴山曰】

朱熹认为，人的学习有两种方式：第一，正诸先觉；第二，考诸古训。正诸先觉是效仿先觉者，向比你厉害的人学习；考诸古训是推究古人的遗训，向经典书本学习。

其实这两种学习方式，无论解释得多么神乎其神，都只是读书学习。

王阳明则说，学习不仅仅是学习书本知识，也不仅仅是从实践中学习，学习的内容不重要，重要的是学习的目的。

这学习的目的就是，存天理、去人欲。

正诸先觉，效仿先觉者，还是在向外学。王阳明不主张效仿他人，只一门心思发展自己。"时习"的时候"像受祭者一样端坐"，并不是专门学习静坐,而是在静坐时修习本心;"像斋戒那样恭敬地站着",也不是专门学习站立,而是在站立时修习本心。

一旦如此学习,就能得到天理,而天理总是让人愉悦的。为什么天理会让人感到愉悦呢?

因为良知是个好恶之心,纯粹发自良知的好恶就是天理。你特别喜欢美色,美色就是天理;你特别喜欢美乐,美乐就是天理。因此,喜欢天理能让人愉悦。

但这好恶是纯粹的好恶,不能沾染一点私欲。若想得到愉悦,就必须存天理、去人欲。

65. 立志贵在专一

"种树者必培其根,种德者必养其心。欲树之长,必于始生时删其繁枝;欲德之盛,必于始学时去夫外好。如外好诗文,则精神日渐漏泄在诗文上去。凡百外好皆然。"

又曰:"我此论学,是无中生有的工夫。诸公须要信得及,只是立志。学者一念为善之志,如树之种,但勿助勿忘,只管培植将去,自然日夜滋长。生气日完,枝叶日茂。树初生时,便抽繁枝,亦须刊落,然后根干能大。初学时亦然。故立志贵专一。"

【译文】

先生说:"种树必须先培育树根,培养德行必须先存养本心。想要树木生长得好,必须在初生时就修剪繁枝;想要德行隆盛,必须在初学时就摒弃外在的爱好。如果除此之外还喜好诗文,那么精神就会

147

渐渐转到诗文上去。凡是各种外在的喜好，都是这样的。"

先生又说："我这样论述学问，是无中生有的功夫。诸位如果相信，便要立志。为学之人有一个为善的念头，就像是树的种子，既不要去助长它，也不要忘却它，只管慢慢培育，自然会日渐生长起来。生机一天天旺盛，枝叶一天天繁茂。树木初生时，便会长出多余的繁枝，必须剪去，然后根干才能粗壮。初学的时候也是一样的道理。所以立志贵在专一。"

【度阴山曰】

王阳明太重视立志了，创立心学后不久，就提出王门四规，第一规就是"立志"。在《传习录》《文录》中，常常提到"立志"的重要性，其重点想要阐述的就是，**志不立，天下无可成之事。**

在此处，王阳明说，立志就像是种下一粒种子，种子落地后，不要去揠苗助长，也不能忘记它，要按照它的生长规律时刻照顾它，这就叫"勿助勿忘"。最后，种子会生根发芽，成为参天大树，而在生长过程中，如果有多余的繁枝（私欲），还要剪掉它。

这段话的中心就是"勿忘勿助"，但行好事，莫问前程。

立志之所以重要，在于我们一旦确立志向后，就会以它为指南针，所做的一切事都以它为指引。在通往志向实现的伟大道路上，我们不会被其他事困扰。韩信能忍胯下之辱，就在于志向。倘若韩信毫无志向，那当时肯定会和对方一决雌雄。对于韩信而言，逞一时之勇固然痛快，却要承担犯罪的风险，没有必要为了这一点小事而耽误了志向的实现。

倘若我们能明白这一点，就会对身边发生的一些琐碎之事一笑置之，因为我们还要赶着去做伟大的事。我们也不会常常感到空虚寂寞无聊，因为伟大的志向正在前方召唤我们。

志向就是心内之物，凡是和志向无关的人和事都是心外之物，确立志向就是要做到心外无物。这心外无物就是专一，所以立志贵在专一。

66. 德和才，哪个更重要

因论先生之门，某人在涵养上用功，某人在识见上用功。

先生曰："专涵养者，日见其不足；专识见者，日见其有余。日不足者，日有余矣；日有余者，日不足矣。"

【译文】

在论及先生的弟子时，谈到某人在德行存养上下功夫，某人在知识见闻上下功夫。

先生说："专注于德行存养的人，每天都会发现自己德行上的不足；专注于知识见闻的人，每天都会发现自己知识的富余。每日发现自己德行不足的人，德行便会日益富余起来；每日发现自己知识富余的人，德行却会日益不足。"

【度阴山曰】

中国有句话叫德才兼备，这不是句虚话，而是确有其事，也确有其人。比如被儒家吹捧为圣人的舜，此人才华突出，治理天下游刃有余，最重要的是，他有孝心，无论老爹老妈如何处心积虑要谋杀他，他都一笑置之，拼命地对老爹老妈孝顺。再比如司马光，编写了《资治通鉴》，做过宰相治理国家，还急中生智砸过缸救了人，当时人认为他有无懈可击的道德，简直就是圣人转世。

王阳明认为，人的才华靠知识见闻得到，这属于向外求；但人的德行必须在自己身上下功夫，这就必须向内求。向内求，能否求到呢？

孟子说，"万物皆备于我"，意思是所有的德行（物）都在我心中。王阳明则说，德行在你心中只是一个基本常识，没有意义；只有把这些德行呈现出来，才有意义。

由此可知，德行的呈现也要下功夫，去心外谋取知识也要下功夫。而人的时间和功夫是有限的，如果你把工夫用在德行上，知识谋取这一块就会少些工夫；反过来，如果你把工夫用在知识谋取上，德行的呈现上就会少些工夫。

你得到的知识越来越多，却发现自己知道得越来越少，这样就会越向外寻求，结果，你就没有时间去追求德行了。所以世上很多人都是有才无德。

才华横溢固然能使你成功，可如果没有德行保驾护航，那这才华注定会害了你。人类历史上那些因"恃才傲物"而被杀、被唾弃的人不胜枚举。

因此，当你的才华很高，足以支撑你的名位时，就必须具备德行。德行是一种软实力，它会让人不太关注你的才华而关注你的德行，在赞赏你有德行的时候会更加欣赏你的才华。

才华这东西，和个人智商有关，你永远拼不过智商比你高的人，但德行可以，它与生俱来，你只需要把它呈现出来。人有个思维误区：你的德行超过你的才华，他认为你是德艺双馨；你的才华超过你的德行，他就认为你是个人渣。

所以德行这玩意儿，看似软弱无力，不堪一击，其实只要把它和才华合二为一，那你就能成为人们口中的圣贤，即使你的才华非常平庸。

德行之所以重要，还因为受智商和精力所限。我们在知识的探索上总会碰到天花板,这个时候,若想名副其实,就必须用德行来补。

一旦德行补上来,才华这一块几乎就可有可无了。如果你不信,可以随便找几个历史上名动天下的人物,就能发现他们都是道德完人。能力、才华固然有,可比他们高明的人多如牛毛。

为什么是他们功成名就?是因为道德在锦上添花。

最后,我们要确定一件事:德行和知识,哪个更重要?其实要分阶段来看:前期,你必须靠知识、才华使自己有事功;后期,事功要用道德来保驾护航。

因此,都重要。

67. 私欲真难克吗

萧惠问:"己私难克,奈何?"

先生曰:"将汝己私来,替汝克。"先生曰,"人须有为己之心,方能克己。能克己,方能成己。"

萧惠曰:"惠亦颇有为己之心,不知缘何不能克己。"

先生曰:"且说汝有为己之心是如何。"

惠良久曰:"惠亦一心要做好人,便自谓颇有为己之心。今思之,看来亦只是为得个躯壳的己,不曾为个真己。"

先生曰:"真己何曾离着躯壳?恐汝连那躯壳的己也不曾为。且道汝所谓躯壳的己,岂不是耳目口鼻四肢?"

惠曰:"正是为此。目便要色,耳便要声,口便要味,四肢便要逸乐,所以不能克。"

先生曰:"'美色令人目盲,美声令人耳聋,美味令人口爽,驰骋田猎令人发狂。'这都是害汝耳目口鼻四肢的，岂得是为汝耳目口鼻四肢？若为着耳目口鼻四肢时，便须思量耳如何听、目如何视、口如何言、四肢如何动。必须非礼勿视听言动，方才成得个耳目口鼻四肢，这个才是为着耳目口鼻四肢。汝今终日向外驰求，为名为利，这都是为着躯壳外面的物事。汝若为着耳目口鼻四肢，要非礼勿视听言动时，岂是汝之耳目口鼻四肢自能勿视听言动？须由汝心。这视听言动皆是汝心。汝心之视，发窍于目；汝心之听，发窍于耳；汝心之言，发窍于口；汝心之动，发窍于四肢。若无汝心，便无耳目口鼻。所谓汝心，亦不专是那一团血肉。若是那一团血肉，如今已死的人，那一团血肉还在，缘何不能视听言动？所谓汝心，却是那能视听言动的，这个便是性，便是天理。有这个性，才能生。这性之生理，便谓之仁。这性之生理，发在目便会视，发在耳便会听，发在口便会言，发在四肢便会动，都只是那天理发生。以其主宰一身，故谓之心。这心之本体，原只是个天理，原无非礼。这个便是汝之真己，这个真己是躯壳的主宰。若无真己，便无躯壳。真是有之即生，无之即死。汝若真为那个躯壳的己，必须用着这个真己，便须常常保守着这个真己的本体。戒慎不睹，恐惧不闻，惟恐亏损了他一些。才有一毫非礼萌动，便如刀割、如针刺，忍耐不过，必须去了刀、拔了针。这才是有为己之心，方能克己。汝今正是认贼作子，缘何却说有为己之心、不能克己？"

【译文】

萧惠问："自己的私意难以克除，怎么办？"

先生说："把你的私意说出来，我来帮你克。"又说，"人必须有为自己考虑的心才能克除自己的私意。能克除自己的私意，才能成为真正的自己。"

萧惠说："我也挺有为自己考虑的心的，不知为何还是无法克去己私。"

先生说："且说说你为自己考虑的心是怎样的。"

萧惠想了很久，说："我一心想做好人，便自认为很为自己考虑的。如今想来，恐怕也只是为了自己的身体考虑，并不是为了真正的自己。"

先生说："真正的自己又怎能离得开身体呢？恐怕你都不曾真正为自己的身体考虑。你且说说，你所谓的为了自己的身体考虑，不就是为了自己的耳、目、口、鼻、四肢吗？"

萧惠说："正是这样。眼睛要看美色，耳朵要听美声，口舌要尝美味，四肢要享安逸，所以才不能克己。"

先生说："《老子》里说过：'美色令人目盲，美声令人耳聋，美味令人口爽，驰骋田猎令人心发狂。'这些都是对你耳、目、口、鼻、四肢有害的东西，怎么是为了你的耳、目、口、鼻、四肢好呢？如果真正为了耳、目、口、鼻、四肢好，便要考虑耳朵如何去听、眼睛如何去看、嘴巴如何去说、四肢如何去动。必须做到'非礼勿视、非礼勿听、非礼勿言、非礼勿动'，这才是成就耳、目、口、鼻、四肢的作用，才是真正为了耳、目、口、鼻、四肢好。你现在终日向外追求，为名为利，都是为了自己的身外之物。如果你为了耳、目、口、鼻、四肢好，要非礼勿视、听、言、动时，难道是你的耳、目、口、鼻、四肢自己能够不视、不听、不言、不动的吗？归根到底还是通过你的心才能做到的。视、听、言、动都是心的作用。心通过眼睛而看，通过耳朵而听，通过口舌而说，通过四肢而动。如果没有心，就没有耳、目、口、鼻。所谓心，并不是指那一团血肉。如果只是那一团血肉，如今已经死掉的人，那一团血肉还在，为何不能视、听、言、动了？所谓心，是指那个使得视、听、言、动得以可能的东西，也就是天性，就是天理。有了这个天性，才会产生与性相对应的生生之理，这就是仁。天性的生生之理，表现于眼睛便能看，表现于耳朵便能听，表现于口舌便能说，表现于四肢便能动，这些都是天理的作用。而天理就其主宰具体的身体而言，便称之为心。心的本体就是天理，原来就没有不合乎礼仪之处。这才是你真正的自己，这个真正的自己才是身体的主宰。如果没有真正的自己，就没有身体。可以说是得之便生，失之便死。如果真的为了自己的身体着想，必须时刻在真正的自己上下功夫，必须时刻保持着这个真己的本体。独处时也持守德行，唯恐对其造成一点伤害。稍有一点非礼的念头萌动，就像刀割、针刺一般难以忍受，必须将刀去掉、针拔除。这才是真正为自己考虑，才能克除私欲。现在你就好比是认贼作子，为何还说有为自己考虑的心，还说不能克除私欲呢？"

【度阴山曰】

李世民执政初期，自控能力特别强，他对所有的正确意见都听从，克制自己的私欲，满足广大群众的渴求。正是在这种自控能力下，他把大唐推向一个高峰。但李世民执政后期，从前的戒惧和自我克制之心逐渐放松，许多人都注意到了这种情况，群臣纷纷谏诤，可李世民像换了个人，一概不听。

某次，李世民居然要看起居注。起居注是由史官（一般是宰相）负责记载君主每天的起居言行，这是记载历代帝王公私生活的第一手材料，史官必须如实、不虚美、不隐恶地来写起居注，当事皇帝无权过问。

李世民这一要求让负责这一工作的褚遂良大为震惊。褚遂良说："不能看。"

李世民生气道："我如果有不好的地方，你是不是也记录了？"

褚遂良说："当然，这是我的职责。"

李世民恼羞成怒："我有过失，你都记下来，后世人怎么看我啊！"

刘洎在一旁突然道："就算褚遂良不记，天下老百姓也会记在心里的！"

李世民愕然。自这件事后，他稍有收敛，重新回归自我克制。

萧惠说："自己内心的私欲很难克。"王阳明说："你只是不想克，否则肯定能克。这和李世民看起居注的故事异曲同工。"

李世民为什么要看起居注？理由很简单，他心虚。因为他知道自己做过错事，也知道起居注里记下了，他恐怕是想在起居注上改正过来。这个"想改正"的念头就是良知发现，就是知道了自己心上有私。

每个人做了错事其实心里都知道，只是改和不改的问题。王阳明说："萧惠，你就是没有为己的心，所以才觉得私欲难克。什么是为己？就是做一个毫无私欲的圣人。如果你真有为己的心，一做错事，一有私欲，良知马上会通知你，你立即去修正，这有什么难的呢？"

但遗憾的是，很多人真没有为己之心。如李世民，看似要留下美好形象给后人，其实是想通过弄虚作假的手段，而不是靠实际行动，把自己修炼成真圣人。

世界上很多人都是如此，都觉得私欲难克，有了私欲，铸就错误后，又想掩盖它，这就不是真的为己。你在掩盖私欲和错误的同时，本身就是在犯错。

想要真正克除私欲，其实没那么难，只要有让自己成为货真价实的圣人的心，克掉所有的私欲不在话下。如果没有这种心，你纵然每天都想着克除，也是水中捞月。

68. 如何应对生病

有一学者病目，戚戚甚忧。先生曰："尔乃贵目贱心。"

【译文】

有一个学者眼睛得了病，十分忧心。先生说："你这是看重眼睛却轻视本心。"

【度阴山曰】

王阳明年轻时，刻苦攻读诗书。由于他从小就患有肺病，在长期熬夜和苦读下，突然有一天，他吐出大口鲜血来。他父亲吓得要死，坚决不允许他再这样耗神。但他只是表面应承，暗地里仍然勤读不辍。

王阳明的母亲劝他一定要保重身体，但他毫不在乎。也许，正是这个经历才让他有了上面那四个字：贵目贱心。

这段话到底是什么意思？从字面来讲，似乎是只重视眼睛而不重视心。但问题是，那个学友之所以重视生病的眼睛，归根结底，还是从心而来。

即是说，是他的心动了，才重视眼睛，如果没有心，他根本不会重视眼病。明白了这一层意思，就大致明白了王阳明"贵目贱心"这四个字的含义。

第一，病已经生了，你总把注意力（心）集中到病本身，对痊愈毫无帮助。没有人生病后会因为对病本身特别关注，而让身体痊愈的。生了病应该做到"在战略上藐视它，在战术上重视它"。"在战术上重视它"就是要谈到的第二点。

第二，生了病，立即要通过行动去治疗，但在治疗的过程中，要分散注意力，而不是专注于病。

第三，**心念应该用在正地方**。所谓"正地方"就是，心念所到之处必须产生正能量，而不是负能量。你若总是关注疾病本身，越关注越难受，心长时间处于悲伤状态，疾病也无法痊愈。

第四，心不是用来愁苦的，而是用来拯救愁苦的，一味地让心产生负能量，心没用在正地方，对心是不公平的。

69. 佛家、道家与儒家的区别

萧惠好仙释。

先生警之曰："吾亦自幼笃志二氏，自谓既有所得，谓儒者为不足学。其后居夷三载，见得圣人之学若是其简易广大，始自叹悔错用了三十年气力。大抵二氏之学，其妙与圣人只有毫厘之间。汝今所学，乃其土苴，辄自信自好若此，真鸱鸮窃腐鼠耳。"

惠请问二氏之妙。

先生曰："向汝说圣人之学简易广大，汝却不问我悟的，只问我悔的！"

惠惭谢，请问圣人之学。

先生曰："汝今只是了人事问，待汝办个真要求为圣人的心，来与汝说。"

惠再三请。

先生曰："已与汝一句道尽，汝尚自不会！"

【译文】

萧惠喜欢谈论道、佛。

先生提醒他,说:"我小时候也笃信佛、道的学问,自以为颇有见地,认为儒家不值得学习。然后在贵州龙场待了三年,体悟到圣人的学问如此简易广大,才叹息悔恨,浪费了三十年的时间和精力。大概来说,这两家的学问在精妙之处与圣人的学问相差不多。你如今所学的不过是两家的糟粕,却还自信欢喜到如此程度,真像是猫头鹰捉住一只腐烂的老鼠。"

萧惠向先生请教两家的妙处。

先生说:"刚和你说圣人的学问简易广大,你不问我所领悟的学问,却只问我后悔的学问!"

萧惠向先生道歉,请教圣人之学。

先生说:"你现在是为了应付我才问的,等你真正有了探求圣人之学的心时,我再和你说。"

萧惠再三请教。

先生说:"我已经用一句话跟你说完了,你却还是不明白!"

【度阴山曰】

萧惠喜欢在王阳明面前谈论佛道,这"佛道"二字应该包括以下内容:佛家思想和道家思想;佛教和道教。

王阳明年轻时也对"佛道"痴迷过,他所痴迷的恐怕也是这两方面内容。

佛、道二家思想,都表现出对宇宙观的高度热情,但在人生观上则采取忽略甚至是逃避态度。而儒家思想很少提宇宙观,把全部精力都用在人生观上。因此,王阳明才说自己当初浪费了三十年精力和时间。

先不说王阳明"浪费三十年"的讲法是否客观,因为人学习任何东西,看似无用,其实都能有所收获。这就如同你吃了几十年的馒头,后来改吃包子,发现吃馒头简直是浪费时间一样。

王阳明之所以说"佛道"不足学,主要因为以下几点。

从佛、道思想上看,其和儒家主旨截然不同,出世和入世的不共戴天,消极和积极的水火不容,都注定儒家的王阳明要和佛、道二家分道扬镳。

从宗教上看,佛、道也和儒家差距甚大。

中国古人有"长生不死"的追求,佛、道二教对此都有方法,一个给了西方极乐世界,一个给了白日飞升和长生不死药。佛的"西方极乐世界"超越了生死,而道教强调在今生修行。

王阳明最开始也追求"长生不死",但最终,他发现了这条道路的不现实,于是重回儒家。

儒家也有长生不死之术,那就是做圣贤,活在别人心中。

如何活在别人心中?那就要做到三不朽——立德、立功、立言。

这就是王阳明力挺儒家而否定佛、道的根源,也是为什么王阳明评价萧惠喜欢佛道如同"猫头鹰捉住一只腐烂的老鼠"一样。

70. 是苦是甜,亲口尝了才知道

刘观时问:"'未发之中'是如何?"

先生曰:"汝但戒慎不睹,恐惧不闻,养得此心纯是天理,便自然见。"

观时请略示气象。

先生曰:"哑子吃苦瓜,与你说不得。你要知此苦,还须你自吃。"

时曰仁在旁，曰："如此才是真知，即是行矣。"

一时在座诸友皆有省。

【译文】

刘观时问："'感情未发出来时的中正'是怎样的？"

先生说："你只要在别人看不见、听不到的时候保持戒慎恐惧，存养心体到达纯粹都是天理的境界，自然就能明白了。"

刘观时请先生略微开示"未发之中"的境界。

先生说："哑巴吃苦瓜，与你说不得。你要知此苦，还须你自吃。"

这时，徐爱在旁边说："这才是真正的知，才是真正的行。"

一时间在座的同学都有所省悟。

【度阴山曰】

"未发之中"是"喜怒哀乐之未发谓之中"。这是儒家提倡的最纯粹、最中正的一种心境，其实也就是王阳明所谓的良知。以这种心境，以良知去处理问题，问题就会迎刃而解。因此才有下面的"发而皆中节谓之和"。

这种境界要如何达到呢？

王阳明没有正面回答，因为他也回答不了。这和中国古代思想有关。中国古代思想主张，任何思想、知识、文化都需要亲身体悟，唯有体悟了，才能得到。

阳明心学尤重这一点。

为何要体悟？就是因为中国古代的思想文化不可量化。比如中餐，它告诉你"盐少许，鸡精适量"。

"少许""适量"就无法量化，你必须亲自去炒菜，时间长了，才能明白它到底是多少。

体悟，是由心来支配行为从而得到真理，这样的"知"才是真知，除此之外，都是假知。

什么是真知？知行合一的"知"不是知道，而是良知，良知是个判定工具。吃了苦瓜立即感觉到苦，这个感觉苦就是良知的判定，就是真知。吃到苦瓜属于知，感觉到苦属于行，一吃到苦瓜马上就感觉到苦，不是你吃了苦瓜后再思考一下，这感觉是苦还是甜。之间没有间隔，一气呵成。

凡是一气呵成的行为，就是知行合一，它最真实、最简易。

"你要知此苦，还须你自吃"，这里的"知"就是良知，就是判定，你若想判定苦瓜的苦，不去吃（行），即使有十万人告诉你苦瓜是苦的，你所知道的也不是真知。

71. 如何能长生不死

萧惠问死生之道。

先生曰："知昼夜即知死生。"

问昼夜之道。

曰："知昼则知夜。"

曰："昼亦有所不知乎？"

先生曰："汝能知昼？懵懵而兴、蠢蠢而食，行不著、习不察，终日昏昏，只是梦昼。惟'息有养，瞬有存'，此心惺惺明明，天理无一息间断，才是能知昼。这便是天德，便是通乎昼夜之道而知，更有甚么死生？"

【译文】

萧惠向先生请教生死的道理。

先生说:"明白昼夜的变化就知道生死的道理了。"

于是萧惠向先生请教昼夜变化的道理。

先生说:"知道白天就是知道黑夜。"

萧惠说:"白天也有不知道的吗?"

先生说:"你难道能知道白天?迷迷糊糊起床,傻乎乎地吃饭,刚开始做时不明白其所以然,习惯后更不明白其所以然,终日昏昏沉沉,只是在做白日梦。只有做到'时时刻刻都有所存养',心中清醒明白,天理没有片刻的间断,才算是知道白天。这就是与天相同的德行,就是通达昼夜之道才领悟的知,除此之外,哪里还有什么生和死的道理?"

【度阴山曰】

生死之道,就是宇宙观,因为我们对生和死都无法掌控,但我们又希望掌控,尤其是死,每个人都希望永远不死。

如何做到永远不死呢?

古人给出了方法:做圣贤(立德、立功、立言)。做了圣贤后,你虽然肉体死了,但你的精神活在了别人心中。说得恐怖一点,这叫"借身还魂",这样你就永远不死了。

中国古代哲学,尤其是儒家哲学,只有人生观而无宇宙观,就是说,儒家学派永远把眼光放在人生中,所以对生之前的事和死之后的事很少提及,甚至不提。

宗教会给人类一个死后的愿景:天堂或者地狱,这是宗教给出的永生不死的答案。

中国儒家给不了一个死后的世界,它着眼之处只在现世(人生),因此"活在别人心(身体)中"就是他们给人类永生不死的答案。

有人问孔子生死事,孔子的回答很干脆——未知生焉知死。后又补充说,知生就知死。

萧惠也拿此问王阳明,王阳明的回答和孔子的异曲同工:明白了昼夜变化,就明白了生死——白天很清楚自己做了什么,晚上则什么都不知道(因为睡觉了)。

为何明白昼夜变化,就能明白生死呢?

因为白昼就是生,黑夜就是死。白昼时,每个人都在尘世修行;黑夜来临,就全部休息。一动一静,是为生死。

人睡去和死亡没有区别,和睡着了一样,我们对死亡后的世界同样一无所知。

萧惠大惑不解:还有人白天什么都不知道的吗?

意思是,人人都知道白天自己在做什么啊,可为什么还不知道死后世界呢?

王阳明的回答恰好是孔子"知生就知死"的解析:有些人迷迷糊糊起床,傻乎乎地吃饭,刚开始做时不明白其所以然,习惯后更不明白其所以然,终日昏昏沉沉,只是在做白日梦;只有做到"时时刻刻都有所存养",心中清醒明白,天理没有片刻的间断,才算是清楚了白天的一切。

即是说,有的人虽然活着,但已经死了,只要你把一生都过得特别明白,存天理、去人欲,死后的世界又和你有什么关系呢?

真正活得有价值的人,还在乎死后世界吗?

倘若你没有把这辈子活好,死后若真有世界,你觉得你到那里会好吗?

阳明心学的"关注当下"在时间和空间上向外延,就是关注人生(这一生),前世和死后世界,和我们无关。

72. 致良知的人从不瞻前顾后

庚辰往虔州再见先生,问:"近来功夫虽若稍知头脑,然难寻个稳当快乐处。"

先生曰:"尔却去心上寻个天理,此正所谓'理障'。此间有个诀窍。"

曰:"请问如何?"

曰:"只是致知。"

曰:"如何致?"

曰:"尔那一点良知,是尔自家底准则。尔意念着处,他是便知是、非便知非,更瞒他一些不得。尔只不要欺他,实实落落依着他做去,善便存、恶便去,他这里何等稳当快乐!此便是'格物'的真诀,'致知'的实功。若不靠着这些真机,如何去格物?我亦近年体贴出来如此分明,初犹疑只依他恐有不足,精细看,无些小欠阙。"

【译文】

正德十五年(1520年),九川到虔州再次拜见先生,问:"近来我下功夫虽然稍微知道些关键,却很难找到一个安心愉悦的境界。"

先生说:"你要在心上寻找天理,这就是所谓'理障'。这当中有个诀窍。"

九川问:"请问是什么诀窍?"

先生说:"就是致知。"

九川说:"要如何致知?"

先生说:"你那一点良知,是你自己的准则。你的意念所到之处,对就是对、错就是错,一点不得隐瞒。你只要不欺骗它,踏踏实实地按照它的指示去做,善念便存、恶念便去,这是何等安心愉悦!

这便是'格物'的秘诀，便是'致知'的实在功夫。如果不依靠这真正的关键，要怎么去格物？我也是近年来才体会得这样明白，刚开始还怀疑仅仅依靠良知恐怕还不够，仔细体察后才发现丝毫不曾欠缺。"

【度阴山曰】

东晋时期有个叫殷浩的清谈之士，到处炒作自己，后来终于被政府重用，成为重臣。他做的第一件事就是北伐。

结果，他被打得满地找牙，遁回东晋。中央政府大将军桓温咆哮如雷，上了一道奏疏，抨击殷浩是个废物。东晋政府立即撤了殷浩的全部职务，将他贬到一个小县城，没有政府命令，不得离开县城半步。

殷浩住进凄凉的小县城中，每日烦躁得要死。不过他掩饰得特别好，和人见面谈话，始终保持着名士的微笑，虽抑郁得脸色铁青，嘴唇发紫，却常常和人说，自己为国忧劳，得了心肌炎。但如果独处时，他就常常下意识地用手指在空中画着"咄咄怪事"字样。

也许他认为，北伐失败就是咄咄怪事。他未出山时，曾多次在脑海中设想战争，他多次看到自己制订了天衣无缝的作战计划，然后指挥若定，所向披靡。但令他大惑不解的是，想象和现实居然不是一回事！

就这样，愁闷了很久，眼看就要郁郁而终。突然有一天，他接到了桓温的来信。

桓温在大权独揽后，立即想到应该树立个爱护名士的标牌。当时的名士，所剩无几，所以，他马上就想到了蜷缩在小县城里的殷浩。

但绝对不能让殷浩带兵，桓温说，就让他做个高大上却不承担具体事务的官——尚书令吧。

殷浩拆开这封信，迅速扫了一遍，核心字眼就进了他的心。他狂喜得险些晕倒，手指因激动而颤抖，热血直向脑门冲。他不相信这是真的，狠狠地抽了自己一嘴巴，很痛，这是现实。又去看手里的信，信在，文字清晰地显示，桓温要他出山做官！

他跑出房间，站在阳光里，一个字都不落地看了一遍，再朗诵了一遍，最后，他确信桓温是要他出山做官！

他的心，五味杂陈。当初就是桓温把他弄到这个小县城的，如今却是桓温要拯救他，这个世界到底怎么了？！

殷浩不知这个世界到底怎么了，他只知道一件事：桓温请他出去做官。接下来的事自然就是，给桓温回封信。

这封信其实很容易回，无非感谢桓温的赏识，然后谦虚一下，最后再说如果桓温不嫌弃他，他愿效犬马之劳。

想起来简单，做起来就比较麻烦。感谢桓温的话不能说得太肉麻，否则就有失名士风范；谦虚的话要浅尝辄止，千万不能过了头，让桓温误会自己真不想出去做官；至于说犬马之劳，那就更要万分斟酌，他毕竟是个名动天下的人物，不能失了骨气。

不考虑得这么缜密还好，一如此考虑，殷浩就患得患失起来，提笔写信，每写一句，都觉不妥。最后是每写一字，他就觉不妥。于是，他将写好的信拆了又封，封了又拆，不断修改，不断重写。如是反复了几十次。

这种神经质的行为，不可能成全好事，只能坏事。殷浩被自己搞得恍恍惚惚，物我两忘。就在这种晕晕乎乎的状态中，他把一张白纸封进信封，送了出去。

一万分的谨慎和斟酌，换来的竟然是一封白纸信，这让人在捧腹大笑的同时，更为殷浩扼腕长叹。

如你所知，桓温接到那张白纸后，七窍生烟："老子我好心好意请你出来做官，你却弄个天书作为报答，耍猴是这样耍的吗？！"

自此，桓温再也没有和殷浩联系过。殷浩等了很多天，不见桓温回信，不禁懊悔道："信中还是有不妥的言辞，我真是愚蠢啊！"

他哪里知道，信中根本没有不妥的言辞，而是没有言辞。

如何致良知？

王阳明说，你那一点良知，是你自己的准则。你的意念所到之处，对就是对、错就是错，一点不得隐瞒。你只要不欺骗它，踏踏实实地按照它的指示去做，善念便存、恶念便去，这是何等的安心愉悦！

套用殷浩写信的故事，你的意念就是要出去做官，那就不要欺骗这种意念，立即给人家回信。可他又碍于名士的虚名，瞻前顾后，欺骗良知，如此一来，私念进来了。私念一来，顾虑就多。顾虑一多，内心就不宁静，不信良知的初始判断，最后，出事了。

我们的人生中，总能遇到各种事情，事情一来，我们最先做出的判断就是良知的判断，只要你抓住它，不要欺骗它，是便是，非便非，立即行动，万事大吉。

倘若抓住它，却不相信它，按照你从前的人生经验来否定它，甚至是欺骗它，是不是是，非又不是非，模棱两可，或者背道而驰，这就是理障，非致良知。

致良知就是行良知，依凭良知的判定去行动，就是知行合一，就是格物（在事上正念头），就是致知。

1519年，王阳明用了不到50天的时间，彻底平定拥有精锐20万人的宁王朱宸濠的叛乱。这就是致良知的结果，以绝对劣势的兵力击败强敌，这就是良知的威力。

呼风唤雨，撒豆成兵，在这一功业面前，恐怕只是小儿科。

事后，他总结自己的成功经验时，如此说道："致良知，就是对境应感……"

所谓对境应感，就是突然身临其境，感同身受，与境合一，便能得出最佳应对的方法。

王阳明说，在突发状态下，最容易体现良知的宏大价值。平时不遇急事，从容不迫，有充足的时间考虑。但战场上，呼吸存亡只在一念间，必须全神贯注。刹那之间，念头顿生，抓住这个念头，以良知判定，良知一判，立即行动，绝不容转念和思考。在这刹那之间，不欺良知，不忘良知，即能天人合一，情境合一，知行合一。

73. 人人心中都有个圣人

在虔与于中、谦之同侍。先生曰："人胸中各有个圣人，只自信不及，都自埋倒了。"因顾于中曰，"尔胸中原是圣人。"

于中起，不敢当。

先生曰："此是尔自家有的，如何要推？"

于中又曰："不敢。"

先生曰："众人皆有之，况在于中？却何故谦起来？谦亦不得。"

于中乃笑受。

又论："良知在人，随你如何，不能泯灭。虽盗贼亦自知不当为盗。唤他作贼，他还忸怩。"

于中曰："只是物欲遮蔽。良心在内，自不会失。如云自蔽日，日何尝失了？"

先生曰："于中如此聪明，他人见不及此。"

先生曰："这些子看得透彻，随他千言万语，是非诚伪，到前便明。合得的便是，合不得的便非，如佛家说'心印'相似。真是个试金石、指南针。"

先生曰："人若知这良知诀窍，随他多少邪思枉念，这里一觉，都自消融。真个是'灵丹一粒,点铁成金'。"

【译文】

在虔州时,九川与于中、谦之一起陪同先生。先生说:"每个人胸中都有圣人,只因自信不够,自己把心中的圣人给埋没了。"于是先生看着于中说,"你胸中本来有个圣人。"

于中站起来,表示不敢当。

先生说:"这是你自己本就有了,为何要推辞呢?"

于中又说:"不敢。"

先生说:"大家都有,何况你于中?为何要谦让起来?这是谦让不得的。"

于中才笑着接受。

先生又说:"良知在人心中,无论你如何做,都无法泯灭它。即便是盗贼也知道不应当做盗贼。喊他是贼,他还不好意思。"

于中说:"这只是由于物欲遮蔽。良知在心中,自然不会丧失。好比乌云蔽日,太阳又何曾丧失?"

先生说:"于中你如此聪明,别人未必有你这样的见识。"

先生说:"把这些道理认识透彻,无论千言万语,是非真假,一看便明白。符合的就对,不符合的就错,好比佛家说的'心印'一样。真是个试金石、指南针。"

先生说:"人如果知道良知这个诀窍,无论有多少邪思枉念,只要良知一觉察,自然会消除。真是'灵丹一粒,点铁成金'。"

【度阴山曰】

即使是十恶不赦的人,心中也有他牵挂、爱的人。严嵩可谓大奸大恶,但对儿子严世蕃确实疼爱有加,这种亲情就是我们人类心中的圣人。

每个人心中都有个圣人，就是孟子所说的"人皆可为尧舜"，也是中国人的信仰"人皆可为圣贤"，用王阳明的解释就是，我们每个人都有判断是非善恶的良知，依着良知去做，就是圣人，违背良知去做，就是恶人。

良知在人心中，无论你怎么做，它都不会消失，所以我们每个人心中都有个圣人。

当然，"人人心中有个圣人"还可以这样理解：若是真正的人，心中总有股正气，这正气一方面来自良知，另一方面来自古圣先贤。而这些古圣先贤就是我们心中的圣人，他们能激励我们天天向上，勇敢走向光明。

最后，王阳明总结良知之神奇：人如果知道良知这个诀窍，无论有多少邪思枉念，只要良知一觉察，自然会消除。真是"灵丹一粒，点铁成金"。

的确，这就是良知神奇之处，也是我们人之所以为人的神奇处。

74. 没有人生经历就没有人生境界

又曰："知来本无知，觉来本无觉。然不知则遂沦埋。"

【译文】

先生又说："知道了才知道本无所谓知道，觉悟了才发现本无所谓觉悟。但如果不知道，那么自己的良知便会沦陷、埋没。"

【度阴山曰】

汉初名将周勃,年轻时曾听人说监狱黑幕,无论你是多么大的官,只要进了监狱,哪怕一个小小看守都能把你治得服服帖帖。

周勃不相信,他说,一个小看守能有多大本事。

后来,汉文帝上台,周勃功高盖主,汉文帝就找了个罪名,把他扔进监狱。

这回,周勃终于明白了监狱黑幕是怎么回事。他开始还想在监狱里耍威风,仗着自己曾是一人之下万人之上的宰相,没有把狱卒们放在眼里,但很快,他就知道自己犯了大错。

狱卒们开始羞辱他,他叫天天不应,叫地地不灵。后来,他开始巴结狱卒们,送钱送物。狱卒们很高兴,就给他出主意:"你若想出去啊,只能找你儿子。"

周勃的儿子是驸马,其实狱卒说找他儿子,说白了就是让他找公主。

公主很快就出马,请来了薄太后,薄太后就去对儿子汉文帝说:"把周勃放了吧,他也知道自己错了。"

汉文帝立刻放了周勃。周勃出了监狱门,大有重生之感,不由叹道:"我曾经只当率领千军万马就已够威风了,直到今天才知道,原来一个小小的狱卒有时候也比我强啊!"

人总是这样,没有经历过就不知道,只有经历过了,才会豁然大通:哎呀,原来是这样啊!

人生的境界,就是经历许多事后的真知。没有经历就没有人生境界。但经历之后,总会有种"挥一挥衣袖,不带走一片云彩"的感觉:原来不过如此。

这不是好了伤疤忘了疼,这才叫人生境界。**我们绝不能把经历过的事,无论好事还是坏事,一直放在心上,而是要把它快速忘记,所经历的事本身不宝贵,它留在你心上的那些感悟才最宝贵。**

这就是王阳明所谓的"知道了才知道本无所谓知道，觉悟了才发现本无所谓觉悟"，它既是一种境界感悟，也是一种提醒。

最后一句话，至关重要：如果你不去经历，你就没有事上磨炼的机会；没有事上磨炼的机会，良知就会沉沦埋没。你的一生永远得不到真知，虽然良知还在你身上，但只能是个摆设了。

75. 对朋友的态度：劝导鼓励

先生曰："大凡朋友，须箴规指摘处少，诱掖奖劝意多，方是。"
后又戒九川云："与朋友论学，须委曲谦下，宽以居之。"

【译文】
先生说："但凡对待朋友，应当少一些批评指摘，多一些劝导鼓励才好。"

而后先生又告诫九川，说："与朋友讨论学问，应当谦虚委婉，宽以待人。"

【度阴山曰】
春秋时期，齐国人管仲和鲍叔牙是好朋友。

管仲家里穷，鲍叔牙小康，所以鲍叔牙总给予管仲经济救助。鲍叔牙后来和管仲做生意，鲍叔牙投资金钱，管仲投资头脑，赚了钱后，鲍叔牙拿得少，管仲拿得多。

有人就为鲍叔牙打抱不平，说："你出的钱，他出的力，为什么分钱时他拿得多？至少应该一人一半。"

鲍叔牙说:"管仲家里贫穷,多拿钱是要养家。"

后来,二人去参军。每次进攻时,管仲都躲在鲍叔牙身后,而且一见苗头不对就逃跑。有人说,管仲是个胆小鬼。鲍叔牙解释道:"你们误会他了,他不是怕死,他得留着他的命去照顾老母亲呀!"

管仲听到鲍叔牙这些话后,流下眼泪道:"生我的是父母,最了解我的人是鲍叔牙呀!"

后来,管仲在鲍叔牙的推举下成为齐国宰相,他辅佐齐桓公把齐国锻造成第一光辉帝国,齐桓公也成为霸主。

管仲后来说:"如果没有鲍叔牙的体谅和鼓励,哪里有我的今天啊!"

这就是管鲍之交。

"管鲍之交"的主题就是王阳明所说的,对待朋友应该"少一些批评指摘,多一些劝导鼓励"。

鲍叔牙对管仲的鼓励简直是纵容。管仲家贫,他就给钱;管仲需要钱,他就毫无原则地把做生意赚来的大部分钱都给管仲;管仲阵前逃跑,他还为管仲开脱。

其实交朋友,不就是应该像鲍叔牙一样吗?

每个人身上都有缺点,如果你只盯着对方的缺点,批评指责,那你们的友谊肯定会夭折,因为不是每个人都能听进逆耳之言。

我们为何要对朋友劝导鼓励?因为人皆有良知,当你为他好,并且把他看得很重要时,他的良知能做出正确判断,会和你肝胆相照。

中国古人最伟大的发明就是,人性本善。无论是什么人,本性是善的,当他做了一件错事时,如果我们能考虑其本性,就会多一份宽容和包容。而这种宽容和包容正是最完美的为人处世之道。

劝导鼓励,不仅仅是对朋友,对我们身边的每一个人,哪怕是初次见面的人,都是致良知。

76. 如何面对肉体痛苦

九川卧病虔州。

先生云:"病物亦难格,觉得如何?"

对曰:"功夫甚难。"

先生曰:"常快活便是功夫。"

九川问:"自省念虑,或涉邪妄,或预料理天下事,思到极处,井井有味,便缱绻难屏。觉得早则易,觉迟则难。用力克治,愈觉扞格。惟稍迁念他事,则随两忘。如此廓清亦似无害。"

先生曰:"何须如此,只要在良知上着功夫。"

九川曰:"正谓那一时不知。"

先生曰:"我这里自有功夫,何缘得他来?只为尔功夫断了,便蔽其知。既断了,则继续旧功便是。何必如此?"

九川曰:"直是难鏖。虽知,丢他不去。"

先生曰:"须是勇。用功久,自有勇。故曰'是集义所生者'。胜得容易,便是大贤。"

九川问:"此功夫却于心上体验明白,只解书不通。"

先生曰:"只要解心。心明白,书自然融会。若心上不通,只要书上文义通,却自生意见。"

【译文】

九川在虔州生病了。

先生说:"病这一事物很难格正,你觉得如何?"

九川说:"这个功夫确实很难。"

先生说:"时常保持快活就是功夫。"

九川问:"我反省自己的念头思虑,有时涉及邪恶妄念,有时又思考平治天下，想得最深的时候，感觉到津津有味，难以摈去。发现得早还容易去除，发现得晚就很难去除。用力克制，越发觉得难以抵挡。只有去想别的事，才能忘掉。这样清除思虑好像也没什么害处。"

先生说："何须如此，只需要在良知上下功夫。"

九川说："我说的正是良知不在的时候。"

先生说："我这里自然是有功夫的，怎么会出现你说的这种情况呢？只因为你的功夫间断了，蒙蔽了良知。既然功夫间断了，继续原来的功夫便可。何必要那样做呢？"

九川说："那真是一场鏖战。虽然知道，却又去不掉。"

先生说："这需要勇气。用功久了，自然勇敢。所以说'是集义所生者'。如果能轻易战胜思虑，便是大贤人了。"

九川问："致良知的功夫虽能在心上体验明白，却解释不通书上的文句。"

先生说："只需要在心中理解便可。心中明白，书上的文句自然融会贯通。如果心中不通透，只想在书中的文义上求通透，却会生出许多其他意思来。"

【度阴山曰】

1507年，王阳明抵达贵州龙场驿站时，面对的是绝境。当人面对绝境时，最先感知这绝境的其实是身体，然后才是心理。

当时的贵州龙场驿站，有瘴疠之气，有密不透风的原始森林，有阴暗潮湿的山洞，就是没有正常人可以居住的地方。王阳明天生又有肺病和肠胃疾病，来到这种地方，身体自然无法忍受，所以很快，他就想到死亡。

他曾把一山洞当作棺材，每天都想着死在这口天然棺材里，伴随着身体种种不适的是心理疾病，他当时无法揭开朱熹理学格物之谜。

离王阳明1500多年前,有个叫苏武的汉朝官员被匈奴扣押,匈奴人把他流放到环境恶劣的贝加尔湖放羊,苏武每天缺衣少食,很多次险些被冻死。身体受到的巨大创痛,让他也多次想一死了之。

但无论是苏武还是王阳明,最后都活了下来,而且名垂史册。

我们一定要明白一点:有时候,肉体的痛苦比精神的痛苦更易让人崩溃,向生命缴械投降。因为肉体痛苦是迅猛而易感的,哪里疼痛立即就会有反应,不像心理疾病那样悠长缓慢。人的肉身很难经得起那些直接的痛苦,肉体痛苦的可怕不在其本身,而是接踵而来的精神痛苦。

人但凡有一口气在,就能活。但没有了斗志,死亡就在眼前。

陈九川得病后,感觉痛苦不堪,所以他对王阳明说,这个肉体疾病很难格。

王阳明也承认,因为他也遭受过。他之所以能挺过来,有个秘诀:**常快活。**

当初他在龙场,千方百计转移肉体带来的疼痛的注意力,他修建简陋的住所,给其取一个好名字,他常常唱家乡小调,而且学着种菜煮饭。

常快活其实就是转移注意力,而这种转移又有个诀窍,就是勇。

人肉体受伤害时,精神会来帮忙,生出种种思虑。这个时候,我们该怎么办?

有人说,要拼命地克制它。这种论调也有道理,可未必有效。我们在经受肉体痛苦时会产生各种思虑,而思虑或者说是心理是有一定规律的。恐惧、焦虑、空虚,这些负面的心理就会冒出。当它们冒头时,千万别拼命克制它们,而是要顺着它们的规律。所有的心理情绪,无论是正面还是负面的,都有一定规律,这个规律就是,产生、发展、高潮、没落、死亡。

要勇,就是要敢于承认它的这个规律,然后勇敢地顺应这个规律。

如何顺应这个规律呢？

通俗而言就是，为所当为。问自己一句：如果没有这些负面情绪时，你平时都做什么？

吃饭、工作、睡觉……

总之，就是要用"平常心"——平常是怎样，现在就是怎样——来对付它。

这需要足够的勇气，只要用心用力，就必能成功。

77. 生活和工作中才有最好的修行道场

有一属官，因久听讲先生之学，曰："此学甚好，只是簿书讼狱繁难，不得为学。"

先生闻之，曰："我何尝教尔离了簿书讼狱悬空去讲学？尔既有官司之事，便从官司的事上为学，才是真格物。如问一词讼，不可因其应对无状，起个怒心；不可因他言语圆转，生个喜心；不可恶其嘱托，加意治之；不可因其请求，屈意从之；不可因自己事务烦冗，随意苟且断之；不可因旁人潜毁罗织，随人意思处之。这许多意思皆私，只尔自知，须精细省察克治，惟恐此心有一毫偏倚，杜人是非。这便是格物、致知。簿书讼狱之间，无非实学。若离了事物为学，却是着空。"

【译文】

有一位先生的属官，长期听先生讲学，说道："先生您的学问十分好，可是文书、断案繁杂困难，无暇去学习。"

先生听到这句话，说："我何时教你离开文书、断案凭空去做学问？你既然要处理官司，便在处理官司上做学问，这才是真正的格物。比如断案，不能因当事人回答时无礼就发怒；不能因其言辞婉转就高兴；不能因厌恶其说情就故意惩罚；不能因其苦苦哀求就屈意答应；不能因自己事务烦冗就随意糊弄；不能因旁人诋毁、罗织罪名就听之任之。这许多的情况都是私意在作祟，只有你自己知道，必须精细体察、反省克制，唯恐心中有一丝一毫的偏移就错断了案件的是非。这就是格物，就是致知。文书、断案之间，无非实实在在的学问。如果离开了事物去做学问，反而会落空。"

【度阴山曰】

王阳明曾在给弟子徐成之的一封信中明白无误地说道：政事虽剧，就是学问之地，因为修己治人，本无二道。

"修己治人，本无二道"，就是对"政事虽剧，就是学问之地"的解释：修己要在治人中，凭空修己，绝对治不了人。再进一步说，修己治人是一回事。

和王阳明谈话的这位官员就有这样的错误认识：修己和治人是两回事，要修己就不能治人，要治人就无法修己。

王阳明则说："我什么时候让你离开治人去凭空修己？"

接着他就开始教育这位官员：断案时，不能因当事人回答时无礼就发怒，不能因其言辞婉转就高兴，不能因厌恶其说情就故意惩罚，不能因其苦苦哀求就屈意答应，不能因自己事务烦冗就随意糊弄，不能因旁人诋毁、罗织罪名就听之任之。这许多的情况都是私意在作祟，且只有你自己知道。你必须精细体察、反省克制，唯恐心中有一丝一毫的偏移就错断了案件的是非。

认真读王阳明这一大通道理，很容易能看明白，王阳明是让对方"在事情（断案）上正念头"，这就是格物，就是致知。

脱离了事物，凭空去格，什么都格不出来，只会流落到"枯禅"境地。

常常能听到一些人说，天天忙得要命，哪里有时间修身养性？这话的错误就在于，忙的过程中才是修身养性的最佳道场。

我们最应该搞清楚的是修身养性的目的是什么。这目的无须多说，当然是应对人情事变。

不在随处可见的人情事变上用功，却脱离人情事变去刻意修身养性，这是画蛇添足，既浪费了时间，也降低了效率。

生活和工作才是最锻炼人的道场，除此之外，全是虚无。正如王阳明所说，离了事物去做学问，必然落空。我们说，离了生活和工作去修身养性，这"身"和"性"一无是处。

78. 不要被知识束缚

于中、国裳辈同侍食。

先生曰："凡饮食只是要养我身，食了要消化。若徒蓄积在肚里，便成痞了，如何长得肌肤？后世学者博闻多识，留滞胸中，皆伤食之病也。"

【译文】
于中、国裳等人陪同先生吃饭。

先生说："但凡饮食都是为了滋养我们的身体，吃了就要消化。如果只是把食物积蓄在肚子里，就成了不消化的肿块，如何能够滋养身体？后世的学者博闻多识，却把知识滞留在胸中，这都是患了消化

179

不良的毛病。"

【度阴山曰】

食物如果不能被吸收,那就只是肿块,而不是营养,正如知识如果不能被我们的心转化就不是知识,只能是妨碍我们解决问题的荆棘。

东汉中后期,中国历史上第一次宦官之祸开始,中国历史上第一次外戚之祸开始,也是中国历史上一次严重的文祸(文字之祸)开始。

强盛的西汉灭亡后,仍留下一笔宝贵的思想遗产给东汉,诸如董仲舒的"天人三策"、刘彻对儒家体系的认可、儒法并驾齐驱的高明思想策略。但谁又能想到,这一切在东汉开始发生变化,最终变质,让东汉创造了两个"第一"。

始作俑者,就是东汉中后期的知识分子。

西汉后期,思想逐渐统一,知识分子只能在这个统一的圈子里发挥能量,经学崛起。

所谓经学,就是注解从前的经典。好处是,它能让从前不被人注意和见过的知识点流行于天下。坏处是,它不是发挥再创造,而是锦上添花,甚至是画蛇添足。

当时所有的知识分子都在知识点上用力,又抬出高调的道德理想主义和政权抗衡,所以无论是外戚还是宦官掌控政权,对这些整日穷咀嚼的知识分子都不待见。

纯粹玩知识点的人,一旦遇事,必然魂不附体,因为知识点不能产生解决问题的方法,它只是平时无事时的点缀。

所以,宦官搞知识分子,轻而易举,于是就有了数次党锢之祸。外戚也搞,但比宦官温柔,知识分子也是俯首帖耳,这种俯首帖耳是发自内心的,因为他们没有能力解决面临的问题。

世上很多人都在学习，有人学得越多越发现自己的无知，所以拼命学。有人学得越多越自卑，因为天下知识太多了，所以也拼命学。

但这学，后面没有跟着"习"，学本身就成了背诵知识点的庸碌行为。

孔子说，学而时习，学是学知识点，习，则是练习，练习的肯定不是你的知识点，而是从知识点中突破出来，甚至是彻底放弃知识点。

理论上，知识点是敲门砖，知识越高，敲起门来越容易。可惜的是，很多人一生都在练搬砖，根本就没有去敲门。

古语云，水大漫不过鸭子背。如果把水比作知识，鸭子背就是你要处理的事。一根筋的人认为，若想漫过鸭子背，我只要不停增加水量就可以，但你越是专注于增加水量，你要处理的问题的难度就越高。

若想让水漫过鸭子背，把鸭子捉过来杀掉再扔水里就万事大吉了。捉过来杀掉就是见识，它有时候和知识点毫无联系。

为什么我们会不停地注水，而忘记了可以把鸭子捉来杀掉扔水里来解决"水能漫过鸭子背"这个难题？

因为我们的脑子始终关注于知识点和知识量。很少有人注意到，我们学到的知识量和我们要在现实中解决问题的方法，不是一回事。

人类所有的知识，都是人类自己创造的，人类创造出这些知识后又让这些知识反过来管束人类。

这就是画地为牢。

它大概有好处，可以使人类有秩序地生活；但它的坏处就在于，创造这些知识的人，本人可能是见识高手，其创造的知识对他人却毫无用处。

《大学》三纲八目，绝大多数人都了解，但这只是知识点，就如你会背诵中国历史歌谣一样,你真的了解中国历史吗?

知识点太容易学,正因为容易,所以它不可靠。见识,就不一样。它是越过知识点,甚至是避开知识点,直奔问题本身,看山是山,看水是水。

一切知识,都是在给本质添油加醋,像包裹木乃伊一样,把本质包裹起来,迷惑你。你知道得越多,就会越恐惧、自卑,忘记了它们是一种伪装。

人世间所有的问题,只要剥开它的伪装,其实只是一个问题。包子是拿来吃的,这就是见识。包子有十八个褶、一百个褶就是知识,关注于褶皱,不知道吃,非饿死你不可。

抓住本质,就是见识,被这个问题搞得晕头转向,还以为自己才华横溢,就是蠢材。

79. 致良知不分大事小事

黄以方问:"先生格致之说,随时格物以致其知,则知是一节之知,非全体之知也,何以到得'溥博如天,渊泉如渊'地位?"

先生曰:"人心是天、渊。心之本体无所不该,原是一个天,只为私欲障碍,则天之本体失了;心之理无穷尽,原是一个渊,只为私欲窒塞,则渊之本体失了。如今念念致良知,将此障碍窒塞一齐去尽,则本体已复,便是天、渊了。"乃指天以示之曰,"比如面前见天是昭昭之天,四外见天也只是昭昭之天,只为许多房子墙壁遮蔽,便不见天之全体。若撤去房子墙壁,总是一个天矣。不可道跟前天是昭昭之天,外面又不是昭昭之天也。于此便见一节之知即全体之知,全体之知即一节之知，总是一个本体。"

【译文】

黄直问："先生格物致知的学说，是通过随时格物来实现良知，这样就使得知只是一部分的知，而非全体的知。这如何能够达到《中庸》所说的'溥博如天，渊泉如渊'的境界呢？"

先生说："人心就是天、就是渊。心的本体无所不括，它原本就是一个天，只是被私欲蒙蔽，才丧失了天的本来面目；心中的天理无穷无尽，原本就是一个渊，只是被私欲阻塞，才失去了作为渊的本体。现在念念不忘致良知，将这些障碍一并去除，恢复心的本体，便是天和渊了。"先生指着天接着说，"比如面前的天是晴朗的天，在外面看到的天也是晴朗的天，只是被许多房子墙壁遮蔽了，便看不见天的全体。如果撤去房子墙壁，就是一个天而已。不能说眼前的天是晴朗的天，外面的天就不是晴朗的天了。由此可见，部分的良知就是全体的良知，全体的良知就是部分的良知，总之只是一个本体。"

【度阴山曰】

黄以方是王阳明弟子中灵性极高的人之一，所以他的问题很刁钻："先生格物致知的学说，是通过随时格物来实现良知，这样就使得知只是一部分的知，而非全体的知。这如何能够达到《中庸》所说的'溥博如天，渊泉如渊'的境界呢？"

"溥博如天，渊泉如渊"直译就是，广博如天，深远如深水一般。这可能是王阳明在讲学中谈到的实现良知后的境界。

这里值得注意的是，格物致知，就是随时格物来实现良知。

黄以方认为，致良知是千年之计，格掉一物，只能说是实现了一部分良知。王阳明却认定，格掉一物后就能达到"溥博如天，渊泉如渊渊"的境界，这怎么解释呢？

王阳明的解释是，你在屋子里看天，难以见到，但天还是在的，只要你走出房门或是打破屋子，天就在眼前了。

天就是良知，屋子是我们的私欲，去除私欲，即刻见良知。走出房门或打破屋子，就是格物。多么简单却又多么深奥。

王阳明这段话的意思是想让黄以方明白一个道理：只要你在无论多么微小的事情上致良知，就能实现良知，见到光明之天。**我们总认为致良知是件复杂长久的事，认为致良知要花费太多力气，可真实的情况是，在我们日常生活和工作中，时刻都有致良知的大把机会。**

刘备说，勿以善小而不为，勿以恶小而为之，就是这样的意思。不要以为一个小善举微不足道，只要你为了，你就能见到良知之天；不要以为一个小恶行微不足道，只要你克了，你也能见到良知之天。

这一秒钟，你存了正念并且实行了，你就见到了整个天，你就是圣人；下一秒钟，你存了邪念把它克掉了，你也见到了整个天，你仍是圣人。

致良知，是日常生活和工作中的格物点滴。佛家说，一即一切，一切即一；王阳明则说，点滴即全体，全体即点滴。

80. 不走捷径，就是最大的捷径

先生曰："我辈致知，只是各随分限所及。今日良知见在如此，只随今日所知扩充到底；明日良知又有开悟，便从明日所知扩充到底。如此方是精一功夫。与人论学，亦须随人分限所及。如树有这些萌芽，只把这些水去灌溉，萌芽再长，便又加水。自拱把以至合抱，灌溉之功皆是随其分限所及。若些小萌芽，有一桶水在，尽要倾上，便浸坏他了。"

【译文】

先生说："我们致良知，也只是各人尽各人的力。今天良知认识到这个程度，就根据今天的认识扩充到底；明天良知又进一步领悟，就根据明天的认知扩充到底。这就是精研专一的功夫。与别人讨论学问，也必须根据对方的能力所及。好比树木刚刚萌芽，只用一点水去灌溉，树芽长大些，便加些水。树木从两手合握的大小到双臂合抱的大小，灌溉的多少都是根据树的大小来决定的。如果只是小小的树芽，却把一桶水都浇上去，就会把树给浸坏了。"

【度阴山曰】

南北朝时期，南朝的梁帝国和北朝的北魏帝国对峙。梁帝国皇帝萧衍（梁武帝）决心消灭实力雄厚的北魏帝国，实现这一宏图大业的第一步就是夺取寿阳（今安徽寿县）。

寿阳是北魏帝国突入淮河南岸的一个军事重镇，始终是南方帝国的心腹大患。正因此，寿阳的防御异常坚固，在那个没有大炮和飞机的年代，拿下它简直比登天还难。

但萧衍可不是一般人，他集结脑子里所有的智慧，想到了一个其他人永不可能想到的办法：在寿阳下游修筑横断水坝，水坝一旦建成，淮河上游水位提高，寿阳即被淹没。

理论上，这个计划非常好，但执行起来，就没有那么好。梁帝国的水利工程专家指出，淮河的河床全是泥沙，飘忽流动，如果在这上面建造水坝，基础必不牢靠。所以，要想建成水坝，必须慢慢来，先要把泥沙问题搞定。

萧衍说："你们这群笨蛋，我又不是真的建造水坝，我是用水坝淹没寿阳，你要那么好的根基做什么，给我马上开工！"

皇帝的命令就是上帝的旨意，梁帝国的所有政府机器全部开动，二十万人不分昼夜地劳作，从淮河南北两岸分别兴筑，向中流合龙。

劳动人民创造奇迹，五个月后，南北两岸的堤坝胜利会师。萧衍得意扬扬地对大臣们说："看啊，寿阳已在咱们口袋里了。"

水利工程专家在背后嚼舌头道："做任何事，基础要打好，没有基础，想走捷径一步登天，世界上没有这回事。"

萧衍得知后，龙颜大怒，下令处斩那位水利专家。

水利专家尸骨未寒，大坝才积攒了一点点水，即行崩溃。幸好当时水量不大，才没有造成任何损失。

萧衍万分懊恼，对大臣们发牢骚说："老天不帮我啊。"

有水利专家再次指出，道："这个事情不能走捷径，不能快，要慢慢来，必须先打好基础。"

萧衍说："放屁，给我继续建。"

大坝建造再次启动，工人们加班加点，仿佛连呼吸的时间都没有。一年后，长约四公里半的大坝终于建成，这是个奇迹。它的长度和它所用的时间，都可以创造纪录。

萧衍视察水坝，沾沾自喜道："大坝啊，你好壮观；寿阳啊，来我的怀抱。"

萧衍在修筑大坝时，北魏帝国大为恐慌，但宰相李平安慰众人说："咱们什么都不要管，因为这么短的时间，建造了那样大的一座水坝，它的质量可想而知。我想，它一定自行崩溃。"

所以，北魏帝国连寿阳百姓都没有疏散，萧衍却忙得不可开交。他是个慈悲人物，下令政府出巨资在寿阳附近的山头安排灾民救济所，准备在寿阳淹没后收容逃出来的难民。

这真是个天大的笑话，但萧衍认为一点都不好笑，他还训斥那些建造简易房的工作人员效率太低。

水坝建成的五个月后，秋雨来临，淮河水位暴涨，水库渐渐充满。某天夜里，突然撼天动地的一声响，整个梁帝国震动起来，几十公里外都能听到这响声，水坝崩溃。建立在坝上的军营和淮河下游属于梁帝国的村落，十余万人全部葬身洪水之中。

萧衍这个蠢驴，让十余万生命为他自以为的高度智慧制造的愚蠢买单。

萧衍建造水坝，念头是好的，但行动起来谬以千里。表面看，他不懂堤坝基石的重要性，其实他是想走捷径。

如果按照他手下水利专家的方案，先搞定泥沙再建造堤坝，这又费时又费力。他内心深处只不过是想走捷径，以最短的时间、最省力的方法创造他人望尘莫及的功业。

所谓走捷径，就是违背事物的发展规律，投机取巧地让它非自然地成长。观历史往事，速成的东西都不长久，因为这违背了事物的发展规律。

走捷径的人，背后的思维逻辑就是总想着创新。可创新这玩意儿，有多难，谁都知道。中华帝国几千年，无论是唐宋元明清哪个朝代，都没有创新，都在秦始皇确立的"君主独裁""郡县制"里打转，中华思想几千年，那么多出类拔萃的知识分子，不过就是在儒家的那几本书里打转。

致良知最要不得的就是想走捷径。走捷径就是希望出奇迹，希望超越自己的能力范围而建立事功。

不走捷径，就是别抱一口吃成个胖子的幻想，也别投机取巧，总想异于他人，找一条与众不同的路。

不走捷径，就是把自己看成个笨蛋，稳扎稳打，一步一个脚印，杜绝"创新"，以"慢慢来""稳当"为信条，走一条某些人非常不屑的"愚蠢"之路。

你要相信，皇天不负有心人，但皇天肯定会辜负那些总想走捷径的人。因为老天爷设计出那么多曲折蜿蜒的路，必有深意，他绝对不可能让你走捷径、抄近路。

81. 警惕心里的坏念头

问知行合一。

先生曰："此须识我立言宗旨。今人学问，只因知行分作两件，故有一念发动，虽是不善，然却未曾行，便不去禁止。我今说个知行合一，正要人晓得一念发动处便即是行了。发动处有不善，就将这不善的念克倒了，须要彻根彻底，不使那一念不善潜伏在胸中。此是我立言宗旨。"

【译文】

有人向先生请教知行合一。

先生说："这就必须了解我的立言宗旨。今人的学问，把知与行分作两件事，所以有一个念头发动，即便是不善的，只因为没有去实行，就不去禁止它。我如今说知行合一，正是要人晓得一念发动之处便已经是实行了。意念发动之处有不善，就要将这个不善的念头克去，需要彻底铲除，使得不善之念不能在心中潜伏。这就是我的立言宗旨。"

【度阴山曰】

这段文字相当重要，它是王阳明"知行合一"的立言宗旨。不过，和"知行合一"的本意比较，这是事后诸葛亮式的总结。任何伟大哲学家恐怕都有这个毛病，提出一个概念后，过了许多时候，才找到为何要提这个概念的理由。

一念发动就是行，念就是行，念头从心中出发，由良知监控，所以念就是知，知就是行，很符合"知行合一"的本源。

儒家思想注重动机，动机不纯，你做的事再好，也是错。王阳明同样如此，他注重念头。

他想表达的是，一念发动即是行了，纵然你现在没有行，但如果不扼住这些念头，总有一天你会行。

所以，"一念发动即是行"不仅是个理论，更是一种警告。

他警告那些总产生坏念头的人：**不要认为没有将坏念头付诸实践就没什么，如果你不对平常的坏念头加以阻止，那积累得多了，你就真的会付诸行动。**

大恶皆从小恶来，小恶皆从小恶念出。若想知行合一，就必须扼杀那些恶念，斩草除根，毫不留情，使其不在心中潜伏。

82. 好事做过了头就是恶

问："先生尝谓善恶只是一物。善恶两端，如冰炭相反，如何谓只一物？"

先生曰："至善者，心之本体。本体上才过当些子，便是恶了。不是有一个善，却又有一个恶来相对也。故善恶只是一物。"

直因闻先生之说，则知程子所谓"善固性也，恶亦不可不谓之性"，又曰"善恶皆天理。谓之恶者本非恶，但于本性上过与不及之间耳"，其说皆无可疑。

【译文】

黄直问:"先生曾说善恶只是一个东西。然而善与恶就如同冰与炭,相互对立,怎么能说只是一个东西?"

先生说:"至善,是心的本体。本体上稍稍过分一些,便是恶。并不是有一个善,还有一个恶与善相对。所以善恶只是一个东西。"

黄直听了先生的解释,就明白了程颐先生所说的"善固然是性,恶也不能不说是性",以及"善恶都是天理使然。即便说它是恶也并非本来就是恶的,只是在本性上稍稍有过或不及罢了",黄直对于这些说法都没有疑问了。

【度阴山曰】

汉武帝刘彻时期的宰相公孙弘俸禄极高,但是,这人特别艰苦朴素,一年四季盖着破被子,所有的衣服只有朝服没有补丁,所有人都觉得公孙大人是个好官僚,但有人质疑:公孙弘的俸禄是光明正大得来的,就是穿金戴银也没有问题,为何他总把自己装扮成个叫花子呢?

刘彻听到这种论调后,就找来公孙弘问话。公孙弘实话实说:"我的确把日子过得如同乞丐,但每个人做事,都有自己的目的和原则,我这样做,乐在其中,这就不是矫饰。如果有人明明很有钱,却矫饰成乞丐,那才是有问题呢。"

且不说公孙弘的辩解是否为真,我们只以这个故事作为媒介来探讨王阳明所谓的"善恶"问题。

王阳明的主张是,人性是全善的,只要过了一点,或者不及一点,那就成了恶。所以,善恶一体,就看你选择善还是恶了。

什么是过或者不及呢?

你饿了吃饭,就是善,但点菜过程中非要让人家知道你有钱,就是恶;困了睡觉,就是善,但你非要找人陪睡,就是恶;孝顺父母是善,非要搞得天下人皆知你孝顺,就是恶。

这是过头了。就如公孙弘，明明能穿得起好衣服，非要穿破衣服，这就是恶了。

至于不及，饿了吃饭是善；饿了非不吃，就是恶。孝顺父母是善；孝顺得心不在焉，就是恶。

所以，一个人行善时就没有恶，行恶时就没有善。善恶互相转化，你来我往，善恶是合一的。善就是中庸，恶就是中庸过了或者不及。

83. 极简就是自然地减

门人在座，有动止甚矜持者。先生曰："人若矜持太过，终是有弊。"

曰："矜持太过，如何有弊？"

曰："人只有许多精神，若专在容貌上用功，则于中心照管不及者多矣。"

有太直率者。先生曰："如今讲此学，却外面全不检束，又分心与事为二矣。"

【译文】

在座学生中，有人举止过于矜持。先生说："人如果过于矜持，终究是有弊端。"

那人问："过于矜持，有什么弊端？"

先生说："人只有这些精神，如果专门在容貌上用功，就会无暇顾及照管心体了。"

有的学生十分粗率。先生说:"现在讲求这个学问,却在容貌礼仪上不加检点,又是将心与事一分为二了。"

【度阴山曰】

人要内外合一,你心上干净,面上肯定也要干净。如果面上不干净,就证明你心上不干净;或者是你心上干净,故意把面上搞得不干净,心和事分离了。

做王阳明弟子,其实很难。仅外貌上,就很难合他的口味。

当今流行极简主义,对极简主义的解释五花八门,但归根结底,所谓极简主义就是自然地减,而不是增。这个减不是减少物品,而是减少对物品关注的次数与时间。据说某位奉行极简主义的商界大佬,只买一款衬衫,但买很多件,目的就是减少挑选衬衫的次数和时间。

王阳明对弟子外形的规劝,其实就是这个道理:你太关注外表,就会忽视内心,你把所有精力都用在身上,就没有时间管理心了。最后,注定沦落为一副臭皮囊。

人对身,要减;对心,要加。减是自然而然地减,加却要全神贯注地加。凡事都须在心上用功,心上用功久了,自然会知道如何处理身的问题。如果只在身上用功,忽略了心,那就是舍本逐末,终会害了自己。

84. 不生气的办法

问"有所忿懥"一条。

先生曰:"忿懥几件,人心怎能无得,只是不可有所耳。凡人忿懥，着了一分意思，便怒得过当，非廓然大公之体了。故有所忿懥，便不得其正也。如今于凡忿懥等件，只是个物来顺应，不要着一分意思，便心体廓然大公，得其本体之正了。且如出外见人相斗，其不是的，我心亦怒。然虽怒，却此心廓然，不曾动些子气。如今怒人，亦得如此，方才是正。"

【译文】

有人向先生请教《大学》中"有所忿懥"一节。

先生说："愤怒等情绪，人心中怎会没有，只是不应该留驻而已。常人在愤怒时，多加了一分意思，便愤怒过当，不是公正宽广的心体。所以心中有所愤怒，心就无法维持中正。现在对于愤怒等情绪，只要物来而顺应便可，不要添加自己的一分意思，就是心体的广阔公正，得到心体本然的中正了。就好比外出看见有人在打斗，对于错的一方，我也会愤怒。我虽然愤怒，心中却是公正的，不会动气。现在对他人发怒时，也应如此，这才是心体的中正。"

【度阴山曰】

南朝梁帝国时，京官张缵去长沙做行政长官，路过郢州，邵陵王萧纶请他吃饭，陪他的人是个叫吴规的知识分子。吴规面相不太好，长了一张苦瓜脸。

张缵特别反感这种充满负面情绪的脸，酒过三巡，他举起酒杯向吴规说："恭喜你。"

吴规急忙站起来，大为茫然，他不知道对方为何要恭喜他。

张缵笑了笑说："恭喜你今天有幸能在这里和我吃饭。"

吴规马上变了脸，浑身发抖，后来的饭也没有多吃，恨恨而归。回家后，他把这事说给儿子听，他儿子平时起床的第一件事就是生气，一听老爹受此侮辱，气得直抓墙，当晚就一命呜呼。第二天，吴规看到儿子死了，又气又悲，死掉了。他夫人先后失了儿子和丈夫，一天后，也死了。

这可以算是生气的极致，自己把自己气死了。由此可见，生气没有用。如果生气有用，蛤蟆和驴早就统治世界了。

既然生气百无一用，我们如何消除它呢？按王阳明的看法，愤怒这种情绪不是你的，也不是我的，而是我们人类普遍具有的情绪。既然是我们人类的，那你就无法消除它。唯一的办法就是积极应对它。所以，那些教你"如何不生气"的办法，都是屠龙之技。

王阳明的办法并没有高明到哪里去，首先还是说，不能生气：常人在愤怒时，多加了一分意思，便愤怒过当，不是公正宽广的心体。心中有愤怒，心就无法维持中正。

一旦心无法维持中正，判定能力就大大减弱。所以人在生气时做出的事，将来都会后悔。

王阳明给出的办法是，物来顺应。比如现在，有人气到你了，你第一要务就是把生气当成一个情境，千万别再向外延伸。吴规如果能做到物来顺应，就该把张缵惹他生气的那句话当成一情境，张缵已经说完，此情境结束，吴规也该在心上结束。但他非但没有结束，还把这一情境拿回了家，气死了儿子。

始终停留在生气原因那个情境中，就如王阳明所说的"添加了自己的意思"，情境已经结束，你却仍然在维持那个情境。

王阳明最后举的例子是，正如你看别人打架，对于那个有理的被打，自然心生愤怒，可过一会儿，这个情境消失，你也就不生气了。你对别人发怒，也同样如此，**物来顺应，物去不忆**。

这恐怕是应对生气的唯一办法了。

85. 不作恶就是最大的善

黄勉叔问:"心无恶念时,此心空空荡荡的,不知亦须存个善念否?"

先生曰:"既去恶念,便是善念,便复心之本体矣。譬如日光被云来遮蔽,云去光已复矣。若恶念既去,又要存个善念,即是日光之中添燃一灯。"

【译文】

黄修易问:"心中没有恶念时,空空荡荡,不知道是否需要存养善念呢?"

先生说:"既然去除了恶念,自然就是善念,就是恢复心的本体了。好比太阳的光芒被乌云遮住,乌云过后光又重现了。如果恶念已经除去,又要存个善念,就像是在阳光下去点一盏灯。"

【度阴山曰】

中国儒家有个人生信条:达则兼济天下,穷则独善其身。或者说是,用之则行,舍之则藏。大多数人都认为,儒家人最高境界是"达则兼济天下"。我们常常会赞颂那些帮助别人、一生行善的人,但是,在王阳明看来,这种行为固然是一种境界,但绝不是最高境界。最高境界则是,独善其身。

名扬天下的谷歌公司,企业文化就是三个字:不作恶。正是这三个字,成就了今天的谷歌。

大学问家费尔南多·佩索阿说:"不作恶,不仅是因为认识到别人也拥有我裁判自己的同样权利,有权不被别人妨碍,而且因为我认为世界上已经有足够的自然之恶,无须再由我来添加什么。"

这段话的意思是，你能作恶别人，别人也能作恶你；世界上的自然之恶已经太多，你还要添加，这是多此一举。

按王阳明的意思：不作恶就是最大的善，你如果没有恶念，即使没有行善的行为，那你也是在行善。行善，表面看是一种天理，但有时候我们恐怕根本洞察不出别人到底需要的是什么，而我们以自己的想法去帮助了别人。因此，"好心办坏事"的行为层出不穷。

恶念已经去除，就全是善念，如果你又要存个善念，正如王阳明所说，就像是在阳光下点了一盏灯。青天白日点灯，要么是多此一举，要么就是刻意为之。这两样，都是人欲，而不是天理。

人生在世，帮助他人没有问题。不过正如杨朱所说，每个人如果都不去干扰别人，不去作恶他人，只管好自己，根本不必行善，天下自然会太平。

相反，一个人提出各种"行善"的口号，到处去帮助别人，自己却还没有达到不作恶的水准，那注定这个世界会大乱。**大多数人的行善是种欲望**，其背后都希望得到精神上的利润。可如果被帮的人感觉被人帮天经地义，那他就不会给帮助者精神上的利润，最后，谁也不会帮助谁。

行善，会让被帮助者变懒，变得不思进取。你以为你在行善，对他人而言，其实你在作恶。

行善，需要力量和智慧，它很难把控。而不作恶，全在自己手里，相比而言，不作恶最容易，大道至简，所以不作恶就是最大的善。

86. 立志就是建造房屋

问"志于道"一章。

先生曰:"只'志道'一句便含下面数句功夫,自住不得。譬如做此屋,'志于道'是念念要去择地鸠材,经营成个区宅;'据德'却是经画已成,有可据矣;'依仁'却是常常住在区宅内,更不离去;'游艺'却是加些画采,美此区宅。艺者,义也,理之所宜者也。如诵诗、读书、弹琴、习射之类,皆所以调习此心,使之熟于道也。苟不志道而游艺,却如无状小子,不先去置造区宅,只管要去买画挂、做门面,不知将挂在何处。"

【译文】

有人向先生请教《论语》"志于道"这一节。

先生说:"只'志于道'一句话便涵盖了下面几句的功夫,自然不能停留在'志于道'上。好比盖房子,'志于道'是去挑选木材,改成房屋;'据德'则是房屋建成后,可以居住、依靠了;'依仁'是要常常住在房子里,不再离开;'游艺'则是装点、美化这个房子。艺,就是义,是天理的合宜之处。比如诵诗、读书、弹琴、射箭等,都是为了调养本心,使其能够熟稔于道。如果不先'志于道'就去'游于艺',就像是一个毛头小子,不先去盖房子,只管去买画来装点门面,却不知道要将画挂在何处。"

【度阴山曰】

志于道,据于德,依于仁,游于艺——这是孔门修身、修心法则。

王阳明在这里用了个房子的比喻。有一天,你要成家立业,第一件事恐怕就是修建房屋。修建房屋就是"志于道",挑选木材,建造房屋,就是立志。

你想修建个什么样的房子,就决定了你挑选多少木材,花费多少工夫。房子建好后,也就是立志完成,"据于德"的意思是可以居住了,有所依靠了。

人没有志向就等于没有房屋,漂泊无依,浑浑噩噩地活着。必须确定志向,建造房屋,身心才能安定下来。

"依于仁"就是要常常住在房子里,不再离开,等于说,确立志向后,千万要按照志向来,对志向的追求不能三天打鱼,两天晒网。"游于艺"则是装点、美化这个房子。

如何美化呢?

诵诗、读书、弹琴、射箭等,这一切都是为了调养本心,使其能够熟稔于道——让房子有价值。

依王阳明的说法,"志于道"是总纲,立志是人生总纲,凡是坚定立下志向的人,后面的"据于德、依于仁、游于艺"必能行。

反之,如果没有"志于道",那就不可能有后面三个方面。归根结底,王阳明在这里通过孔子的修身、修心法则只想说明一件事:立志很重要,正如我们人类生存,房子最重要!

87. 人之大病痛:得失心

问:"读书所以调摄此心,不可缺的。但读之时,一种科目意思牵引而来,不知何以免此?"

先生曰:"只要良知真切,虽做举业,不为心累。总有累,亦易觉，克之而已。且如读书时，良知知得强记之心不是，即克去之；有欲速之心不是，即克去之；有夸多斗靡之心不是，即克去之。如此亦只是终日与圣贤印对，是个纯乎天理之心。任他读书，亦只是调摄此心而已，何累之有？"

曰："虽蒙开示，奈资质庸下，实难免累。窃闻穷通有命，上智之人恐不屑此；不肖为声利牵缠，甘心为此，徒自苦耳。欲屏弃之，又制于亲，不能舍去，奈何？"

先生曰："此事归辞于亲者多矣，其实只是无志。志立得时，良知千事万事为只是一事。读书作文，安能累人？人自累于得失耳！"因叹曰，"此学不明，不知此处担搁了几多英雄汉！"

【译文】

有人问："读书是为了调节内心，是不可或缺的。然而读书的时候，科举的念头又被牵扯进来，不知道该如何避免？"

先生说："只要良知真切，即便参加科举，也不会是心的牵累。即便有了牵累，也容易察觉，克服即可。好比读书时，良知明白有强记的心是不对的，就克制它；知道有求速的心是不对的，就克制它；知道有争强好胜的心是不对的，就克制它。如此这般，整天只是和圣贤相印证，就是一颗纯然天理的心。不管如何读书，也都是调节本心罢了，何来的牵累？"

那人问："承蒙先生开导，奈何我资质愚钝，实在难以免除牵累。听说穷困与通达都由命运决定，天资卓著的人恐怕对科举的事业不屑一顾；而资质驽钝的人则会为声名利禄所牵绊，心甘情愿为科举而读书，却又为此痛苦。想要放弃科举，又迫于父母的压力，无法舍弃，这该如何是好？"

先生说："把科举之累归罪于父母的人太多了，说到底，只是自己没有志向。志向立得定，良知即便主宰了千万件事，其实也只有一件事。读书写文章，又怎么牵累人呢？是人自己为得失之心所牵累啊！"先生因此感慨道，"良知的学说不彰明，不知道在这里耽误了多少英杰！"

【度阴山曰】

我说个类似心灵鸡汤的故事，但其背后的感悟，恰好能印证王阳明这段话的主旨。

曾经有个数学猜想，百年来无人能证明，突然有一天，被一个叫佩雷尔曼的名不见经传的数学程序员证明了。众人都跑来向他请教"秘籍"。

那是晚上，佩雷尔曼指着头顶的月亮，说："谁能追到它，我就告诉谁。"

众人盯着月亮猛追。

显然，月亮比人跑得快，众人跑得屁滚尿流，月亮还是在他们前面。

佩雷尔曼也跟着跑，一面跑一面笑。众人怒了，回头看他的丑陋嘴脸，要揍他。佩雷尔曼说："你们别这样着急跑，慢慢向前走看看。"

众人忍住怒气，将信将疑地照做。只过了一会儿，这些人就惊奇地发现，月亮在不紧不慢地追着他们。

这时，佩雷尔曼一本正经地说道："人间好多事即如此，你越求之心切，越有得失心，就越患得患失，反而越得不到它。但当你专心致志地走自己的路时，它却紧紧地追随着你。"

得失心是人之病痛，没有得失心，天下无敌。

人不可能没有得失心，如王阳明的弟子所说，即使是读书也有得失心，写文章也有得失心，担心万一读不好、写不好怎么办。

人有得失心正如房间里不可能没有灰尘一样。灰尘可以打扫，得失心可以去除。王阳明的办法就是致良知——只要良知真切，即便参加科举，也不会是心的牵累；即便有了牵累，也容易察觉，克服即可。好比读书时，良知明白有强记的心是不对的，就克制它；知道有求速的心是不对的，就克制它；知道有争强好胜的心是不对的，就克制它。

我们为什么会有得失心呢？王阳明一贯的回答是，没有志向。

人一旦没有志向，必然患得患失。因为没有志向的人，只看眼前的那点蝇头小利，在蝇头小利上钻得越久，就越没有志向。遗憾的是，人不可能总得而不失，得了就大喜，失了就大悲，像这样**得失心太重的人，看似每天都在进取，但终究一事无成。**

宇宙中有守恒定律，人生也是如此，今日得未必不是明日失，你得到了这样，肯定就会失去那样。你得到了娱乐，自然就失去了时间。要放下得失心，就应该明白这一点：得和失形影不离，有得就有失。

致良知就是，得失心一来，立即克掉，形成惯性，乃至信仰，最后成为你的本能。

人无得失心，就能和天地一样，永恒存在。

88. 人生最悲哀的莫过于在意别人的评价

又曰："诸君功夫，最不可助长。上智绝少，学者无超入圣人之理。一起一伏，一进一退，自是功夫节次。不可以我前日用得功夫了，今却不济，便要矫强做出一个没破绽的模样，这便是助长，连前些子功夫都坏了。此非小过，譬如行路的人遭一蹶跌，起来便走，不要欺人，做那不曾跌倒的样子出来。诸君只要常常怀个'遁世无闷，不见是而无闷'之心，依此良知，忍耐做去，不管人非笑，不管人毁谤，不管人荣辱，任他功夫有进有退，我只是这致良知的主宰不息，久久自然有得力处，一切外事亦自能不动。"

又曰："人若着实用功，随人毁谤，随人欺慢，处处得益，处处是进德之资。若不用功，只是魔也，终被累倒。"

【译文】

先生又说："诸位用功，切不可揠苗助长。天资卓著的人极少，为学之人没有一步登天成为圣人的道理。在起起伏伏、进进退退之间，才是功夫的次序。不能因为我前些日子用功了，今天却不管用，就故作一副没有破绽的样子，这就是揠苗助长，连以前的功夫都被败坏了。这不是小的过错，好比走路的人摔了一跤，爬起来便走，不要欺骗别人，装出一副没有跌倒过的样子。诸位只要时常怀揣着'避世而内心没有忧虑，不被人赏识内心也没有烦闷'的心态，按照良知切实用功，无论他人讥笑也好，诽谤也罢，不管别人赞誉也好，辱骂也罢，任凭功夫有进有退，只是坚持自己致良知的心念不停息，久而久之自然会感到有力，自然能够不为外物所动。"

先生又说："人如果能够切实用功，随便他人如何诋毁、诽谤、欺辱、轻慢，都是自己的受益之处，都是可以助长德行的资本。如果自己不用功，他人的意见就好比是妖魔，终究会被拖累倒。"

【度阴山曰】

人问智者："人最难管住的是什么？"

智者回答："别人的嘴。"

人问仁者同样的问题。

仁者回答："我不知道人最难管住的是什么，我只知道人最容易管的是自己。"

从前有个百岁老人，长胡子飘飘，若神仙之姿。突然有人问他："你睡觉时，胡子是放在被子里还是放在被子外？"

老人当天晚上就失眠了，不知道该把胡子放在被子外还是被子里。**人生在世，最悲哀的不是贫穷、愚昧，而是特别在意别人的评价。**

其实，越是在意的事，就越证明我们没有十足把握控制它；越是没有十足把握控制它，我们就越在意。即使你有通天的权力，你也管不住别人的嘴；即使你能管住别人的嘴，你也管不住别人的念头。

儒家现实主义者们已经清晰地认识到这一点，所以提出，我们要在自己能掌控的地方下功夫，而不要把时间和精力浪费在无法掌控的地方。

我们无法掌控别人，即使通过暴力手段，你也只能暂时把别人对你的评价逼到角落里，稍不留神，它就会卷土重来。

我们能掌控的只有自己的良知，王阳明说：按照良知切实用功，无论他人讥笑也好，诽谤也罢，不管别人赞誉也好，辱骂也罢，任凭功夫有进有退，只要坚持自己致良知的心念不停息，久而久之，自然会感到有力，自然能够不为外物所动。

也就是说，在自己最得意的地方（良知）狠狠努力，别管他人的飞短流长——不是不想管，而是你管不了——撸起袖子致良知，你坚信良知能给自己带来美好的利润，天长日久，别人对你的评价自然会改观。即使不改观，你靠致良知也能产生高度自信，心外的评价，无论是正面还是负面，就都成了微不足道的毛毛雨。

反之，如果你总是在意别人的评价，必然失败：你管不住别人的嘴；在浪费时间和精力管别人的嘴时，没有时间和精力致良知，到最后，两头都空——自己良知不明，产生不了高度自信，又控制不了别人。

王阳明说，人如果能切实用功——坚信良知无所不能，坚信致良知是通往圣贤之道，坚信管好自己就是最好的修行——随便他人如何诋毁、诽谤、欺辱、轻慢，都是自己的受益之处，都是可以助长德行的资本。如果自己不用功，他人的意见就好比是妖魔，终究会被拖累倒。

面对他人的破嘴时，你只有两个选择：相信他人之地狱，即我之天堂——致良知；或者是相信他人之地狱，即我之地狱——管住他人的嘴。

在意别人的评价，就是依赖心外之物，就是放弃心内之良知，可谓愚蠢至极。

89. 别指望良知瞬间而发

先生一日出游禹穴，顾田间禾，曰："能几何时，又如此长了！"

范兆期在旁曰："此只是有根。学问能自植根，亦不患无长。"

先生曰："人孰无根？良知即是天植灵根，自生生不息，但着了私累，把此根戕贼蔽塞，不得发生耳。"

【译文】

先生有一天去禹穴游玩，看到田间的禾苗，说："这么短的时间，又长得如此高了！"

一旁的范兆期说："这是因为禾苗有根。做学问如果能够自己种下根，也不怕学问没有进步。"

先生说："人又怎么会没有根呢？良知就是人天生的灵根，自然生生不息，只是被私意牵累，将这个根戕害、蒙蔽了，不能生发出来罢了。"

【度阴山曰】

刘启（汉景帝）登基时，西汉帝国正处于上升期，大臣晁错却看到危机。这危机来自西汉初期的分封制。

晁错一针见血地指出，各地诸侯王实力雄厚，又有军队，造反易如反掌，不如削之。

刘启征询大臣们的意见，有些大臣说，这是高祖（刘邦）时的政策，祖宗之法不能违。另外一些大臣支持晁错，认为削藩刻不容缓。

于是，刘启发布"削藩令"，让诸侯王交出地盘，交出王印，交出军队，总之，交出一切。

南方的七个国家以吴王刘濞为总司令官立即造反，向京师长安杀来。各地效忠中央政府的城池纷纷陷落，形势危急。

刘启想不到诸侯王联军实力如此雄厚，急忙找晁错商议。

晁错思来想去，终于想出一妙计：让刘启御驾亲征。

这绝对是个馊主意，刘启一听，顿时暴跳如雷。他不是怕死，而是觉得晁错关键时刻却不灵，让他大失所望。

有人立即向刘启吹风道："晁错这厮开始主张削藩，一旦成功，他就能获取美名；如今形势危急，他却让您亲征，这是有了功劳他独享，有了灾祸让您担当。"

刘启如被狗咬了小腿，一跳三丈高，杀心已起。

后来，刘启和七国谈判，七国提出条件说："先把那个搞幺蛾子的晁错宰了，咱们再谈。"

刘启毫不犹豫，命人去骗晁错上朝，就在路上，把晁错斩杀于市。

一直以来，大家都认为晁错之死是天大的冤，但说实话，晁错死得一点都不冤。

晁错最初要刘启削藩，晁老爹就劝他说："这是皇帝的家事，你一外人操什么心啊。"

晁错说："这可不是皇帝的家事，这是天下事，若要天下太平，非削藩不可。"

这段话，可看作晁错的正念，他真就这么想的，而且立即行动，但这还不是知行合一。随着事态的严峻，七国势如破竹，直逼京城，晁错蒙了，于是才出了那么个馊主意——让刘启御驾亲征。

其实，他根本没有蒙，而是利害缠身，忘了初心。用王阳明的话说就是，晁错被私意牵累，将良知的根戕害、蒙蔽，良知不能生发出来了。

在我们的人生中，总能遇到这种人，形势对自己有利时，大刀阔斧，风风火火，看上去像是一往无前的真英雄，良知光明，天下无敌。但一遇挫折，立即转向，仿佛换了一个人。

不遇困难，人人皆有良知；一遇挫折，皆是丧尽天良之辈——晁错让皇帝顶包，就是丧尽天良。

为什么会这样？

王阳明说，如同禾苗，要有根，才能生发。人能从一而终地做一件事，也要有根，这根就是良知。良知不是瞬间而发，必须平时事上磨炼，无时无刻不抱着致良知的态度去致良知，唯有如此，才能根深蒂固，有突发事件时，才能发能收。

晁错平时恐怕没有培养这个根——良知，虽然削藩是正念，可一旦顺境变逆境，因为没有根，立即被生死、荣辱这些私意牵累，遮蔽良知，终于做出愚蠢行为，被腰斩于市。

他的死，怨不得别人，只能怨他自己，平时没有好好滋养良知这个根。若能滋养良知这个根，晁错就不会被生死、荣辱这些私意牵累，良知不被遮蔽，他就会请缨，虽然结局未知，但绝对不会被腰斩于市。

90. 心存良知，就是最灵验的占卜

问："《易》，朱子主卜筮，程《传》主理，何如？"

先生曰："卜筮是理，理亦是卜筮。天下之理孰有大于卜筮者乎？只为后世将卜筮专主在占卦上看了，所以看得卜筮似小艺。不知今之师友问答、博学、审问、慎思、明辨、笃行之类，皆是卜筮。卜筮者，不过求决狐疑，神明吾心而已。《易》是问诸天，人有疑，自信不及，故以《易》问天。谓人心尚有所涉，惟天不容伪耳。"

【译文】

有人问："朱子认为《易经》重在卜筮，程颐先生则认为《易经》重在阐明天理，怎么理解？"

先生说："卜筮也是天理，天理也是卜筮。天下的道理难道有比卜筮还大的吗？只是后世之人将卜筮专门理解为占卦，所以将卜筮看作雕虫小技了。却不知如今师友之间的问答、博学、审问、慎思、明辨、笃行等，都是卜筮。卜筮不过是解决疑惑，使得人心变得神妙、明白而已。《易经》是向天请教，人有疑问，缺乏自信，所以用《易经》请教天。所以说，人心或许还有偏倚，只有天不容得任何虚假。"

【度阴山曰】

大明帝国开国帝师刘伯温，能掐会算，享誉民间。朱元璋初次见刘伯温时，问的也是刘伯温最擅长的占卜内容。后来，刘伯温对朱元璋说："所谓占卜，就是预料即将发生的事，只要做好当下每一步，未来必是美好的。如果走不好当下每一步，无论如何占卜，未来一定不明朗。"

1368年，朱元璋在今南京建立大明帝国，正所谓"大兵过后必有凶年"，多年的混战让这里民不聊生，天灾处处可见。

朱元璋要刘伯温占卜，刘伯温弄了一番玄虚后，说："要以仁义治天下，对待百姓要施舍全部的爱。"朱元璋听从，经过几年时间的仁义之政，大明帝国开始蒸蒸日上。

其实，预知能力是一种不属于人类的超能力，它不稳定，没有可操作性。人类之所以特别喜欢占卜，就是因为对未来充满恐惧，希望能找到有效的方式来应对不可知的未来。

刘伯温的每次占卜，结果大同小异，都是让朱元璋勤政爱民。这种"勤政爱民"还需要占卜？这是作为人君的本分，一旦做到这点，未来就可预知，必然是向好的方向发展。

人只要不作恶，就是在给美好未来加砝码，何须占卜？一个人若总是作恶，就是在给美好未来挖墙脚，无论怎样占卜，美好未来必然崩塌。

王阳明指出，真正的占卜，就是解惑。占卜有两种，一种是请师友占卜：问答、博学、审问、慎思、明辨、笃行。但这种占卜，由于人常常会被智识、私欲遮蔽良知，往往会出现错误。所以第二种占卜就显得重要，那就是请天占卜，向天问天理。

人可能犯错，但天不会犯错，要如何请天占卜呢？

由于心即理，天理在我心中，绕了个大圈子，最终我们要请求占卜的对象就是我们的心。心存良知，知行合一，就是最灵验的占卜。

91. 良知不是一成不变的

黄勉之问:"'无适也,无莫也,义之与比。'事事要如此否?"

先生曰:"固是事事要如此,须是识得个头脑乃可。义即是良知,晓得良知是个头脑,方无执着。且如受人馈送,也有今日当受的,他日不当受的;也有今日不当受的,他日当受的。你若执着了今日当受的,便一切受去;执着了今日不当受的,便一切不受去。便是'适''莫',便不是良知的本体。如何唤得做义?"

【译文】

黄勉之问:"《论语》有言:'没有绝对的肯定,也没有绝对的否定,符合义即可。'难道每件事要如此吗?"

先生说:"当然每件事都要如此,只是必须先认识到宗旨才行。义就是良知,知道良知就是宗旨,才不会执着。好比接受别人的馈赠,有的今天可以接受,而其他时间不能接受;也有今天不能接受,而其他时间可以接受的。如果你执着于今天可以接受,就接受所有的馈赠;执着于今天不能接受,就拒绝一切馈赠。这就是'适'和'莫',就不是良知的本体。怎么能叫作义呢?"

【度阴山曰】

大明帝国万历初年的首辅张居正变法初期,很多官员都想和大权在握的张居正拉关系。

拉关系的手段自然就是送礼,张居正对所有人的礼物都拒绝,只有两个人的礼物,他毫不犹豫地接受。

这两个人就是边将戚继光和李成梁。

戚、李二人善于用兵,是那个时代明帝国军界的砥柱中流,有人很不理解地问张居正："那么多人给你送礼，你不接受。为何只接受戚、李二人的，难道他们的礼品够丰厚？"

张居正回答："他们的礼品都是边疆特产，少量的金银，一点也不丰厚。我之所以收他们的礼品，是因为之前的首辅都收受边将的贿赂，因为只有在首辅的支持下，边将才能有所成就。如果我不收，他们会心有疑虑，认为我别有心思。他们内心一不安，如何能有心情保卫边疆？"

张居正这段话的意思是，我之所以收他们的贿赂，只是让他们安心。

春秋时期，霸主齐桓公死后，宋襄公非常垂涎霸主名号，为了夺取霸主之位，他先对当时最弱的郑国发动战争。

郑国当时和楚国是盟国，于是楚国派出援军，昼夜不停赶来。

宋襄公听说庞然大物楚国来了，立即后撤，楚军紧追不舍。退到泓水南岸后，宋襄公发现楚军没有停下来的意思，不禁恼怒，于是下令在南岸扎营，面对北岸的楚军，他责骂道："你们这群南蛮子，我已经退军了，怎么还追我？"

楚军说："我们就是要和你打一架，把你打得满地找牙。"

宋襄公大怒说："打就打！"

有人劝宋襄公："楚军战力强悍，咱们打不过人家。"

宋襄公大为自信地说："别怕，楚人是南蛮子，虽然战力强，但文化程度不高；咱们虽然战力弱了点，但有文化，文化的力量能改天换地，你们睁眼看着，我如何揍得他们满地找牙。"

第二天一大早，宋襄公就命令士兵制作一面大旗，上书"仁义"二字，插在战车上，迎风飘扬，好不壮观。

楚军看到了这面大旗，哈哈大笑，一面笑一面从北岸渡河。

宋襄公的手下尖叫起来，现在进攻，必大获全胜。

宋襄公咆哮大怒："你瞎了！旗子上'仁义'二字看不见？我堂

堂仁义之师，岂有乘敌人半渡而击之的道理？"

他的手下只好闭嘴，但心里叫苦不迭。

楚军已全部过河，开始在河边列阵。

那手下又张开了嘴，跺脚道："趁他们阵形未整，赶紧攻击。"

宋襄公这次动了手，抽了手下一嘴巴："你这个不仁不义的家伙，不进攻没列成阵的敌人，这点道理你都不懂？"

楚军已列阵完成，宋襄公派人去询问："按照战役规则，是你先进攻，还是我先进攻啊？"

楚军狂笑，分成三路纵队，中路直攻，另外两路袭击宋襄公的侧翼，宋军惨败。

宋襄公运气不差，居然活着逃回宋国。在乱军中被众将保护，才逃出重围，跑回祖国。

回到祖国后，国人全部号啕大哭。宋襄公也流下眼泪，大失所望。但他不是失望自己大败，而是失望国人的反应。

他对人说："自有战争以来，都是礼仪之兵，不许杀负伤的敌人，不擒拿年纪大的敌人。战场上进攻不能耍诈，面对面地冲锋。可这群野蛮楚国人不讲规则，他不讲规则是他的事，我可要讲规则。我以'仁义'带兵，虽败犹荣。"

这场战役叫泓水之战，宋襄公因此一战而在历史上占据一席之地。

一位伟人评价宋襄公，说他是蠢猪式的仁义道德。当然也有人认为，宋襄公保持了君子风范，遵礼守德，虽败犹荣。

"仁义道德"这玩意儿在平时说说、做做可以，但到血肉横飞的战场上还玩"仁义"，确实不够智慧。

岳飞说，将帅用兵的智谋分为五条：仁爱、智慧、信义、勇敢、严谨。

这五条里，"智慧"最重要。所谓"智慧"，就是知道。知道，

211

就能行仁爱、明信义、施勇敢、讲严谨。

单有仁爱、信义、勇敢、严谨，没有智慧，那就是蠢猪。

为什么智慧特别重要？

因为智慧是灵动飘逸的，其他四项智谋是死的。**我们无时无刻不在面临情境的变动和转移，这个时候，我们不能用死的智谋来应对，必须心随境转，在什么样的环境中，该怎么做，智慧会告诉你答案。这个智慧，就是王阳明所谓的良知。**

确切地说，我们必须和这个世界（各种情境）进行富有成效的互动，从这个世界得到信息，然后调整我们的思想和行为，此时，思想肯定会快速地塑造这个世界（各种情境），并调整自己去适应它，这就是"没有绝对的肯定，也没有绝对的否定，符合义即可"，这就是易（变动），就是良知。

王阳明说，良知是随时变动的，不同情境下，它给出的判定是不一样的。比如收礼，有今日当受的，明日不当受的，该受就受，不该受就不受，这就是致良知了。

同时，我们在人生中无伤大雅的情况下，随俗（遵循风俗、习惯等）就是致良知。

其实说透彻了，就是要人心由境转，情境改变的情况下，你必须也要改变你的规矩。比如进了屠宰场，就别总絮叨"不杀生"的话；比如进了寺庙，就别总吵嚷着吃红烧肉。

武则天时代，告密成风，许多大臣都被冤枉入狱，最后不承认各种罪名（尤其是谋反）而被活活打死。

名臣狄仁杰也被诬陷谋反，投入大狱。审讯他的人是酷吏来俊臣，他至少有一百种办法让狄仁杰承认谋反。

狄仁杰还未等来俊臣动刑，立即承认谋反。背地里，他却用血写了一封申诉书，藏在棉衣里，请求审讯官带回去给自己家人。

审讯官自然不知其中另有乾坤，就送给了狄家。狄仁杰的儿子收到父亲的棉衣后，很快发现了其中的血书，于是托人送到了武则天的手中。

武则天左手拿着狄仁杰的认罪书，右手拿着申诉书，把狄仁杰叫来，问："你若是真的冤枉，为什么还要承认谋反？"

狄仁杰心情十分沉重地回答："我若是不承认的话，恐怕早就死在来俊臣手中了。"

你不能说狄仁杰说谎，在什么样的情境下就应该做什么样的事，这就是致良知。

我们不能坚信二分法：要么黑要么白，因为这个世界上没有绝对的黑白、善恶。一切都是相对的，情境转移，黑就是白，善就是恶，所以，一定要坚信你的良知，它才是我们处理人生问题的唯一武器。

92. 良知就是正能量

问："'思无邪'一言，如何便盖得三百篇之义？"

先生曰："岂特三百篇？六经只此一言便可该贯。以至穷古今天下圣贤的话，'思无邪'一言也可该贯。此外更有何说？此是一了百当的功夫。"

【译文】

有人问："'思无邪'一句话怎么能够涵盖《诗》三百篇的意义呢？"

先生说："何止可以涵盖《诗》三百篇？六经只此一句话也可概

括。以至于从古至今天下圣贤的话，'思无邪'一句话也能概括了。此外还能有什么可说的？这真是个一了百了的功夫。"

【度阴山曰】

中国古代知识分子读的书屈指可数：四书（《大学》《中庸》《论语》《孟子》）五经（《诗》《书》《礼》《易》《春秋》）。孔子说，《诗经》三百篇，用一句话说就是，思无邪。思无邪，是纯正、没有诲淫诲盗的意思，就是说，《诗经》所有的内容传播的都是人性之善，都是正能量。

王阳明则说，岂止是《诗经》，其他四经，同样如此，都是传播正能量的。从古至今天下圣贤的话，也都是"思无邪"，除了正能量，经典什么都没说。

这个思无邪、正能量就是良知，一切伟大的经典，都在彰显人性之善，都在教人实现良知。

不过，王阳明同时承认，有"思无邪"就有"思有邪"，有正能量就有负能量，正如有阴就有阳一样。我们必须承认这点，只不过在承认之后，必须提升正能量，必须助长阳，必须做到思无邪。

正能量或者说致良知的重要正在此，因为大多数人致良知的水平不高，所以总在意外在环境。别人对我们的看法能塑造我们，我们对他人的看法也能塑造他人，我们对社会的看法同样能塑造社会。

如果我们用良知对待他人，他人就会回我们以良知；如果我们用良知对待这个社会，社会就会报答我们以良知，因为良知是可以交换的。

反之，如果我们用各种负能量对待他人和社会，回馈的就是各种负能量和社会。你每天都收到各种负能量，慢慢地就会变成一个怨妇，满脸苦大仇深，看什么都不顺眼，做什么事都没有欢乐，最终受苦的还是你自己。

正因如此，我们才要传播正能量，和心外的社会达成和谐的交流互通。王阳明的世界观"万物一体"就是这一方式的理论支持：人人都不会戕害自己的身体，总给自己身体最好的关注，那么，身体就会回馈给你健康，如果你把天地万物都当成自己身体的一部分，给它们以正能量的关照，它们就会回馈给你正能量。

他好，你也好，天下就好了。

93. 唯庸人无咎无誉

问："叔孙、武叔毁仲尼，大圣人如何犹不免于毁谤？"

先生曰："毁谤自外来的，虽圣人如何免得？人只贵于自修，若自己实实落落是个圣贤，纵然人都毁他，也说他不着。却若浮云掩日，如何损得日的光明？若自己是个象恭色庄、不坚不介的，纵然没一个人说他，他的恶慝终须一日发露。所以孟子说：'有求全之毁，有不虞之誉。'毁誉在外的，安能避得，只要自修何如尔。"

【译文】

有人问："《论语》中记载叔孙、武叔诋毁孔子，大圣人为何也免不了被诽谤呢？"

先生说："诽谤都从外面来，即便是圣人又怎能避免？人贵在自我修养，如果自己实实在在是个圣贤，纵然他人都诽谤他，也没有什么损害。好比浮云遮住了太阳，又怎能损害太阳的光明呢？如果自己只是做出个恭敬端庄的样貌，内心却没有任何坚定的意志，纵然没有一个人诽谤他，内心的恶念终究会有一天爆发出来。所以孟子说：

'想保全声誉却遭到毁谤，在预料不到的时候反而受到称誉。'毁誉都是外在的，如何能避免，只要加强自身修养即可。"

【度阴山曰】

梁启超撰写的《李鸿章传》是一部经典，其开篇第一句话更是经典中的"万王之王"，这句话就是"唯庸人无咎无誉"。

大意是说，只有平庸的人，才很少有赞誉和毁谤。只要你不是庸人，或不甘心平庸而想创建事功，那赞誉和毁谤必然接踵而来。

李鸿章就是这样的人，他官居极品，做了很多受人称赞或诟病的大事，临死前，还对世人不理解他而懊丧。极少的一部分人赞誉他为王朝的中兴名臣；绝大多数人骂他是卖国贼、奸臣、贪污犯，凡是你所能想到的屎盆子都扣在了他的头上。

梁启超圆睁怒目，拍案叫道：李鸿章是伟人。

如今我们已对李鸿章有了清晰的认识，他是那个时代最有能力，也最心甘情愿出力的人。他从未因毁谤而不去做事，他有所为，迥然有别于那些不作为的饭桶官员。

人，只要做事，就是个人。反之，浑浑噩噩度日，离人的标准就会越来越远。

仅在中国历史上，毁誉参半的人不胜枚举，如商鞅、王安石、张居正、曾国藩、李鸿章……当然，更包括心学宗师王阳明。

他们有个共同点，**心中抱定一个伟大的信念，矢志不渝地去行动，不惧人言，只问事情的走向。**

在人类历史上，那么多无咎无誉的人，你一个都没有记得，就是因为他们没有在做事。不做事，就如一尊佛像，你能指摘出它什么来？

大唐中兴名将郭子仪，平定安史之乱，功勋盖世。当他在战场浴血奋战时，大奸贼鱼朝恩对他百般诋毁，甚至挖了他的祖坟。

郭子仪班师回朝后，连皇帝都战战兢兢，认为郭子仪会大闹一场。在那个时期，郭子仪想要大闹一场，没有人有能力阻拦。

但是，郭子仪跑到皇帝面前，痛哭流涕。他说："这肯定不是鱼朝恩干的，我带兵多年，杀人无数，仇人多如牛毛，一定是我的仇人挖了我的祖坟。"

大唐皇帝极度惊骇，郭子仪这种解释哪里是凡人的风度，简直是神人附体。

事后，郭子仪对心腹说："我何尝不知是鱼朝恩挖了我的祖坟，但我已是功高震主，如果非要让皇帝惩治鱼朝恩，那皇上岂不是更加确定我功高震主了？"

心腹愤愤不平地说："虽然如此，可您这处理方式也太窝囊了吧？"

郭子仪叹息说："有人说我挽救了大唐王朝，有人则诋毁我居功自傲，你说我到底是哪种人？"

心腹脱口而出："当然是拯救大唐王朝的人。"

郭子仪摇头道："不对，如果我认为自己是拯救大唐的人，那其实也就认定了我是居功自傲的人。赞誉和毁谤是共进退的兄弟，你不能只要赞誉，不要毁谤。所以，我既不是拯救大唐的人，也不是居功自傲的人。"

有人问王阳明："如何避免毁谤？"

王阳明回答："毁谤是外来的，连孔子那样的圣人都无法避免，何况是我们。"

人再问："那就真的没有办法了吗？"

王阳明回答："有啊，你只要把别人对你的毁谤看作对他人的毁谤，正如你见到有人欺负弱小，虽然很生气，但也不会被气死。"

人笑了，这是啥方法？不是逃避吗？

王阳明叹息道："其实应对毁谤，哪里有那么容易。不过，若想

217

把外来的毁谤不当回事，首先要做的是把外来的赞誉不当回事。倘若你对外来的赞誉很当回事，那你肯定会把外来的毁谤也当回事。如果你对外来的赞誉一笑置之，那你就能在应对外来毁谤时做到不动心。"

人这种动物，就是喜欢别人的赞美，不喜欢别人的毁谤。这就是典型的欲——好善恶恶。

你喜欢某些东西，就肯定厌恶某些东西，如果你什么东西都不喜欢，那自然就什么东西都不厌恶。

所以，应对毁谤有两种方式，一就是浑浑噩噩地活着，少做事；二就是对赞美不要动心，自然对毁谤就无所谓。

这就是无善无恶，不对善意动心，自然不会对恶意动心。

当毁谤来时，正好练心，这是王阳明心学的基调。

当然，我们也做如是想：正因为有毁谤，才证明了我在做事，而不是尸位素餐。无论是多大的组织里，凡是那些无誉无咎的人，绝对是很少做事的老油条；凡是那些有誉有咎的人，一定是想要做事的伟人。

毁谤之来，大多在生态环境中。当一个生态环境中，很多人都对自己的言行不负责，没有良知，只有私欲时，那些真正做事的人，就很容易遭到毁谤，当然也有赞美。

不过，毁谤比赞美要来得多，来得更猛烈。

唯有在毁谤的大风大浪中坚持信念，遵循良知，才能立于不败之地！

说起来容易，做起来难。关键是，你如果真是个做事的人，做事情还做不过来，哪里还有闲心纠缠于咎誉上？

94. 厌弃外物的静坐就是邪恶

刘君亮要在山中静坐。

先生曰:"汝若以厌外物之心去求之静,是反养成一个骄惰之气了。汝若不厌外物,复于静处涵养却好。"

【译文】

刘君亮要去山中静坐。

先生说:"你如果只是以厌弃外物之心去求静,反而会养成骄奢懒惰的习气。你如果不厌弃外物,又在静中存养,倒是挺好的。"

【度阴山曰】

静坐是修习阳明心学的第一步,它是个手段,不是目的。而佛家是常常把静坐当作目的,而非手段。这个叫刘君亮的人要去山中静坐,就是把静坐当成目的,而不是手段。

王阳明奉劝他,不要跑进深山老林中去搞什么灵修,和外界完全隔绝的静坐是巫术,不是灵修。真正的灵修静坐,是以不厌弃外物为第一要务的。跑进深山老林,静坐时间一久,尤其是有吃有喝后,人就会变得懒惰,喜欢出世,不喜欢入世。

凡是"厌弃外物"的静坐,都是邪恶。当然,这是儒家的立场,佛、道二教就不这样认为,他们认为,和外界隔绝,才能修成正果。

不同的立场,有不同的解释,对错很难分。但有个疑问:作为社会人,主动隔绝于社会后,是否还算作人?

95. 知行合一就是不端不装

王汝中、省曾侍坐。

先生握扇命曰："你们用扇。"

省曾起对曰："不敢。"

先生曰："圣人之学，不是这等捆缚苦楚的，不是妆做道学的模样。"

汝中曰："观'仲尼与曾点言志'一章略见。"

先生曰："然。以此章观之，圣人何等宽洪包含气象！且为师者问志于群弟子，三子皆整顿以对。至于曾点，飘飘然不看那三子在眼，自去鼓起瑟来，何等狂态！及至言志，又不对师之问目，都是狂言。设在伊川，或斥骂起来了。圣人乃复称许他，何等气象！圣人教人，不是个束缚他通做一般，只如狂者便从狂处成就他，狷者便从狷处成就他。人之才气如何同得？"

【译文】

王汝中和黄省曾陪着先生。

先生拿着扇子说："你们也用扇子吧。"

黄省曾站起来说："学生不敢。"

先生说："圣人的学问不是这样拘束痛苦的，不是要装作道学家的样子。"

王汝中说："这从《论语》中'仲尼与曾点言志'一章便大概可以看到。"

先生说："是的。从这章来看，圣人是何等宽宏包容的气象！老师问学生们的志向，子路、冉有、公西华三人都正颜色、整仪容，认真回答。到了曾点，却飘飘然全然不把三人放在眼里，独自弹起瑟来,这是怎样的狂态!他谈到志向时,又不针对老师的问题,满口狂言。要是换作程颐,恐怕早就责骂他了。孔子却称许他,这是怎样的气象!圣人教人,并非束缚人,使得人人做得一样,而是对狂放不羁的人要在其狂处成就他,对洁身自好的人要在其狷处成就他。人的才能、习气又怎会相同呢?"

【度阴山曰】

北宋理学鼻祖程颐和哥哥程颢都是当时鹤立鸡群的人物,但二人性格大大不同,程颐极端严肃而程颢则平易近人。

程颐有一次去给小皇帝讲课,看到蛋壳孵出小鸡,微微动容道:"生意。"

小皇帝问:"什么?"

程颐说:"观此小鸡,则知天地万物生生不息之理。"

小皇帝观到了小鸡,却没发现天地万物生生不息的理。他折了一根树枝,想要认真思考。程颐却变了脸,如同见到世界末日一样地说:"此时正是春天,万物生长,您怎么可以摧折生灵?!"

如你所知,没人会喜欢程颐这种极端严肃、一本正经的人,自然也包括他的哥哥程颢。

程颢说:"咱们既然拥有思想,应该把这思想全面铺开。"

程颐说:"真理只能掌握在知识分子精英手里,那些凡夫俗子岂能听懂咱们的思想?"

程颢说:"那就用普通话让他们听懂啊。"

程颐摇头:"孔子说了,民可使由之,不可使知之。如果他们都知了,要咱们干吗?"

程颐和程颢后来在思想上分道扬镳,程颐成了一本正经的理学鼻祖,而程颢则成了活泼灵动、直指本心的心学鼻祖。

今人往往讨厌理学,喜欢心学,缘由就在两个鼻祖身上。一个装，一个不装。

就如王阳明所说的那样：圣人的学问不是拘束痛苦，而是释放心灵的，不要装作一本正经的道学家模样。

南北朝时期的南朝，门第世家制度兴起，每个世家都在装，都端着个臭架子。南宋帝国皇帝刘裕最亲信的大臣王弘想当士大夫，进入世家阶层。刘裕一摊双手，说："我虽是皇帝，却没有办法，你想进入这个阶层，王球（当时的世家）允许你和他同坐才好。"

王弘鼓起勇气去找王球，谈了一会儿，正要和王球并肩而坐，王球用扇子轻轻一挥："你没资格和我同坐。"

王弘哭着去找刘裕，刘裕哭丧着脸说："那我就没有办法了。"

装着、端着，迟早会出事。南宋路太后的侄子路琼之，拜见世家的王僧达。他走后，王僧达把路琼之坐过的凳子、用过的茶碗，全都扔掉，扔得大张旗鼓，深恐别人不知道。

路太后知道后，大发雷霆，下令她儿子——皇帝刘骏，处死王僧达。

这恐怕是人类历史上第一个因端架子而被宰掉的案例。

南北朝后期，门第世家灰飞烟灭，和他们总端架子有直接关系。

你自贴或被贴上了"思想家"的标签，你在凡夫俗子面前的架子就起来了。你自贴或被贴上了"董事长""总裁""总经理"的标签，你在员工面前的架子也起来了。你自贴或被贴上"家长"的标签，你在孩子面前的架子就起来了。

人人都在被贴的标签上，装着、端着，纵然是"流氓"的标签，也有一副"我是流氓我怕谁"的架子。

心里已确定别人的意见是对的，但因为身上有标签在，所以死不承认，装着、端着，这就是知行不一。

或许有些人的确在某些方面才华横溢，是一个出色的领导，一个优秀的厨子，一个五百年才冒出的思想者。这样的人，应该要装一装，端一端，创造属于自己的气场。

但是，王阳明说，你之所以能成为出色的领导或者是某个领域的精英，只是你侥幸激发出了你良知固有的这份能量，再加上时势而已。

人皆有良知，如果运气相等，人人都能激发出良知固有的那份能量。

所以我个人认为，如果你已很成功，请别装，别端着，因为你的成功不过是激发了良知某一方面的能量而已，别人也可以；如果你还不成功，又特别鄙视那些装、端着的人，那请你激发你良知固有的能量，踩上他的脑袋。

请相信，只要你肯知行合一，也就是按良知的判断去行事，骑在装着和端着的人脖子上轻而易举。

最后请记住，无论你是什么人，在什么样的阶层，只要不装、不端着，就是在知行合一。

96. 心学的两个特点

先生曰："孔子无不知而作，颜子有不善未尝不知，此是圣学真血脉路。"

【译文】

先生说："孔子从来没有自己不知道还乱写的，颜回对于自己做不好的地方也没有不知道的，这就是圣学真正的脉络。"

【度阴山曰】

什么是圣学,就是圣贤之学,用王阳明的话来解释则是,圣学,心学也。通往圣贤之路的各种学习,都必须用心,心外无学;凡是用心去学的学说,都是圣学,因为它是成就每个人心体的。

那么,圣学的特点是什么呢?

以阳明心学为例,它至少有两个特点,而这两个特点就藏在上面这句话中。

第一个特点:经过实践验证——孔子从来没有自己不知道还乱写的。无论是孔子还是王阳明,乃至那些古圣先贤,其所留下的思想都是经过验证的,知道的就写,不知道的、不确定的或者未知的从来不写。所以你就明白,为什么中国传统哲学都关注"人生观",而很少有对"世界观"的阐述。因为心外的世界太难知晓,所以中国古代哲学家干脆不讲,只关注人生观。这导致了另外一个问题:自然科学的低落。

第二个特点:反躬自省——颜回对于自己做不好的地方也没有不知道的。中国古人坚信,如果一件事没有做好,得罪了一个人,最大的问题不在那件事上,也不在别人身上,而在自己身上。这种结果促成了中国传统哲学始终向内求的反省精神。

经过实践验证、反躬自省就是圣学、阳明心学的两大特点。理想状态下,只要你的理论是经过实践验证的,就去行动;发生问题后,反躬自省,向内求而不是向外,那你就能成为圣人。

97. 良知到底有多神奇

先生曰:"良知是造化的精灵。这些精灵生天生地、成鬼成帝,皆从此出,真是与物无对。人若复得他完完全全,无少亏欠,自不觉手舞足蹈,不知天地间更有何乐可代!"

【译文】
先生说:"良知是造化的精灵。这些精灵能够生天生地,成就了鬼神、天帝,一切都是从此而出,任何事物都无法与之比拟。人如果能完全地恢复良知,没有任何欠缺,自然就会在不知不觉间手舞足蹈,不知道天地间还有什么快乐可以代替它!"

【度阴山曰】
良知到底有多神奇,上面这段话就是王阳明对良知神奇的最精彩描述。首先,我们要确定的一点是,良知是我们与生俱来的道德感和判断力。道德感告诉我们,什么是我们应该做的;判断力告诉我们,什么是我们有能力做的;二者合一,就是良知妙用。

良知是造化的精灵,这些精灵能够生天生地,成就了鬼神、天帝,一切都从此出。这段话的意思是,我们的心上有良知,所以心能生万物。心生万物,并非我们的心真的生出了万物,而是我们以良知赋予了万物价值。

好比说,一件青花瓷,一幅名人的画作,它们本身根本不值那么多钱,但我们人以良知赋予了它们高价值,所以它们才有了存在的理由。

天地万物,固然是客观存在的,但沙漠里的一粒沙,倘若你不和它发生联系,用良知赋予它沙子的价值,那它和你就没有任何关系,对你而言，它就是不存在的。

一切事物的存在，必须有价值，而事物本身根本没有价值，所有的价值都是我们人以良知之心赋予它们的。当赋予它们价值的刹那，它们就存在了。

由此可知，良知生万物，心生万物，心外无物。

人的良知如果不被遮蔽，那就能无善无恶地赋予客观事物正确价值：见到美色，赋予美；闻到狗屎，赋予臭；面对不义之财，赋予不能取；面对功名利禄，赋予"得之我幸，不得我命"的超脱价值。

倘若良知被遮蔽，就无法客观地赋予事物价值，事物也就不存在了。面对财色，赋予其无所不用其极追求的价值；面对困难、苦难，赋予其消沉颓废、不思进取的价值；面对别人的成功，赋予其嫉恨的价值，这些都不是致良知。

王阳明说，一旦你真诚地致良知，那种感觉就能让你手舞足蹈。当然，这是一种境界，必须亲自践行、体悟，才能感受到。

至少到今天，恐怕只有王阳明达到了这种境界。

98. 致良知要形成惯性

一友问："功夫欲得此知时时接续，一切应感处反觉照管不及。若去事上周旋，又觉不见了。如何则可？"

先生曰："此只认良知未真，尚有内外之间。我这里功夫不由人急心，认得良知头脑是当，去朴实用功，自会透彻。到此便是内外两忘，又何心事不合一？"

又曰："功夫不是透得这个真机,如何得他充实光辉?若能透得时,不由你聪明知解接得来,须胸中渣滓浑化,不使有毫发沾滞始得。"

【译文】

一位学友问："下功夫想让良知不间断,但是在应付事务时又觉得良知照管不到。如果在事情上周旋,又感觉不到良知了。如何是好?"

先生说："这只是对良知认识不够真切,还存在内与外的区分。我的功夫不能以求速之心去做,知道致良知的宗旨,踏踏实实用功,自然会体察明澈。到了那一步自然将内与外的区分给忘记了,又何愁心与事不能合一呢?"

先生又说："功夫不能透悟良知的真谛,怎能使它充实光大呢?如果想要透悟,不是靠你的聪明才智去掌握许多知识,而是要将心中的渣滓化去,使得心中没有丝毫沾染与滞留才行。"

【度阴山曰】

东汉时有个叫杨震的官员,常以"清白吏"为标准要求自己。所谓"清白吏",就是两袖清风,秉公执法。

某年,杨震被调到东莱担任太守,赴任路上路过昌邑。昌邑县令王密提前得知消息后,不禁大喜。王密当初做秀才时,受过杨震的恩惠,后来他进入仕途,也是杨震举荐。王密想趁此机会报答杨震。

首先,王密请杨震吃大餐,杨震很高兴,吃饱喝足后回住处,王密跟了过来。两人谈天,夜已很深,杨震就打起哈欠来。王密向外探望了半天,连鬼都睡觉了。

王密拿出带来的箱子,打开后,全是金子,大概有十斤。他对杨震说:"感谢您多年来对我的照顾和举荐,这是我答谢您的。"

杨震立即板下脸，正色道："我们俩相交，我自认为了解你，但你却如此不了解我，你现在这么做是在凌辱我。"

王密拿出官员的伶俐来，说："勿要见怪，今晚这事是没有人知道的。"

杨震大摇其头，声音洪亮地回道："天知道，地知道，我知道，你知道，怎么能说没人知道呢？"

这就是杨震著名的"四知"论，后来世人就称杨震为"四知先生"。

伟大的杨震终生都奉行这种价值观，有人让他给儿女积累些财富，他说，要让儿女也做清白吏。

有人问王阳明："我总是很认真地下功夫要让良知不间断，可应付事物时突然发现良知照管不到，这该如何是好？"

此人的疑惑，是大多数人的疑惑。人在无事时，没有诱惑时，总觉得自己是圣人，一旦有事，诱惑一来，马上就钻了进去。钻进去后，才大吃一惊："哎呀，我的良知呢？"

为什么会对良知认识不真切呢？因为你根本没把良知的指引当回事，正如你不把一个人当回事，那就不会去深入了解他，不深入了解他，你们之间的关系就会疏远，关系疏远，就等于没有了关系。你和良知没有了关系，对良知的认识肯定就不真切了。

我们如何和良知建立真切的关系？王阳明说，非是靠聪明才智掌握许多知识，而是要将心中的渣滓化去，使得心中没有丝毫沾染与滞留才行。

这沾染和滞留就是对财色名利的沾染和滞留，我们观察杨震的生平，就会发现他平时一直对财色名利保持淡然之态，所以才能拒绝别人的金子。

如果对财色名利始终保持热情，即使平时把大话说得惊天动地，也没有用，一遇诱惑，必然失身。

唐朝中后期，名臣裴佶的姑父在京做官，但他这个官是清水官，没有人巴结他。裴佶常常去看姑父，姑父总说些大义凛然的话，说完这些话，就批评同僚崔昭，说崔昭这家伙没有任何德才，却能得到诸多同僚的赞赏，原因就是崔昭这孙子总送礼给那些人。

裴佶的姑父越说越气，险些把茶杯砸了。就在这个时候，有人来通报："崔昭那孙子来了。"裴佶的姑父大怒："我不见这种人！"

可略一思索，他就跑了出去。过一会儿回来，满面春风地说："崔昭大人真不错，送了我官绸一千匹，哈哈。"

裴佶的姑父之所以有如此变化，就在那一千匹官绸上。一千匹官绸未来时，他的良知在心内，大义凛然，忧国忧民。绸缎一来，良知就跑出心外去应对了，应对的结果是，收了绸缎，夸起了崔昭。

这就是内外不一。凡是平时心上沾染财色货利和滞留在财色货利上的人，都是这德行。只有悟透良知的真谛，真切地认识良知，才能避免内外不一，才能知行合一。

99. 不做噩梦的办法

问"通乎昼夜之道而知"。

先生曰："良知原是知昼知夜的。"

又问："人睡熟时，良知亦不知了。"

曰："不知，何以一叫便应？"

曰："良知常知，如何有睡熟时？"

曰："向晦宴息，此亦造化常理。夜来天地混沌，形色俱泯，人亦耳目无所睹闻，众窍俱翕，此即良知收敛凝一时；天地既开、庶物露生，人亦耳目有所赌闻，众窍俱辟，此即良知妙用发生时。可见人心与天地一体。故'上下与天地同流'。今人不会宴息，夜来不是昏睡，即是妄思魇寐。"

曰："睡时功夫如何用。"

先生曰："知昼即知夜矣。日间良知是顺应无滞的，夜间良知即是收敛凝一的，有梦即先兆。"

又曰："良知在'夜气'发的方是本体，以其无物欲之杂也。学者要使事物纷扰之时，常如夜气一般，就是'通乎昼夜之道而知'。"

【译文】

有人向先生请教《周易》中"通乎昼夜之道而知"一句。

先生说："良知原本就知道昼夜。"

那人又问："人熟睡时，良知就不知道了。"

先生说："不知道的话，怎能一叫就有反应？"

那人问："既然良知常知，为何还有睡熟的时候？"

先生说："晚上需要休息，是天地中的常理。夜晚天地混沌，事物的形色都看不见，人的耳目也看不见、听不到，所有器官都停止运作，这就是良知收敛凝聚的时刻；白昼到来，万物生长，人的耳目也可以看、可以听了，其他器官也都运作起来，这便是良知发生妙用的时刻。由此可见，人心与天地原本就是一体的。所以孟子说'上下与天地同流'。如今的人不会休息，夜间不是昏睡，就是胡思乱想做噩梦。"

那人问："睡觉时如何下功夫？"

先生说："知道白天就通晓夜晚了。白天的良知畅行无阻，夜间的良知收敛凝聚，有梦就是先兆。"

先生又说："良知在'夜气'中生发的才是本体，因为没有物欲掺杂其中。为学之人要在事事物物纷扰的时候，时常像'夜气'生发时一样持守，就是'通乎昼夜之道而知'了。"

【度阴山曰】

李世民发动玄武门之变，杀掉哥哥太子李建成后，登基称帝。但他总是很焦虑，原因是，他杀掉的人不是别人，而是他亲哥哥。这说明一点，人做了错事，他是知道的，知道的理由就是，心上总不安，这是人人皆有的良知在发挥作用。

李皇帝先是白天焦虑，后来夜晚也不消停，他总能在梦中真实地看见浑身是血的哥哥死盯着他看。这就是做噩梦，人晚上做梦不要紧，最怕的就是做噩梦。做噩梦代表你做了亏心事，或是闲思杂虑太多。

晚上做噩梦后，白天焦虑地回想，如此一来，黑夜白昼都不得安宁。

后来，有术士给李世民出了个主意："邪念最怕正念，邪人最怕正人，您因为做了亏心事，所以现在不是正人，需要找个正人为您守护心灵，不让邪恶进来。"

李世民就找来大将秦琼和尉迟恭，让他俩在自己晚上睡觉时，站在门口。两人站了几天后，李世民不做噩梦了，白天精力充沛，也不焦虑了。再后来，李世民见二人太辛苦，所以就找人画了二人的相貌，贴在门上，这就是中国"门神"的来历。

很多人做了亏心事后，晚上很难入睡，一入睡则噩梦连连。这正如王阳明所说的，良知不但知昼，而且知夜。意思是，良知不仅在白天存在，夜晚也存在。表面上看，人睡觉后，良知就不工作了，可你一叫别人，别人就会从梦中醒来，这就是良知知夜。

如何让自己睡个好觉，不做噩梦而做美梦呢？

还是那句话：知昼就知夜，白天怎样过，决定了你睡觉时如何过。在白天，如果良知畅行无阻，不被遮蔽，那夜间，良知就会收敛凝聚，不会干扰你。

确切地说，我们白天做事都符合良知，晚上良知就会和你的身心一样，处于美好的休息阶段。反之，白天做事总是违背良知，晚上良知就会报复你，让你不停地做噩梦。

若想昼夜心安，就要致良知。

最后，王阳明说，良知在晚上的行为才是它本来面目，因为人在睡觉时，良知和人的身体心灵一起寂然不动，没有任何杂念私欲。人如果能在白天面对事物如同在睡觉中一样，那就是良知光明到极致了。

100. 为何佛道二家不能治国

先生曰："仙家说到'虚'，圣人岂能'虚'上加得一毫'实'？佛氏说到'无'，圣人岂能'无'上加得一毫'有'？但仙家说'虚'从养生上来，佛氏说'无'从出离生死苦海上来。却于本上加却这些子意思在，便不是他'虚''无'的本色了，便于本体有障碍。圣人只是还他良知的本色，更不着些子意在。良知之'虚'便是天之太虚，良知之'无'便是太虚之无形。日、月、风、雷、山、川、民、物，凡有貌象形色，皆在太虚无形中发用流行，未尝作得天的障碍。圣人只是顺其良知之发用，天地万物俱在我良知的发用流行中，何尝又有一物超于良知之外，能作得障碍？"

或问："释氏亦务养心，然要之不可以治天下，何也？"

先生曰："吾儒养心，未尝离却事物，只顺其天，则自然就是功夫。释氏却要尽绝事物，把心看作幻相，渐入虚寂去了。与世间若无些子交涉，所以不可治天下。"

【译文】

先生说："道家讲'虚'，圣人又怎能在'虚'上增加一丝'实'？佛家说'无'，圣人又怎能在'无'上增加一丝'有'？然而道家说'虚'是从养生上说的，佛家说'无'是从脱离生死苦海上说的。佛、道两家在本体上却加了一些意思，就不是'虚''无'的本体了，便对本体有所妨碍了。圣人只是还良知的本来面目，不添加任何意思。良知的'虚'就是天的太虚，良知的无就是太虚的无形。日、月、风、雷、山、川、民、物等，但凡有样貌、形色的东西，都是太虚无形中的发用流行，从未是天的障碍。圣人只是顺应良知的发用，天地万物都在我良知的发用流行之中，何曾有一件事物在良知的外部发生，成为良知的障碍的？"

有人问："佛家专注于养心，然而却不能用来治理天下，为何？"

先生说："我们儒家养心，未曾离开事物，只是顺应天道，自然就是功夫了。佛家却要完全抛却事物，将心看作幻相，逐渐堕入虚空寂静中去。与世间的事物全无交涉，所以佛家的学说无法用来治理天下。"

【度阴山曰】

王阳明年轻时对儒释道三家思想有过精深的研究，最后归于儒家。其对佛道的痴迷可从以下几件事上看出。

1501年，他到九华山上寻找佛道的奇人异士，闻听山中有个叫蔡蓬头的高人，立即钻进深山，四处寻找。后来终于找到，他热情邀请蔡蓬头到他临时住所吃饭喝酒。

蔡蓬头吃得特别高兴，王阳明就趁机问长生不老之术，蔡蓬头吃得上气不接下气，只是回答他两个字："尚未。"

这哑谜更激发了王阳明的追问热情，他不停地问什么是"尚未"。蔡蓬头只是回答他：尚未。

最后，蔡蓬头被追问得走投无路，只好说："我见你第一眼，就看出你非我道家人，你还有世俗相。"

王阳明不罢休，又继续去寻找其他高人。但所有的高人都告诉他："你的世俗相太明显。言外之意是，你要入世，而不是出世。"

在自我冥思苦想了许多日后，他终于明白了佛、道二教的弊端。那就是，佛、道二教都要抛弃亲情，才能成佛成神。但亲情如何能抛弃？

两年后，他在杭州一寺庙内看到一个和尚静坐。有人告诉他，这个和尚已经不视不言静坐三年。王阳明就绕着和尚走了几圈，像是道士捉鬼前的作法。最后他在和尚面前站定，看准了和尚，冷不防地大喝一声："这和尚终日口巴巴说甚么！终日眼睁睁看甚么！"

这句话就是传说中禅宗和尚的禅机。所谓禅机，就是用含有机要秘诀的言辞、动作或事物来暗示教义，让接收方触机领悟。

不知是王阳明的禅机触动了和尚，还是王阳明的大嗓门惊动了和尚，总之，和尚惊慌地睁开眼，"啊呀"一声。

王阳明盯紧他，问："家里还有何人？"

和尚回答："还有老母。"

"想念她吗？"

和尚不语。一片寂静，静得能听到和尚头上汗水流淌的声音。最后，和尚打破了这一死寂，用一种愧疚的语气回答："怎能不想念啊……"

龙场悟道后，王阳明对佛、道二教更是刻意忽视，有弟子问他这方面的内容，他从来不作答；一旦作答，就是臭骂弟子不务正业。

在上面这段话中，我们只需要记得最后一段：佛教虽然养心，但不可治国。

　　养心就在于格心，佛教和道教格心，是把事物统统格掉，这样一来，世俗事物就成了佛道修行的拦路虎。王阳明说它之所以不能治国，一是刻意，人与生俱来诸多烦恼，客观存在，佛、道二教非要去除，一旦去除不了，就会人格分裂，成为虚伪；二是人与生俱来诸多情感，尤其是亲情，佛、道二教却要和亲情割裂，这就导致佛、道二教无法做到"亲民"；三是佛、道二教格心，却不在事物上格，而治国必须在事物上格心，儒家格心，从不脱离事物，最好的格心就是去事物上格。

　　人类历史上，用佛、道治国的似乎只有印度阿育王和中国南朝梁的萧衍。阿育王的孔雀王朝讲佛教慈悲，但更讲"亲民"。南朝梁帝国的萧衍以佛教治国，自己常常玩"舍身寺庙"的把戏，让大臣拿钱来赎。梁于是出现了最戏剧性的一幕：开国皇帝萧衍后来居然被活活饿死。

　　所以王阳明说，唯有儒家能治国。原因是儒家看重世俗事物，儒家把修身齐家治国平天下融为一体，儒家能做到"亲民"。

101. 岩中花树论

　　先生游南镇。

　　一友指岩中花树问曰："天下无心外之物，如此花树，在深山中自开自落，于我心亦何相关？"

　　先生曰："你未看此花时，此花与汝心同归于寂。你来看此花时，则此花颜色一时明白起来，便知此花不在你的心外。"

【译文】

先生游览南镇（浙江会稽山在隋文帝开皇年间被封为南镇）。

一位学友指着岩石中的花树问道："先生说天下间没有心外的事物，像这花树，在深山中自开自落，与我的心有什么关系？"

先生说："你未见到这花时，这花与你的心同归于寂静。你来看这花时，这花的颜色一下子就鲜明起来，由此可知，这花并不在你的心外。"

【度阴山曰】

王阳明最著名的岩中花树论，虽然只是短短的一段话，但异常灵动玄虚，其主题则是"心外无物"。

他那位伟大的朋友说："这花树，在深山中自开自落，与我的心有什么关系？既然它不在我心内，那就是在我心外，你却说，心外是没有事物的。你作何解释呢？"

这就是典型的唯物主义：物质是客观存在的，不以人的意志为转移，那朵花自开自落，不以我心（意识）转移，人家就是客观存在。

来看王阳明的回答：你未看此花时，此花与你的心是同归于寂的。就是说，你的心和那朵花没有建立联系（以心去看它）时，你的心对那朵花而言，就是寂静的，没有动。而那朵花固然是客观存在的，由于它没有和你的心建立联系，它对你的心而言，就是寂静的，没有动。

而当你来看此花时，事情就变了。你用眼睛看此花，是受心的指使，心指使眼睛看到了花，心和花建立起了联系。

然后最关键的一点来了：你必须给花赋予一定的价值，这个价值就是鲜艳。天地万物，存在的前提是有价值，而价值必须由我们的心来赋予。你和任何东西建立联系，都会潜意识地赋予它们价值，不建立联系，就不可能赋予天地万物价值，没有了价值的天地万物就不是天地万物，心动才有万物价值，不动就没有。所以，心外无物。

人见到鲜花，会赋予其价值——鲜艳。驴见到鲜花，则会赋予其价值——好吃。鲜花仍是鲜花，但看它的对象不同，其价值就不同了。人会欣赏，驴只会吃。从这一点而言，物质真是客观存在的吗？

王阳明这段"岩中花树"论，只是诠释"心外无物"的绝佳例子，它只是王阳明"心外无物"的低级解释。"心外无物"理论的本源是王阳明心学的世界观"万物一体"：既然天地万物都是我身体和心灵的一部分，它们和我的心密切相关，那么，哪里有心外之物？

阳明心学的诸多概念、理论，诸如"一念发动即是行""心外无物""心外无事"既是一种概念，也是一种警醒。"心外无物"警醒我们的是，人须有"万物一体"的世界观，世界观的博大决定你人生的境界。同时也提醒我们，少和那些无聊的事物产生联系，它会耗费你的精力，力争做到心外什么都没有，心里有的全是良知。

102. 万物一体，也有轻重厚薄

问："大人与物同体，如何《大学》又说个厚薄？"

先生曰："惟是道理自有厚薄。比如身是一体，把手足捍头目，岂是偏要薄手足？其道理合如此。禽兽与草木同是爱的，把草木去养禽兽，又忍得？人与禽兽同是爱的，宰禽兽以养亲与供祭祀、燕宾客，心又忍得？至亲与路人同是爱的，如箪食豆羹，得则生，不得则死，不能两全，宁救至亲，不救路人，心又忍得？这是道理合该如此。及至吾身与至亲，更不得分别彼此厚薄。盖以仁民爱物皆从此出，此处可忍，更无所不忍矣。《大学》所谓厚薄，是良知上自然的条理，不可逾越，此便谓之义；顺这个条理，便谓之礼；知此条理，便谓之智；终始是这条理，便谓之信。"

又曰："目无体，以万物之色为体；耳无体，以万物之声为体；鼻无体，以万物之臭为体：口无体，以万物之味为体；心无体，以天地万物感应之是非为体。"

【译文】

有人问："大人与万物同为一体，为何《大学》却要分厚薄来说？"

先生说："只是因为道理本就有厚薄。比如人的身体是一个整体，为何要用手足保护头部和眼睛，难道是故意轻视手足吗？是道理本该如此。人对于禽兽与草木同样热爱，又怎么忍心用草木去供养禽兽呢？人对于人与禽兽同样热爱，又怎能忍心宰杀禽兽供养亲人、祭祀先祖、招待宾客呢？人对于至亲和路人同样热爱，如果只有一碗饭、一碗汤，得到就活，得不到就死，无法两全，又怎么忍心只救亲人而不救路人呢？这是因为道理本该如此。至于对自己和对亲人，更不会区分彼此厚薄。仁民爱物都源于亲情，对此都能忍心，便没有什么不能忍心的了。《大学》所说的厚薄，是良知自然的条理，不能逾越，这就是义；顺着这个条理，就是礼；知道这个条理，就是智；始终坚持这个条理，就是信。"

先生又说："眼睛没有本体，以万物的颜色为本体；耳朵没有本体，以万物的声音为本体；鼻子没有本体，以万物的气味为本体；口舌没有本体，以万物的味道为本体；心没有本体，以天地万物的感应是非为本体。"

【度阴山曰】

人和万物是一体的，因为人有仁爱（良知），但《大学》却指出,仁爱应该有轻重厚薄,否则就是墨子的兼爱,爱别人父亲如同爱自己父亲一样,可谓莫名其妙。

自己的父亲和别人的父亲都落水,虽然别人的父亲也是我们身体和心灵的一部分,但我们肯定先救自己的父亲。

为何有时候我们会牺牲万物之一,而保留另外的万物之一?就是因为仁爱源自亲情,一切都从亲情出发。倘若只有万物一体,没有轻重厚薄,要么你有不可告人的目的,要么就是白痴。

一旦我们没有仁爱轻重厚薄的意识,就会造成这样的结果:许多付出,注定廉价。

屈原,是战国后期的楚国人,他首先是个拥有磅礴想象力的诗人,然后是个政治家,最后是个肯为国家和君王奉献一切的官员。

楚怀王在位时,苏秦提出东方六个国家联合,抵抗秦国。楚国也参与,屈原请缨,负责此事。在那场六国大会上,屈原费了九牛二虎之力,终于说服了其他五国,让楚怀王成为六国联盟的盟长。

他本以为回到楚国后,楚怀王会对他感激涕零。想不到,楚怀王根本没把盟长这事放在心上,只是淡淡地说了句:"辛苦你了。"

屈原心理落差很大,但觉得这是自己心甘情愿的。既然是自己心甘情愿付出,和别人有什么关系?

正是抱着这种人生态度,屈原对楚怀王更加不遗余力地付出。他上下奔走,提倡改革,打击权贵,希望让楚怀王以正面形象流传史册。

但楚怀王仍是一副无所谓的态度,那些被打击的权贵联合起来,向屈原发动攻击,楚怀王略一思考,就把屈原贬出了中央政府。

中国文学史上最璀璨夺目的篇章《离骚》就是在这种情形下产生的。

过了几年后,六国联盟瓦解,秦王邀请楚怀王到秦国,共商瓜分天下之宏图。屈原跑到楚怀王面前,大哭大闹,死活不让楚怀王去。

楚怀王才不理他，认为他有点神经病，毅然决然地去了秦国，结果被秦人扣为人质，最后死在了秦国。

屈原得知此事后，悲痛万分，整日疯疯癫癫。再后来，秦军对楚国进行灭绝性打击，楚国危在旦夕。

疯癫的屈原对人生失去了兴趣，就跳了江。如你所知，正因为有了屈原跳江，才有了今天的端午节。

屈原的死，你可以说他是被忠君的思想逼到了悬崖边上，不死不足以证明他忠君。但以人性角度论，他多年对楚怀王的付出，始终得不到正向的回应，这是他最后闭目向江里一跳的根源。

金庸小说《天龙八部》里有个叫游坦之的人，在复仇的路上遇到了阿紫，他太喜欢阿紫了。为了阿紫，他先是心甘情愿被阿紫戴上铁头套，成为卑贱的奴隶。阿紫要练化功大法，用他做实验，若不是他侥幸得了《易筋经》，早死了几十回了。

阿紫如此对他，他竟然仍痴迷对方，为了对方，付出他所能付出的一切。最后，他甚至将自己的双眼奉送给了阿紫。

阿紫得了游坦之的眼睛后，仍然对他毫无感情，实际上从开始到最后，阿紫就没有喜欢过游坦之，全是游坦之在热脸贴冷屁股般无休止地付出。

所以，我个人认为，游坦之很蠢。他的所有付出，都被人家拒绝了，他还在那里付出个没完。

或许用时髦的话从游坦之的口中讲出来，就是这样的：我爱你，和你有什么关系；我付出我的，关你什么事。

大名鼎鼎的伍子胥年轻时和老爹一起在楚国做官，他老爹大公无私，所以得罪了很多奸贼。奸贼就在楚平王耳边吹风，最后楚平王把伍子胥老爹捉起来，准备宰掉他。

有人对楚平王说："这老头的两个儿子有超人的智慧，必须斩草除根。"

楚平王就对伍老头说："给你两个儿子写信，让他们来。他们来了，我就放了你。"

伍老头狂笑道："你别做梦了，他们不会来的。"

楚平王大惑不解道："难道他们不忠君孝父？"

伍老头说："那咱们就试试。"

于是他给伍子胥兄弟俩写信，说："你们来，我就活了。"

伍子胥和兄弟商量道："咱们老爹为楚国付出这么多，居然也遭遇这种厄运，我们算什么，去就是死。但咱们又不能不孝。"

伍子胥说："复仇和杀身成孝，哪个难？"

他兄弟说："当然是复仇。"

伍子胥说："那我选复仇。"

后来，伍子胥的兄弟去见老爹，都被楚平王干掉。伍子胥本人逃出楚国，辗转到吴国，最后用吴国的力量灭掉了楚国。

他把楚平王的尸体挖掘出来，鞭尸三百，以示复仇成功。

事后有人问伍子胥："你带领他国军队灭掉自己的祖国，这算什么？"

伍子胥睁目道："楚王对我不仁不义，我为何还要对他忠诚？"

我们常常睁着眼说瞎话：付出总有回报。不付出肯定没有回报，但付出未必就有回报。因为付出，必须有接收方，也就是说，付出和回报必须产生感应。

我喊你一声，你答应我，我付出的能量就没有白费；倘若我喊你一万声，你都不应我，我付出的能量就是浪费了。

最后一段话："眼睛没有本体，以万物的颜色为本体；耳朵没有本体，以万物的声音为本体；鼻子没有本体，以万物的气味为本体；口舌没有本体，以万物的味道为本体；心没有本体，以天地万物的感应是非为本体。"

王阳明以此段话说明了两个道理。第一，要行动，你有眼睛，有耳朵，有鼻子，倘若不去用，这些东西就不会存在。而它们存在的意义就是去看，去听，去闻。尤其是我们的心，它存在的理由就是和天地万物感应互动，倘若没有这些感应互动，我们的心就是个不成材的器官。这段话再一次证明，阳明心学是行动哲学，一切都以行动为标尺。

第二，我们要以心去感应天地万物，在"万物一体"的大环境下，要能感应出轻重厚薄，什么对象是值得你为之付出的？什么对象是你应该弃之如敝屣的？这个，很重要。

103. 如何面对生老病死

问"夭寿不二"。

先生曰："学问功夫，于一切声利嗜好俱能脱落殆尽，尚有一种生死念头毫发挂带，便于全体有未融释处。人于生死念头，本从生身命根上带来，故不易去。若于此处见得破、透得过，此心全体方是流行无碍，方是尽性至命之学。"

【译文】

有人向先生请教"夭寿不二"。

先生说："学问功夫能够摆脱一切名利嗜好，然而只要有一丝贪生怕死的念头，就是心的本体还有未能融通之处。人对于生死的念头，本来是从生命的根子上带来的，所以要清除并不容易。如果对此能够看得破、想得透，整个心体就会畅通无碍，这才是尽性至命的学问。"

【度阴山曰】

夭寿不二，意思是，无论上寿还是短命，都是一样的。言外之意：人，有生必有死。死亡无法躲开，它是全人类的问题。

1507年，王阳明抵达几乎是洪荒时代的龙场驿，物质的匮乏和精神的折磨让他痛不欲生。在身心双重的折磨下，他感悟出，人到绝境，可以抛弃一切，只有一种东西无法抛弃，那就是生死观。我们为何无法渡过生死关，就是因为它是从生命的根子上带来的，而且它和其他欲望不同，人对生的欲望和对死的厌恶，是绝对的天理。再也没有一种天理比这个更纯粹。

但是，如王阳明所说，倘若我们无法对生死看得破、想得透，整个心体就不会畅通无阻，就无法尽性至命。

自有人类以来，就开始研究生死，希望能长生不死。宗教创造了死后世界，中国儒家创造了"做圣贤，永远活在别人心中"的摆脱生死的方法。

然而，理论很难让人信服，所以人人都怕死，人人在生死面前都会哭天抹泪。

如何摆脱生死观，抛掉未来科技不算，至少有三种方法。

第一，皈依宗教，这种办法很有效，它创造了一个死亡后的世界，让你永远不死。前提是，你要坚信它。若你的理性太多，这种办法就会失效。

第二，关注当下，让自己永远都关注当下的人和事，使自己的脑子停不下来思考生死问题。按王阳明的说法，做好当下每一件事，以良知贯穿其中，生时有意义，死后同样意义重大，就等于长生不死。

第三，靠自己。前两种是希望借助外力让自己悟道，无论是第一种还是第二种，死亡这个客观存在是避不开的，所以要勇敢面对。面对的办法就是创造一种让自己信服的理论，这需要的东西很多：智慧、心态、学识以及强大的不为外物所动的内心。

其实，这三种只是不是办法的办法，它们没有逻辑，你可以从第三种跳到第一种，也可以从第一种直接跳到第三种。而最实用的恐怕就是第二种。如果第二种突然失效，那就跳回第一种。

总之，若看透生死观，你就要在三个鸡蛋（三种方法）上来回地跳舞。

热力学第一定律认为，所有的能量在传递与转换过程中都守恒，就是说，能量可以从一个物体传递到另一个物体，转换过程中，能量的总值保持不变。

宇宙中所有的能量都不是凭空制造出来的，也不会凭空消失不见，人体内蕴含的所有能量，在我们死后都会成为别的事物的一部分，也许是蝴蝶，也许是飞鸟，也许是星云的一部分。如此，我们就可明白，现在构成我们身体的每个部分，都曾经是别的事物的一分子。可能来自太阳、月亮、外太空的星云，也可能是猴子、猪、驴。

那些事物当时也惧怕死亡，但在我们身上获得新生。我们现在惧怕死亡，根本没有必要，因为我们在死亡后也会在别的事物上获得新生。

人为何怕死？其实很多人根本不怕自己的死亡，而是担心自己死亡后，亲人如何。这就是王阳明所说的"从生命根上带来的"，我们一生下来，就自动自发地生出责任感，特别是对亲人的责任。

对人生（各种情感）的眷恋，才是我们惧怕死亡的原因。

这样讲来，害怕死亡的人，才是真有良知的人。

104. 规则和原理，哪个重要

一友问："欲于静坐时，将好名、好色、好货等根逐一搜寻，扫除廓清，恐是剜肉做疮否？"

先生正色曰："这是我医人的方子，真是去得人病根。更有大本事人，过了十数年亦还用得着。你如不用，且放起，不要作坏我的方子！"

是友愧谢。

少间曰："此量非你事，必吾门稍知意思者，为此说以误汝。"

在坐者皆悚然。

【译文】

一位学友问："我想在静坐时，将好名、好色、好货等病根逐一找出来，扫除干净，恐怕这是割肉补疮的做法吧？"

先生严肃地说："这是我治病的方子，确实能去掉人的病根。即便有再大本事的人，过了十几年也还用得着。你如果不用就放下，不要糟蹋了我的方子！"

这位学友十分惭愧地道了歉。

过了一会儿，先生说："我猜这也不是你的想法，一定是我那些略通皮毛的弟子这样说，误导了你。"

在座的学生都十分惊恐。

【度阴山曰】

王阳明曾说过，致良知的要点之一就是，在静坐时，将好名、好色、好货等病根逐一找出，扫除干净，如猫捕捉老鼠一样，绝不放过一只，彻底铲除。

245

有弟子就认为,把这些病根都找出,扫除干净,就像是把肉挖掉,倘若把肉挖掉,那不是留下个大疮吗?即使好了,也会留下疤痕。

乍一看,这种论述很正确,王阳明恐怕也拿不出好的理论来反驳,所以他才正色道:"这是我治病的方子,确实能去掉人的病根。即便有再大本事的人,过了十几年也还用得着。你如果不用就放下,不要糟蹋了我的方子!"

王阳明的这段话很重要,它其实探讨的就是,规则和原理,到底哪个重要。

什么是规则?

规则就是,你必须这样,不能那样;规则就是,去除那些病根会留下疮和伤疤,所以这种治疗方法不适用。

什么是原理?

这种方式很有效,因为它经过时间和事情的验证。王阳明说,我的这个方法已经被多人验证过,即便有再大本事的人,过了十几年还用得着。

人生在世,其实遵循的都是规则,很少有人孤注一掷地遵循原理。

因为原理,很多时候是一种直觉和本能,无法用科学证明,却能用实际证明。

我们对规则要有怀疑之心,因为规则是在某个情境中的产物,情境一变,它可能就失效了。我们应该对原理深信不疑,因为原理是随着情境的改变而改变的一种解决问题的方法。

平庸的学说,永远都能解释所有的问题,但很多时候,它无法解决某些问题。王阳明心学,简易明快,直指本心,它虽然不能解释人世上的所有问题,但它能解决人世上的所有问题。

阳明心学就是原理,而不是规则。

105. 致良知只能靠自己

一友问功夫不切。

先生曰:"学问功夫,我已曾一句道尽。如何今日转说转远,都不着根?"

对曰:"致良知盖闻教矣,然亦须讲明。"

先生曰:"既知致良知,又何可讲明?良知本是明白,实落用功便是。不肯用功,只在语言上转说转糊涂。"

曰:"正求讲明致之之功。"

先生曰:"此亦须你自家求,我亦无别法可道。昔有禅师,人来问法,只把麈尾提起。一日,其徒将其麈尾藏过,试他如何设法。禅师寻麈尾不见,又只空手提起。我这个良知就是设法的麈尾,舍了这个,有何可提得?"

少间,又一友请问功夫切要。

先生旁顾曰:"我麈尾安在?"

一时在坐者皆跃然。

【译文】

一位学友问先生,功夫不真切应该怎么办。

先生说:"学问功夫我已经一句话和你说明白了。为何现在越说越远,找不到学问的根了呢?"

那位学友回答说:"我已听你讲过致良知的功夫,但还需要进一步说明。"

先生说:"既然知道致良知,又有什么需要说明的呢?良知本就明白,实实在在下功夫即可。不肯用功,只在言语上说来说去,越说越糊涂。"

那人说："我正是想请教讲明致良知的功夫。"

先生说："这也必须你自己去探求，我也没有别的方法可讲。过去有一位禅师，有人来问佛法，他就把拂尘提起来。有一天，他的徒弟将拂尘藏了起来，想看看他用什么方法说法。禅师找不到拂尘，只好徒手做了个提拂尘的样子。我说的良知就是这个说法的拂尘，除了它，还有什么可以提起的呢？"

不一会儿，又有一位学友来请教功夫的要领。

先生看看旁边的学生说："我的拂尘哪儿去了？"

一时间在座的人哄堂大笑。

【度阴山曰】

王阳明"致良知"的法门只一句话：你的良知是自家准则，情境来，良知判定是便是，非便非，不欺它而行，这样就能致良知，就是致良知。

这段话，王阳明大概说了很多次，可还是有很多人来问。有人明明知道了致良知的功夫该如何练，却仍要王阳明再进一步说明。王阳明则认为，既然知道如何致良知了，那还有什么需要说明的？良知如此明白，你在致良知法门上实在下功夫即可。不在这方面用功，只在言语上说来说去，越说会越糊涂。

实际上，欲达到知行合一之境界，王阳明心学提供了两种办法，第一种是被动的，静坐和省察克治；第二种是主动的，就是致良知。王阳明让我们致良知，只是要叫我们去事上磨炼。所谓事上磨炼，就是要立诚。所谓立诚，就是让我们认识知行合一的本体：知行本一，不必曰合。一切所知的就是所行的，一切所行的就是所知的。

你永远无法让一个围棋高手告诉你，他为何会走出"天外飞仙"的一步；你也无法让一个高明的厨子告诉你，他是如何炒出好菜的。

他们唯一知道的事就是他们做出了这件事，这就是一切所知就是所行，一切所行就是所知。

懂得了这些，我们就会发现，阳明心学只有一个灵魂，那就是知行合一。

倘若不把知行看作一回事，那就不会在致良知上下功夫，因为致良知的目的就是把"知""行"合一。而致良知，靠不了别人，只能靠自己。就如王阳明所举例子中的那个拿拂尘的和尚，拂尘就是他的良知，没有了这个，一切都是笑谈。

106. 为什么圣人不谈未来

或问"至诚""前知"。

先生曰："诚是实理，只是一个良知。实理之妙用流行就是神，其萌动处就是几。'诚、神、几，曰圣人'。圣人不贵前知，祸福之来虽圣人有所不免，圣人只是知几，遇变而通耳。良知无前后，只知得见在的几，便是一了百了。若有个'前知'的心，就是私心，就有趋避利害的意。邵子必于前知，终是利害心未尽处。"

【译文】

有人向先生请教《中庸》里的"至诚""前知"。

先生说："诚是实在的道理，只是一个良知。实在的道理妙用流行就是神，它的萌动之处就是几。所以周敦颐说'具备诚德、感悟神化、通晓几微，即是圣人'。圣人并不注重事先知道，即便是圣人也无法免于祸福，圣人只是知道事物的前兆，遇到事情变化能够通达而已。良知则没有前后，只要知道事物的前兆，便能解决所有问题。如果有一个要想事先知道的心，就是私心，就有趋利避害的念头。邵雍硬要追求事先知道，终究是利害之心没有除尽。"

【度阴山曰】

1222年，成吉思汗和道士丘处机见面，成吉思汗之所以要见丘处机，是因为民间都传颂着丘处机能"前知"，懂得长生不死之术。总之，民间传说中的丘处机就是个活神仙。

成吉思汗问丘处机："如何统一天下？"

丘处机回答："不滥杀一人。"

再问："如何治理天下？"

回答："敬天爱民为本。"

又问："如何长生？"

答："清心寡欲为要。"

成吉思汗沉默一会儿，问："仙人可前知？"

丘处机回答："只要心至诚，就能感动天地，天地就会给予前兆，敏锐地抓住前兆，就可预知未来。"

成吉思汗深以为然。

孔子说，命这东西不可知，尽量少谈。因为在中国传统儒家看来，命运很多时候是注定的。

人一旦想"前知"，那就是对命的一种亵渎：命是注定的，"前知"是想在不可能中制造出个可能来。这源于人的私欲：想要趋利避害。人一旦想要趋利避害，那有些道义之事，因为有害无利，就不会去做。

所以，凡是那些"无事不登三宝殿""要佛祖开示未来"的人，都是有私欲的人。

圣人为何不"前知"？因为圣人也无法免于祸福，圣人只有一个办法可尽量避免祸而得到福，那就是有颗至诚之心。"诚"就是良知，其实就是关注当下致良知。

一旦你能让良知光明，就能在别人浑浑噩噩时发现事物的前兆，抓住前兆，就能抓住事情变化的方向，然后才能解决问题。

而要获取这种辨识前兆的能力，就是要以良知之心对待天地万物。玄一点讲，你关注天地万物，天地万物就会关注你。理性而言，我们专注于某种事物时，就能发现事物的本质，其发展变化的内因就能为我们所知。

倘若你没有把当下做好，而总是"超前"地想要知道未来。这不但是私欲，而且会忽略当下，让未来转向。世界上所有人都看不到未来，圣人能看到未来，诀窍就是，以至诚之心做好当下。

107. 一定要找到自己的天赋

问："孟子'巧、力、圣、智'之说，朱子云'三子力有余而巧不足'，何如？"

先生曰："三子固有力，亦有巧。巧、力实非两事，巧亦只在用力处，力而不巧，亦是徒力。三子譬如射：一能步箭，一能马箭，一能远箭。他射得到俱谓之力，中处俱可谓之巧。但步不能马，马不能远，各有所长，便是才力分限有不同处。孔子则三者皆长。然孔子之和只到得柳下惠而极，清只到得伯夷而极，任只到得伊尹而极，何曾加得些子？若谓三子力有余而巧不足，则其力反过孔子了。巧、力只是发明圣、知之义，若识得圣、知本体是何物，便自了然。"

【译文】

有人问:"孟子'巧、力、圣、智'的说法,朱熹认为'伯夷、伊尹、柳下惠三人力有余而巧不足',对吗?"

先生说:"这三人当然有力,但也有巧。巧与力并非两回事,巧也体现在用力之处,有力而不巧,只是蛮力。以射箭来比喻三人:一个能够步行射箭,一个能够骑马射箭,一个能够很远射箭。他们都能射到一定的距离就是力,而射得中就都是巧。然而能步行射箭的不能骑马射箭,能骑马射箭的不能远处射箭,各有所长,这便是才力的局限有所不同。孔子则兼有三者的长处。然而孔子的'和'只能到柳下惠的限度,'清'只能到伯夷的限度,'任'只能到伊尹的限度,何尝在三人的限度上多加了一些呢?如果说这三人力有余而巧不足,那就是说他们的力反而超过孔子了。巧和力的比喻只是用来说明圣和知的含义,如果能够知道圣和知的本意是什么,便自然了然于心了。"

【度阴山曰】

唐初诗人刘希夷聪颖明敏,特别是在诗歌创作上,有着绝顶天赋。他的舅舅宋之问对这个外甥总是羡慕嫉妒,常常夜深人静时,偷偷搞创作,搞得精疲力竭,写出的诗歌却仍然逊色于刘希夷。

某次,刘希夷拿了一即兴创作的《代悲白头吟》去给宋之问看,其中"年年岁岁花相似,岁岁年年人不同"两句让宋之问两眼冒火。

他酸酸地说:"这两句,是你写的还是抄的?"

刘希夷回答:"我作诗还用抄吗?"

宋之问转动眼珠说:"如果你这诗还没有被人看过,我想要了你这两句。"

刘希夷撇嘴道:"这可不成,这两句是我的诗中之眼,如果去掉,全诗就索然无味啦。"

宋之问眉头紧皱，扔了刘希夷的诗，跑进书房，拼命想写出比这两句还好的来。可惜，他写不出。

最后，他找来手下人把刘希夷害死，吞了那两句诗。

没过几年，宋之问因为在政治斗争中站错队，被皇帝勒令自尽。天下人早就知道他私吞刘希夷诗歌的事，闻听他的死讯，都拍手称快。

宋之问是个很会做官的人，他本应该在做官上发挥自己的能力，却总想在诗歌上独占鳌头。

倒霉的是，他遇到了刘希夷。刘希夷作诗，几乎是手到擒来，全是天赋。

宋之问作诗，常常把自己憋得半死不活。这是拿勤奋和人家的天赋比，简直愚蠢透顶。

民国时期，上海滩鱼龙混杂，各路人马汇聚于此。很多人在此获得权力和高位，混得风生水起，靠的就是自己的交际能力。

有交际天赋的人，能在最短的时间里获取别人的信任。他们交心的朋友特别多。而在当时的上海滩，很多人混的就是这种交际能力。谁朋友多，门路就多，门路多，你混得就稳健、高效。

曾经上海滩出过一个很厉害的人物，他的师父深知他有这种交际的本事，常常和别人说："他注定是上海滩的老大。"

有人不服地说："他有什么本事，不就是喜欢交朋友吗？"

他的师父却说："这就是本事，你看你，擅长交朋友吗？"

那人还是不服："这个技能还是可以学到的。"

他的师父摇头说："学不到，纵然学到，也是照猫画虎，猫就是猫，成不了虎。"

有人天生就有好人缘，根本不必考虑，就知道在人际交往中该做什么。他们就如同一条水中的鱼，不知道水是什么，只知道如何游。

有人把交际经典读了千万遍,一旦遇事,仍是两眼瞎。这就是天赋和勤奋的区别,一个是有源之水,一个则是无源之水。

在所有领域中,都有顶尖高手。如果对他们进行分析就会发现,他们固然很勤奋,真正让他们成为那个领域顶尖高手的却是天赋。凡是某一领域的顶尖高手,都具备了这一领域所要求的天赋。

古代战场上,韩信、成吉思汗、王阳明等出类拔萃的军事家,努力固然有,但天赋才是决定他们成为名将的主要因素。

在同样的付出和努力下,项羽就不如韩信,没有人能和成吉思汗相提并论,也没有人能和王阳明平起平坐。

什么是天赋?天赋就是老天爷给你植入的神一般的能力,你来到世界上,只需要把它使用出来即可。

既然是神一般的能力,凡夫俗子怎么能和这种能力比拼?

什么是勤奋?就是希望能通过后天努力得到这神一般的能力。

千万别用自己的勤奋去和别人的天赋比拼,这正如月亮想和太阳争辉一样。人家用一分力,你可能要用百分。人家只要用十分力,就会把你甩出好几条街,让你望尘莫及。

或许有人会说,我的勤奋也能创造奇迹。

没错,你通过勤奋,肯定能在人生试卷上达到一百分。正如曾国藩天赋不高,却通过辛苦努力完成了人生试卷的满分一样。

既然都是一百分,那大家应该都是一样的。但是,曾国藩考一百分和天赋极高的王阳明考一百分截然不同,曾国藩考一百分,是因为他只能考到那个程度,而王阳明考一百分,是因为试卷分数只有一百分。

我们所有人最好的办法就是,找到自己的天赋,让别人吃苦耐劳地来和自己比拼,然后看着他筋疲力尽也追不上我们的痛苦模样。

如何找到自己的天赋?这需要冷静地聆听自己内心的声音。我们的内心从来不会欺骗我们,只要你肯听,它真就会告诉你完美的答案。

这个答案会指出你的天赋所在。

一旦答案确定,我们的内心就会让我们产生热情、动力和精准的判断,只要行动起来,你就是神一般的存在。

千万别拿勤奋和别人的天赋拼,那样,你会被活活累死。

王阳明拿射箭打比方:伯夷、伊尹、柳下惠三人,一个能够步行射箭,一个能够骑马射箭,一个能够在很远的地方射箭。他们都能射到一定的距离就是力,而射得中就都是巧。然而能步行射箭的不能骑马射箭,能骑马射箭的不能远处射箭,各有所长,这便是才力的局限有所不同。

所以,一定要发挥自己的长处,找到天赋,才最容易成功。

108. 情感也是天理

问:"知譬日,欲譬云。云虽能蔽日,亦是天之一气合有的,欲亦莫非人心合有否?"

先生曰:"喜、怒、哀、惧、爱、恶、欲,谓之七情,七者俱是人心合有的,但要认得良知明白。比如日光,亦不可指着方所,一隙通明,皆是日光所在。虽云雾四塞,太虚中色象可辨,亦是日光不灭处。不可以云能蔽日,教天不要生云。七情顺其自然之流行,皆是良知之用,不可分别善恶,但不可有所着。七情有着,俱谓之欲,俱为良知之蔽。然才有着时,良知亦自会觉;觉即蔽去,复其体矣。此处能勘得破,方是简易透彻功夫。"

【译文】

有人问:"先生以太阳比喻良知,以乌云比喻私欲。乌云虽然能遮蔽太阳,那也是天地之间的气所本该有的,私欲难道也是人心中本该有的吗?"

先生说:"喜、怒、哀、惧、爱、恶、欲,是人的七情,七者都是人心本该有的,只是必须把良知体认明白。比如阳光,也不能局限在一个固定的地方,只要有一丝的光亮,都是阳光的所在之处。虽然云雾蔽日,在空虚之中依然能辨别颜色外貌,这也是因为日光尚存。不能因为乌云会遮蔽太阳,就让天不产生乌云。七情顺其自然地流露,都是良知的作用,不能认为七情有善有恶,但也不能有所执着。执着于七情,就称之为欲,就是良知的遮蔽。不过七情稍有执着,良知也自然会觉察;觉察后便要去掉蒙蔽,恢复本体。对这个问题能够看得明白,才是简易透彻的功夫。"

【度阴山曰】

大明万历初年的首辅张居正独揽大权后,准备进行改革。当时正缺人才,有人就向张居正推荐了海瑞。海瑞在大明乃至整个中国历史,都是大名鼎鼎的,他以清廉、绝对的铁面无私著称。

张居正当政时,海瑞处在待业状态,推荐海瑞的人本以为张居正会立即起用海瑞,但张居正断然拒绝了这提议。

他说:"海瑞这人刚正不阿,执法必严,为人处世向来都以人性为出发点,受老百姓爱戴理所当然,但是,他没有情感,冷面无情,不懂得用情感当人际关系、官场中的润滑剂,所以才屡次被同僚弹劾。这种人,只能做旗帜,绝对不能让他参与实际政务。"

人心分为两部分,一部分是人性,一部分是七情六欲、情感、情绪。用七情六欲、情感、情绪推动人性去行动,就是知行合一。你要做一件事,首先它必须符合人性,符合天理,但人性、天理只是指路牌，人不可能只盯着指路牌就能到达目的地，必须有情感的推动。

你对符合人性的事物付出情感，这个事物就会如你心愿，你付出的情感越多，这个事物就会越让你满意。只要你本人付出情感了，觉得事物很满意，那么，人同此心，心同此理，别人也会对你的事物满意。

反之，如果纯靠人性，因为没有情感的润滑和推动，你很难把它做成。在现实生活中，大多数人处理问题、和别人的交往其实靠的都是情感，而不是冷冰冰的人性，虽然它是正能量。

朱熹认为，我们的七情六欲很难控制，所以要把它彻底去除。但这不可能，因为七情六欲是与生俱来的。况且，我们很多的天理，都是由七情六欲生出来的。不可能去除却非想着去除，内心就会产生矛盾、挣扎，最后无法承受，就会变成两面人，人格分裂。

王阳明则认为，七情六欲与生俱来，无法去除，正如天上有云彩，你不能说云彩遮蔽了太阳，就不让天生云，只是要搞清楚，七情六欲是否自然流露。实际上，人如果良知光明，看得明白，七情六欲没有什么。饿了吃饭，困了睡觉，遵循着与生俱来的欲望的规律，以良知贯穿其中，七情六欲也是符合天理的。

很多人一听到"情欲"就觉得它很坏，原因就在于我们对"七情六欲"产生了执着心。饿了吃饭是天理，但我们非要执着于满汉全席，要吃得像样，吃得让别人知道我很有钱；困了睡觉是天理，但我们非要在能满足基本情欲（吃饭、睡觉）的同时，把它搞成与别人不同，这就是人欲，就是恶了。

七情六欲、发自良知的情感以及情绪，倘若不执着，不刻意拔高它，就都是天理。**人之所以为人，正能量的人性固然重要，但情感更重要。唯有如此，我们才是有血有肉的人，而不是人格分裂的变态。**

海瑞值得称颂，然而社会纷繁复杂，要在这乌烟瘴气的社会中做成事，空有情怀和人性远远不够，必须借助我们人类与生俱来的伟大情感。它是一条通往成功之路的捷径，你走在这条路上，只要带着良知，就没有任何问题。

109. 为什么说要"节哀"

问："乐是心之本体，不知遇大故，于哀哭时，此乐还在否？"
先生曰："须是大哭一番了方乐，不哭便不乐矣。虽哭，此心安处即是乐也，本体未尝有动。"

【译文】
有人问："乐是心的本体，不知遇到父母故去，哀悼痛哭之时，心中的乐是否还存在呢？"
先生说："必须大哭一番后才能快乐，不哭便无法快乐。虽然痛哭，但心安理得之处便是乐，心的本体并不为之所动。"

【度阴山曰】
儒家学派说，乐是人心本体。意思是，乐应该主宰人心，每个人都应该以"乐"为灵魂。

有弟子问王阳明："不知遇到父母故去，哀悼痛哭之时，心中的乐是否还存在呢？"

王阳明的回答告诉我们，父母故去，肯定要哭，这是人之常情。也只有自动自发地尽了此情，快乐才会重新回到我们心中。

很多人往往沉浸在悲痛中，无法自拔，这是错误的，因为你遮蔽了人心的本体——乐。人就应该时刻保持快乐，哪怕是遇到悲痛欲绝的事，人的第一要务还是须记得人心之本体。

生老病死，本是客观规律，无人能改变，人活着的目的是追求幸福和快乐，如果被这些客观规律阻碍，那就不是人了。

悲痛有限度，快乐无限度，记此，则知人生。

110. 你看到的是鲜花还是坟墓

问："良知一而已，文王作《彖》，周公系《爻》，孔子赞《易》，何以各自看理不同？"

先生曰："圣人何能拘得死格？大要出于良知同，便各为说何害？且如一园竹，只要同此枝节，便是大同。若拘定枝枝节节，都要高下大小一样，便非造化妙手矣。汝辈只要去培养良知，良知同更不妨有异处。汝辈若不肯用功，连笋也不曾抽得，何处去论枝节？"

【译文】

有人问："良知只是一个，然而文王作《卦辞》，周公作《爻辞》，孔子写《十翼》，为何他们对于《易》理的看法不同呢？"

先生说："圣人怎会拘泥于教条呢？只要大体上是出于相同的良知，即便各为其说又有什么害处呢？好比一个竹园里的竹子，只要长着竹子的枝节，就是本体上的相同。如果拘泥于具体的枝节，非要竹子每一节的高下大小都一样，就不是天地造化的妙用了。你们只要用心去培养良知，只要良知相同，其他方面有差异也无妨。你们如果不肯用功，就好比种竹子连笋都发不出，还谈什么具体的枝节？"

259

【度阴山曰】

周文王的《卦辞》、周公的《爻辞》、孔子的《十翼》都是对《易》的解释,但看法不同。

王阳明的解释是,只要这种解释不是哗众取宠,不是炫耀学问,而是发自良知地让世人知《易》,那就没有问题。因为同样的事物,因观察者的角度、学识和心胸的不同,而会出现不同的价值判断。这也同时说明,心外无理。

正如竹园里的竹子,只要长着竹子的枝节,就是本体上的相同。倘若拘泥于教条、固定的成规,就会被框死。人必须发自真心地去对待所有事物,而人因为性情的不同,对待事物所秉持的价值观在细节上也会不同,但大体上相同。这大体相同就是遵循良知后的结果。

鲁迅的作品《过客》中,过客向一老人和一小女孩问路。老人告诉他,过了前面的坟墓就到了;小女孩告诉他,过了前面开满鲜花的土丘(坟墓)就到了。

有人于是感叹起来,人啊,心态特别重要。小女孩心态好,看到的是坟墓上的鲜花;老人心态差,看到的只能是坟墓。

人应该学习小女孩的心态,整个人生就会明亮起来;千万不能学那老家伙,否则,人生一片黑暗。

这种说法乍一听动人心弦,其实是一厢情愿的扯淡。

那个小女孩必须看到鲜花,而那个老人必须看到坟墓,二者看到的都是发自良知。

小女孩还没有经历人生的艰辛和随年纪增长对死亡的恐惧,她的世界是开满鲜花的,这就是她的良知。她看到鲜花,并非有意去看到,而是她的良知使然。

如果她看到的是坟墓,那就大有问题了。

老人经历了人生的苦难和年纪渐长后对死亡的恐惧,他的世界是现实而阴森的,这就是他的良知。他看到坟墓,并非有意去看到,而是他的良知使然。

我们的良知是有阶梯的，或者说，我们在人生中的每一阶段都有固定的良知指引。它会告诉我们，什么时候该看到鲜花，什么时候该看到坟墓。

111. 你真有自知之明吗

乡人有父子讼狱，请诉于先生。侍者欲阻之，先生听之。言不终辞，其父子相抱恸哭而去。

柴鸣治入，问曰："先生何言，致伊感悔之速？"

先生曰："我言舜是世间大不孝的子，瞽是世间大慈的父。"

鸣治愕然，请问。

先生曰："舜常自以为大不孝，所以能孝；瞽瞍常自以为大慈，所以不能慈。瞽瞍只记得舜是我提孩长的，今何不曾豫悦我？不知自心已为后妻所移了，尚谓自家能慈，所以愈不能慈。舜只思父提孩我时如何爱我，今日不爱，只是我不能尽孝，日思所以不能尽孝处，所以愈能孝。及至瞽瞍底豫时，又不过复得此心原慈的本体。所以后世称舜是个古今大孝的子，瞽瞍亦做成个慈父。"

【译文】

乡里有父子俩打官司，请先生裁断。先生的侍从意欲阻止，先生却听着他们说。话还没说完，父子俩就抱头痛哭离去了。

柴鸣治进来，问道："先生说了什么，使他们那么快就悔悟了？"

先生说："我说舜是世间最不孝的儿子，瞽瞍是世间最慈爱的父亲。"

柴鸣治很惊讶,请教先生为何这么说。

先生说:"舜时常认为自己最不孝,所以才能孝顺;瞽叟时常认为自己很慈爱,所以做不到慈爱。瞽叟只记得舜是自己从小养大的,现在为何不能让自己高兴?却不知道自己的心思已经被后妻改变了,还以为自己能够慈爱,所以越发不能慈爱。舜则一直想到父亲在自己小时候如何爱自己,如今不爱自己只是因为自己不能尽孝,所以每天考虑自己为何不能尽孝,所以越发孝顺。等到瞽叟高兴的时候,只不过恢复了心中原本慈爱的状态。所以后世称赞舜是古往今来最孝的儿子,瞽叟也就成了慈爱的父亲。"

【度阴山曰】

这个故事很有意思,精准地诠释了阳明心学的真谛,即心外无理,有此心才有此理,无此心、意必固我,就没有此理。

此故事大致意思是,一对父子吵架,闹上了公堂。所谓"清官难断家务事",特别是在主张伦理信条的中国,官员面对别人的家庭矛盾时,头痛得要死。

王阳明只和这对父子说了一句话:舜是世间最不孝的儿子,瞽叟是世间最慈爱的父亲。

显然,这话大错特错,舜的老爹瞽叟有了第二任老婆后,千方百计想把舜搞死,而舜依然对老爹毕恭毕敬,孝顺非常。此乃千秋公案,王阳明却说,舜不孝,瞽叟最慈爱。

弟子当然不理解,以为王阳明喝绍兴黄酒喝多了。所以王阳明解释说:舜时常认为自己最不孝,所以才能孝顺;瞽叟时常认为自己很慈爱,所以做不到慈爱。

这段解释类似中国传统玄虚文化中的辩证法风格,但它的确是解决问题之道,没有第二条路可走。它提醒我们的是,你信心十足地认定的自己和行为，确定是真实的和正确的吗？

瞽叟为什么不慈爱，就因为他信心满满地认定自己慈爱。的确，舜小时候，他定是慈爱的，有哪个父亲不爱自己的孩子？但自从他娶了第二任老婆后，第二任老婆又有了孩子，枕边风吹来吹去，他在舜身上的慈爱，就荡然无存了。可这种改变，他并未意识到，他以为自己还是从前那个慈爱的老爹。于是，他做任何事都无所顾忌，包括谋杀舜。这种行为的背后就是，我这样慈爱，你却总是背后捣鬼？

人的良知有时候会被蒙蔽，而使自己由善到恶。由于这种发展非常缓慢、悄无声息，所以一般的庸人难以察觉。当改变后，他还以为现在的自己是从前的自己。于是，他做任何坏事，都不觉得有愧，而且认为天经地义。

这就是没有自知之明。一旦没有了自知之明，人就会向恶转化，最后固化，不经一番苦功和别人的帮助，是很难回转的。

关于舜，乍一看，也没有自知之明：明明已特别孝顺了，却认为自己很不孝顺。

其实，这才是真正的自知之明：能认识到自己的不足，而不是认为自己做得很好。舜就是能认识到自己的不足（不够孝），他老爹恰好是认为自己做得很好（十分慈爱）。

知道自己哪些地方不足，才有补的意愿，才能补上来。如果认为自己做得很好，不但没有补的意思，有时候还会减掉些。

长久下去，舜就越来越孝顺，因为他在孝的方面始终在努力地补；他老爹就越来越不慈爱，因为他在慈方面始终没有补的心。

最后，就成了舜大孝，他老爹大不慈。

在人生中，同样如此。真有自知之明的人，会有意识寻找身上的缺陷加以补充，以为有自知之明的人，根本没有这种意识，而且常常去别人身上找问题。

真正的自知之明不但会成全自己，也能成全对方，最后达到

"和"之境界。舜有自知之明，不停地努力孝顺，他做到了孝；后来，他老爹的糨糊脑袋突然开窍，被舜感动，开始真正地慈爱起来，做到了慈。

你瞧，舜不但成全了自己的孝之美名，还成全了老爹的慈之美名，可谓皆大欢喜。倘若两人都以为自己很孝很慈，那就完蛋了，舜会先干掉老爹，他如果干掉老爹，孝之美名无法传播，尧也不会把江山交给他。那样我们中国的历史顺口溜"尧舜禹"就少了个"舜"，历史将被改写，所以，有自知之明多么重要！

112. 如何说服别人

先生曰："孔子有鄙夫来问，未尝先有知识以应之，其心只空空而已，但叩他自知的是非两端，与之一剖决，鄙夫之心便已了然。鄙夫自知的是非，便是他本来天则，虽圣人聪明，如何可与增减得一毫？他只不能自信，夫子与之一剖决，便已竭尽无余了。若夫子与鄙夫言时，留得些子知识在，便是不能竭他的良知，道体即有二了。"

【译文】

先生说："有农夫来向孔子请教时，孔子并非准备好了知识来应对他，心中只是空空如也，只是孔子根据农夫所问来判断是非，帮他分析，农夫便能够明白。农夫自己知道的是非，是他内心本就有的天赋准则，即便如圣人那般聪明，又怎能增减得一丝一毫？农夫只是不自信，孔子帮他一分析，是非曲直就一览无余了。如果孔子回答农夫的问题时,想要告诉他一些知识,就不能使他悟到自己的良知,反而将良知与道一分为二了。"

【度阴山曰】

东周时期名家代表人物公孙龙以能言善辩、说服别人著称。某次,他和当时的一些学者说,白马非马。

众人大叫起来,说这是扯淡。公孙龙就说:我说马,你们会找到黄马、黑马,甚至是红马,黄马、黑马、红马是马,但它们不是白马,所以白马不是马。

众人认真一琢磨,公孙龙的逻辑很正确,于是纷纷认同。

公孙龙一高兴,就骑着一匹白马去了城门,城门守卫告诉他,骑马者不能通过,除非把马扣下。

公孙龙又拿出那段解释,希望能说服城守,要他相信白马非马。

城守就是不同意他的理论,最后,公孙龙灰溜溜地骑马回来了。

同一套理论,为什么面对不同的人时,效果截然相反?如果理论有问题,为什么它能说服那群知识分子?如果理论没问题,它为什么无法让城守认可?

原因就在于:**当我们说服他人,他人认可我们的主张时,认可的并非我们的能力,而是我们的说法。**

王阳明在这里举的例子是关系孔子的:有个大字不识的农夫来向孔子请教,孔子并没有给他讲任何知识点,而是抛出一个问题,让农夫来辨认对错,农夫知道对错后,孔子再帮他分析,为什么这是对那是错。

如此一来,农夫虽然大字不识,但也认可了孔子。其实他认可的不是孔子,而是自己。

所以王阳明说,农夫自己知道的是非,是他内心本就有的天赋准则,即便如圣人孔子那般聪明,也只能引发对方以自己的良知判定,而不是用自己的大理论帮助别人判定。

当有人向你请教时，尽量少卖弄学问，直奔主题，启发对方是非之心的良知，让他们自己判定。不要卖弄学问，夸夸其谈，这看似显得你十分博学，却只会使对方手足无措，最后违心地承认你说的是对的，这就等于把对方的良知遮蔽，你以为你在做一件说服别人的好事，其实是大恶。

如何说服别人？从字义来看，这其实是个伪命题，因为你根本无法说服别人，服人之口，未必服人之心。**真若服人之心，必须让对方自己判定对错是非，你所要做的就是用各种方式激发出他的良知，只要激发出他的良知，良知自会知是知非。**

113. 自悟和被点化，哪个更重要

先生曰："学问也要点化，但不如自家解化者，自一了百当。不然，亦点化许多不得。"

【译文】
先生说："学问也需要开导，只是不如自己领悟那样一通全通。如果自己不能领悟，靠别人开导，也开导不了许多。"

【度阴山曰】
孙膑和庞涓都是鬼谷子的学生，而且学的是一个专业：兵法。孙膑灵性比庞涓高，但庞涓有个孙膑没有的优点：他特别好学，尤其是对鬼谷子所教授的内容异常上心，几乎能倒背如流。

几年后，鬼谷子对二人说："我所知道的都传授给你们了，你们现在可以选择，是继续在山中学习，还是下山去。"

庞涓选择下山，孙膑劝他再学一段时间。庞涓说："你没有听到老师的吗？他已经把所有的知识都传授给咱们了吗？那咱们还在这里做什么？"

孙膑说："你的确能把老师传授的知识倒背如流，老师一点化，你就立即明白，这点我不如你。但我总觉得你缺少点什么。"

庞涓不同意，兴冲冲地下了山，跑到魏国，很快凭借实力做了大将军。孙膑在山中又学了一段时间，但可疑的是，鬼谷子根本没有传授他任何知识，只是让他自学。

后来，孙膑下山去投奔庞涓。不久，其军事才略就如火山般爆发，把庞涓甩出去几条街。庞涓非常懊悔，臭骂鬼谷子是个骗子，他认为自己走后，鬼谷子又传授了孙膑很多兵法知识。

但孙膑说："没有，我那段时间只是把从老师那里学来的知识变成了一个体系，这个体系不是老师的，而是我的。"

再后来，庞涓陷害孙膑，孙膑逃到齐国，最终在战场上干掉了庞涓。

这个故事告诉我们，王阳明说得很对：学问的确需要开导，但不如自己领悟那样一通全通。所谓一通全通，就是能建立自己的体系，这个体系是自得于心的。如果自己没有体系，你灵性再高，靠别人开导得到的也只是碎片化知识。

碎片化知识虽然是知识，却无法升华成智慧，这就是靠名师和靠自己的最大区别！

114. 从根上用功

"孔子气魄极大,凡帝王事业无不一一理会,也只从那心上来。譬如大树有多少枝叶,也只是根本上用得培养功夫,故自然能如此,非是从枝叶上用功做得根本也。学者学孔子,不在心上用功,汲汲然去学那气魄,却倒做了。"

【译文】

先生说:"孔子的气魄十分大,但凡帝王的事业他都一一学过,不过这些也都是从他的本心得来。好比一棵大树,无论有多少枝叶,只要在树根上下培养的功夫,自然能够枝繁叶茂,而不是从枝叶上用功去培养树根。学者学习孔子,不在自己的心体上用功,却时刻想着去学孔子的气魄,这是把功夫做颠倒了。"

【度阴山曰】

这个故事发生在战国时的宋国,一户以漂布为生的人家,每天的工作就是将布匹放在染料中染色,再在冷水中漂洗,不仅单调,而且辛苦。

这种工作在冬天,刺骨的冷水常常让漂布之人苦不堪言,甚至还会出现皲裂、冻疮等情形。该户人家在长期的工作中制作出了一种非常有效的油膏,类似我们今天东北地区的"冻手霜"。

有了这种防冻油膏,这家漂布人在冬天也能不受伤害地劳作。

后来有个商人听说此事,就主动找上这家,以一百金的价格买下了"冻手霜"。

这家人收了钱后,就嘲笑那个商人:"蠢货,这东西成本不过几钱,你居然出了好几千倍的价格购买。"

商人摇头叹息，走了。

后来，商人把"冻手霜"卖给了吴国，吴国当时和越国正在争霸，很多水兵的手在冬天会生冻疮，用了冻手霜后，吴国士兵的手利索了，作战也勇猛了，最后灭掉了越国。

那个商人因为贡献了冻手霜，被吴王裂土封侯，其所获之利，简直是万万倍。

卖掉冻手霜的那家听说这件事后，悔得肠子都青了。但是，我们很确定的一件事是，冻手霜在他们手中，永远只值几钱，只有到了商人手中，才会翻千万倍。

王阳明说，孔子的气魄特别大，别人就特别关注孔子的气魄，总想学那气魄，就如有人看到拳击手勇猛而去学拳击手的走步一样。殊不知，人有大气魄，是长时间积累的结果，这种积累包括心性的涵养、知识的学习等硬件设施。没有这些，你根本学不来。

正如参天大树，要学大树参天，就要培养树根，而不是去枝叶上搞名堂。否则，就是搞反了。人必须从低处（根处）开始努力，平时多付出，必然有回报。

115. 可以犯错，但不要掩饰错

"人有过，多于过上用功，就是补甑，其流必归于文过。"

【译文】

"人有过错，如果多在过错上用功，就好像修补打碎的瓦罐，时日一长必然会产生文过饰非的毛病。"

【度阴山曰】

人非圣贤，都有过错。所谓圣贤，就是立即改正错误。所谓庸人，就是竭尽全力去掩饰错误。无论是改正错误还是掩饰错误，其实都是良知在发挥作用。

圣人觉得，这是个错，必须改正，否则就离圣人之路越来越远；庸人也觉得，这是个错，但我不改正，我要让人知道自己没有犯错。

掩饰错误，虽然能糊弄住他人，但糊弄不了自己。正如王阳明比喻的：在过错上用功（掩饰），就好像修补打碎的瓦罐，时日一长必然会产生文过饰非的毛病。

文过饰非的毛病要不得，它会让你犯了一个错误，然后再用另外的错误去掩饰。如此一来，形成恶性循环，你的错误就越来越多了。

文过饰非的人总比那些明知道错误而不改，非但不改还不加掩饰的人，要强很多。至少，在掩饰错误的人的身上，我们还能见到良知的一点光亮。

不过，文过饰非是人类的一种防御本能。所有人都认为有了过错要改正而不是掩饰，其实这是站着说话不腰疼，问题没有发生在你身上，你当然希望对方承认错误而且改正。

圣人之所以为圣人，就是把这种负面本能去除了，光明正大地接受别人的批评，改正自己的错误。

116. 你会吃饭吗

"今人于吃饭时，虽无一事在前，其心常役役不宁。只缘此心忙惯了，所以收摄不住。"

【译文】

"现在的人吃饭,即使没有事情要等着做,心中也常常不能宁静。只是因为心忙惯了,所以收不住。"

【度阴山曰】

中国古代有个叫弈秋的下棋高手,他曾教两人下棋,其中一人一心一意,聚精会神,认真听弈秋的教导;另一人虽然也在听讲,可心里想着天上有天鹅飞过,怎样拿弓箭去射它。

此人虽然和那个专心致志的人在一起学习,成绩却不如那个人。

这个故事虽然说的是"专注",但倘若我们多个疑问,就能从第二个人身上找出重大问题来。

人的心无法专注于某一事物,只有一个原因,那就是还有别的事物牵扯着它。这别的事物未必是具体的、可以描述的,而是一种人欲:对声色货利的长时间追逐和向往。人的心一旦被声色货利俘虏,那他的心就永远在声色货利上。

王阳明在这里举的例子是吃饭,吃饭本身就是修行,在吃饭这件事上,我们最好的修行就是细嚼慢咽,吸收更多的营养。但有人常常是食不甘味,无论什么美味,吃到嘴中如同嚼蜡。

这至少说明以下几点。第一,他的心已经放不到饭上,因为心上被各种物欲遮蔽,所以他吃饭,即使吃饭后没有事,也总是潦草地吃。第二,即使是吃饭这种事,如果你不用心,付诸感情在里面,你也吃不出味道来。第三,人被各种物欲俘虏后,由于欲望无止境,所以永远忙不完,这样一来,你就成了一个特别忙的人,身累心累。第四,王阳明让人关注当下,关键是让你做一件事就倾注所有人性和情感在这件事上,唯有如此,才能心平气和;否则,吃什么都是浪费,根本不懂如何吃饭。

117. 良知是同理心

问:"良知原是中和的,如何却有过、不及?"
先生曰:"知得过、不及处,就是中和。"
"'所恶于上'是良知,'毋以使下'即是致知。"

【译文】
有人问:"良知原本是中正平和的,为何却有过与不及的情况?"
先生说:"知道自己在哪里过与不及,就是中正平和的良知。"
先生说:"'所恶于上'便是良知,'毋以使下'便是致良知。"

【度阴山曰】
如果良知是厌恶上级对你的某种行为,那么致良知就是,不要用这种行为去对待你的下属;如果良知是厌恶下属对你的某种行为,那么致良知就是,不要用这种行为去对待你的上级。

这就是将心比心、换位思考、换位感受、换位行动,也就是我们常常提到的"同理心"。

人若能有这种同理心,就会让别人舒服的同时,也能让自己内心安宁丰盛。这种同理心如何获得呢?

王阳明的答案是,致良知。知道自己在哪里过了或者不及,就是中正平和的良知。矫正自己的"过",补充自己的"不及",就是致良知。

每个人都应该常问自己的良知:我遇到的好事,应该让别人也感受下,我遭遇到的坏事,绝对不能让别人感受。很多人做不到这点,所以中国有句古话叫"奴使奴,使死奴"。一个奴隶能使唤其他奴隶,说明他和从前的主人一样掌管了一点小权力。此时,他不会抱有同理心：从前主人对待我，让我生不如死，我绝对不能让我的奴隶也和我一样生不如死。诸多奴隶的想法是，我终于可以欺压别人了，要像从前的主人一样欺压那些奴隶。

中国还有句话叫"多年的媳妇熬成婆"，一些媳妇总受婆婆的欺压，当她成为婆婆后，可能就会把婆婆对她的不好复制到媳妇身上。

人失了同理心，没有换位思考的动力和能力，归根结底，就是良知不明，要么是过了：别人给他一棒子，他十棒子对待其他人；要么是不及：别人给他一块肉拯救了他，他觉得理所应当。

诸多人的良知不明，就是在"事上磨炼"环节出了问题。"事上磨炼"是练去除欲望、培养善念、去除恶念之心，很多人却在"事上磨炼"上练就了一颗"以眼还眼，以牙还牙"的心。

良知，就是同理心，丧尽天良就是没有了同理心。

118. 理解人性

问："古人论性各有异同，何者乃为定论？"

先生曰："性无定体，论亦无定体。有自本体上说者，有自发用上说者，有自源头上说者，有自流弊处说者。总而言之，只是一个性，但所见有浅深尔。若执定一边，便不是了。性之本体，原是无善无恶的，发用上也原是可以为善、可以为不善的，其流弊也原是一定善、一定恶的。譬如眼，有喜时的眼，有怒时的眼，直视就是看的眼，微视就是觑的眼。总而言之，只是这个眼。若见得怒时眼就说未尝有喜的眼，见得看时眼就说未尝有觑的眼，皆是执定，就知是错。孟子说性，直从源头上说来，亦是说个大概如此；荀子性恶之说，是从流弊上来，也未可尽说他不是，只是见得未精耳。众人则失了心之本体。"

问："孟子从源头上说性，要人用功在源头上明彻；荀子从流弊说性，功夫只在末流上救正，便费力了。"

先生曰："然。"

【译文】

有人问："古人论性的说法各有异同，谁的说法可以作为定论呢？"

先生说："性没有定体，关于性的说法也不存在定论。有的人从本体上说，有的人从发用上说，有的人从源头上说，有的人从流弊上说。总而言之，只是一个性，只是见解有深有浅罢了。如果执着于一家之言，便流于偏颇了。性的本体原本无分善恶，在作用上也只是可以为善、可以为不善的，性的流弊也是有一定的善、一定的恶的。好比眼睛，有高兴时的眼睛，有愤怒时的眼睛，直视时就是正面看的眼睛，偷看时就是窥视的眼睛。总而言之，只是同一双眼睛。如果看到愤怒时的眼睛就说没有高兴时的眼睛，看到直视时的眼睛就说没有窥视时的眼睛，这就都是执着，显然是错误的。孟子说性，都是从源头上说的，也只说了个大概；荀子说性恶，是从流弊上说，也不能认为他说的就一定不对，只是认识得不精到而已。但一般人失去了心的本体。"

那人问："孟子从源头上说性，要人用功，从源头上开始就明白透彻；荀子从流弊上说性，所以在功夫上就舍本逐末，白费了许多力气。"

先生说："是的。"

【度阴山曰】

关于"人性"的讨论,中国历史上的哲学家几乎倾巢出动,纷纷表达自己的看法。最有名的当数三种:人性本善、人性本恶、人性可善可恶。

哪种是正确的呢?

这就是阳明心学的精明之处。王阳明说,要给人性下个确凿的定义,这不可能。一旦你给某种事物下定义、规则,它就失去活性,没有意义了。

为何会有那么多对人性的看法?原因就是,有人从人性本体上说(人性本善),有的人从发用上说(人性本恶、人性可善可恶),有的人从源头上说(人性本善),有的人从流弊上说(人性本恶、人性可善可恶)。

王阳明解释道:性的本体原本无分善恶,在作用上也只是可以为善、可以为不善的,性的流弊也是有一定的善、一定的恶的。

这就很容易让我们理解,为何有些好人会做坏事,而有些坏人也会做点好事,因为性流动起来,倘若没有良知的力量,人是无法看管好它的流向的。

比如眼睛,有高兴时的眼睛,有愤怒时的眼睛,直视时就是正面看的眼睛,偷看时就是窥视的眼睛。总而言之,只是同一个眼睛。如果看到愤怒时的眼睛就说没有高兴时的眼睛,看到直视时的眼睛就说没有窥视时的眼睛,这就都是执着,大错特错。

人类有一种心理叫首因印象,就是首次看到你时,你的某种行为会给他留下深刻印象。而这种印象就是他评判你的标尺。譬如第一次见你,你正在吹胡子瞪眼,那对方就会认定你脾气很差;第一次见你,你正在狼吞虎咽,满嘴流油,那对方就会认定你没有修养;等等。

这就是犯了王阳明所谓的"执着"的错,人的本性是无善无恶的，流动起来会有善恶，但流动起来并非其人性本体。

我们要让自己的人性美好，不是在它流动时用功，因为它的流动很随意、没有规律。一个脾气特别好的人，有时会突然发怒，一个性格特别开朗的人，会突然焦虑、抑郁。我们必须在源头——人性本体——上用功。

如何用功，只是致良知而已。不停地致良知，形成惯性，让我们人性善的一面永远流动，恶的一面永远不流动。

119. 不做乡愿，不做道德攻击，因为这些都是弱者的表现

薛尚谦、邹谦之、马子莘、王汝止侍坐，因叹先生自征宁藩以来，天下谤议益众。请各言其故。有言先生功业势位日隆，天下忌之者日众；有言先生之学日明，故为宋儒争是非者亦日博；有言先生自南都以后，同志信从者日众，而四方排阻者日益力。

先生曰："诸君之言，信皆有之。但吾一段自知处，诸君俱未道及耳。"

诸友请问。

先生曰："我在南都以前，尚有些子乡愿的意思在。我今信得这良知真是真非，信手行去，更不着些覆藏。我今才做得个狂者的胸次，使天下之人都说我行不掩言也罢。"

尚谦出曰："信得此过，方是圣人的真血脉。"

【译文】

薛尚谦、邹谦之、马子莘、王艮坐在先生旁,感叹先生从平定宁王之乱以来,天下诽谤议论的人越来越多。先生就让大家谈谈是何原因。有人说是因为先生的功业权势日盛,天下嫉妒的人越来越多;有人说是因为先生的学说日益昌明,所以替宋儒争辩是非的人越来越多;有人说是先生从南京讲学以后,同道和信众越来越多,所以四面八方的排挤阻挠也越来越多。

先生说:"你们说的这些原因,想来也都存在。只是我有一些自己的感受,你们都没有说到。"

大家向先生请教。

先生说:"我到南京以前,还有一些乡愿的想法。如今我确信良知能够知道真是真非,便放手去做,不去遮掩。我如今才有狂放的心胸,即便天下人都说我做的不如说的好也没有关系。"

薛尚谦起来说:"相信这个道理,才是圣人真正的血脉。"

【度阴山曰】

乡愿这种东西,在人类历史上、你的身边,比比皆是。他们的主要特点是,常常因照顾别人的情绪和感受,不坚持自己的立场,是非观随别人,永远不是自己的;总是喜欢用世俗道德评判别人,这种行为恰好证明了他自己没有道德。

于是我们即可知道什么是"非乡愿":在做任何选择时,遵从根植于自己内心的良知去判断、行动。至于其他,什么都不管。

这是一种很少有人能达到的境界,因为很多人都在意别人的评价,都不坚信自己良知的力量,没有高度自信,所以就无法拥有"虽千万人吾往矣"的狂者姿态。

王阳明说,他在南京时还有一些乡愿的想法。这些想法就是,照顾别人的情绪和感受,明明知道对方说错了,仍然默许。同时对世俗道德很热衷，希望能得到别人的道德赞赏，而不喜欢别人的道德批评。

但确信良知能够知道真是真非后，便放开手脚，有一说一，即使天下人都说他做的不如说的好，也不会放在心上，他只听良知的。

乡愿没有自己的是非观，所以注定是弱者。当时王阳明受到的批评如雨后狗尿苔，但他依然凭良知我行我素。于是对他的道德攻击就越发激烈。越是如此，王阳明就越坚信良知的力量，继续不管不顾。因为他坚信一点：弱者的唯一武器，就是道德攻击。

东汉末年，军阀混战，东汉首都破败不堪，汉献帝要投奔各路军阀，可惜没人理他。只有军阀曹操伸出援手，将其接到自己的根据地许昌。在曹操的操盘下，东汉帝国再度雄起，大有王者归来之势。

但叛乱分子蜂拥四起，刘备就是其中一支。

刘备造反，是打了"刘皇叔"的名头，鬼知道他和皇族到底是否有关系，但"皇叔"这三个字在乱世的确有用，所以他很快就凑了一支游击队，东奔西走，想要发家致富。

当时的情况是，曹操虽然掌控着汉献帝，但人家可没有废掉汉献帝，东汉政府还是存在的。理所当然，刘备就是叛乱分子。

他当然不会让自己陷入如此尴尬的境地，所以先发制人，以道德为武器攻击曹操。

刘备说，曹操是挟天子以令诸侯，天理不容，所以他才起兵，目的是清君侧。

各路军阀都跑来起哄，说曹操是个没有道德的畜生。

无论是刘备，还是那些跟着起哄的军阀，内心都明白一点，不是曹操挟天子以令诸侯，而是天子靠曹操以令诸侯。

没有曹操，汉献帝就是个牌位。

对于刘备的谩骂和侮辱，曹操的反应极为平淡。他说："刘备这大耳贼太弱，之所以没有锋利的武器和我抗衡，只能在道德上谴责我。他却不知,我是只注重才能不太注重道德的人,他用错了武器,自然也投掷错了人。"

像曹操这样的人,才是英雄,不被道德武器击倒,对手费了九牛二虎之力,却连他的皮毛都伤不到。

北宋王安石变法期间,以司马光为首的高级士大夫强烈反对变法。他们对王安石大肆攻击,但王安石深得宋神宗的信任,司马光等人无可奈何,最后都黯然离开京城,跑到洛阳去养老了。

在洛阳,丧失权力的司马光竭尽全力和他的走狗阻挠王安石变法,他对王安石变法挑不出大毛病,就在王安石的道德上做文章。

这文章特别难做,因为王安石几乎没有道德瑕疵。但皇天不负有心人,司马光终于找到了王安石的道德缺陷:这家伙修身不成,几个月不洗澡。这样的人,怎么可能治国平天下?

若干年后,王安石的变法半途夭折,司马光卷土重来,主掌大权。他将当年支持王安石变法的人,全部废黜。

这些被废黜的人也跑到洛阳,对司马光进行道德攻击。

司马光怒不可遏,再次上奏皇上,把他们贬到了南方荒凉之地。此时,他才想起当初对王安石的攻击,最终得出结论:道德是一种武器,它只能被弱者使用。

中国人特别喜欢谈道德,只是谈,真正能做到道德完人的屈指可数。中国是个道德至上的国度,尧当初把位子禅让给舜,只有一个理由:舜具备了孝的美德。

孝这种基本美德,竟然有如此洪荒之力,能让一个人成为天下之主。仔细一想,如果舜是个低能儿,尧是不是还要把位子禅让给他?

正因道德如此重要,所以中国人总把它当成一个威力巨大的武器。这个武器当然很有效,因为它纵然搞不倒对手,也会把对手搞臭。

不过我们常常发现这样的问题:**把道德作为武器的人永远是弱**

者，强者从来不用这个武器。

因为这门武器很容易拥有，谁还没有个道德瑕疵？只要有道德瑕疵，那这个武器马上就能派上用场。至于是否立竿见影，那要看对手是谁了，遇到曹操这样把道德当作脚底泥的对手，你就束手无策。

弱者之所以总指摘别人的道德，是因为他处处不如人，只能在道德这个虚无缥缈的领域内和对手对垒。谈钱，谈不过人家；谈权谈能力，都不如人家，只能谈道德；再升级一点，就谈人生境界。

正因为处处不如人，所以弱者们总感觉比他强的人都有道德问题，如果没有道德问题，他怎么就那么有钱、有权，混得比我好？

"为富不仁"正是这种心态的写照，这句酸味十足的话就是道德谴责——凡是赚到钱的人都有道德问题。

你不可能用道德创建事功，正如你无法缘木求鱼一样。

你若真有道德，就不会用道德去谴责别人，搞人身攻击，搞道德绑架。

最没有道德的，就是那些总拿道德说事的人。

这种人，不但没有道德，而且会是永远的弱者。

120. 傲慢的人良知不明

先生锻炼人处，一言之下，感人最深。

一日，王汝止出游归，先生问曰："游何见？"

对曰："见满街人都是圣人。"

先生曰："你看满街人是圣人，满街人倒看你是圣人在。"

又一日，董萝石出游而归，见先生曰："今日见一异事。"

先生曰:"何异?"

对曰:"见满街人都是圣人。"

先生曰:"此亦常事耳,何足为异?"

盖汝止圭角未融,萝石恍见有悟,故问同答异,皆反其言而进之。

洪与黄正之、张叔谦、汝中丙戌会试归,为先生道涂中讲学,有信、有不信。

先生曰:"你们拿一个圣人去与人讲学,人见圣人来,都怕走了,如何讲得行?须做得个愚夫愚妇,方可与人讲学。"

洪又言:"今日要见人品高下最易。"

先生曰:"何以见之?"

对曰:"先生譬如泰山在前,有不知仰者,须是无目人。"

先生曰:"泰山不如平地大,平地有何可见?"

先生一言翦裁,剖破终年为外好高之病,在座者莫不悚惧。

【译文】

先生点化人,一句话就能使人有很深切的感受。

一天,王艮出门归来,先生问他:"出门看到了什么?"

王艮回答:"我看到满街都是圣人。"

先生说:"你看满街都是圣人,满街的人倒看你是个圣人了。"

有一天,董云外出归来,见到先生,说:"今天看到一件怪事。"

先生问:"什么怪事?"

董云说:"我看到满街都是圣人。"

先生说:"这不过是平常事,有什么好奇怪的?"

大概是因为王艮的锋芒与棱角不能收敛,董云则是恍然有所领悟,所以对同一个问题,先生的回答不同,这大概是针对他们的话来开导他们。

钱德洪、黄正之、张叔谦、王畿丙戌年参加会试回来，途中讲授先生的学说，有人信，有人不信。

先生说："你们一个个都扮作圣人去跟人讲学，别人看到圣人来了，都害怕逃走了，怎么能讲得通呢？必须扮作愚夫愚妇的模样，才能与人讲学。"

钱德洪又说："如今要分辨人品的高下最为容易。"

先生说："何以见得？"

钱德洪回答："先生好比眼前的泰山，如果有人不知道仰望先生，大概就是不长眼的人吧。"

先生说："泰山不如平地广大，平地有什么值得仰望的？"

经过先生的一言点化，便破除我们多年来好高骛远的毛病，在座之人没有不感到心惊的。

【度阴山曰】

同一个问题，回答不同，这是大师级别的传道者的技巧之一。

王阁下说，满街都是圣人。王阳明的回答是：你看别人是圣人，别人看你也是。因为王阁下平时就很傲慢，他能看到别人是圣人，真是破天荒的事，所以王阳明才说，你们都是圣人，都是平等的，你不比别人高明多少。

董阁下说，满街都是圣人。王阳明的回答是：这是平常事。董阁下跟王阳明学习时已近七十岁，从前根本没有这种感悟，突然来了这样一句，所以王阳明才说："哎，不是你从前不知满大街就是圣人，大部分人就不是圣人，你只是后知后觉罢了，不过不管什么时候知道都不晚，加油！"

这段故事告诉我们：人皆有良知，只要肯致良知就可以成为圣人，所以那些致良知的人都是平等的。既然大家都是平等的，那么我们在为人处世中，就不该自卑——人皆有良知，你也有；更不能自傲——人皆有良知，你有，别人也有。

公元280年，晋帝国对南方的吴帝国发动全面进攻，吴帝国皇帝孙皓投降，被装进精美的囚车，运送到了都城洛阳。

孙皓在路上，总是夜观天象，有人以为他在占卜未来。但他说："我这个人运气不好。"

抵达洛阳后，晋武帝司马炎乐开了花，迫不及待地举行了受降仪式。他高坐龙椅，俯瞰孙皓，一时间，豪气干云。

受降仪式举行完毕，司马炎指着下面的一张高大椅子，对孙皓说："我设这个位子等你很久了。"

这话显然只有胜利者才能说出，背后的意思是，我很牛。让司马炎想不到的是，孙皓竟然反唇相讥道："我在南方也设了这样一个位子等您呢。"

孙皓虽然是个浑蛋，但这句话说得很透彻。他的意思是，司马炎你别以为自己很牛，打败了我，就觉得自己英明神武，其实很多时候，都是运气而已。我若运气好，现在牛的就是我。

很多人的地位和成就不足以证明他的实力，大多数时候只是凭着运气和时势而获取。给那些致良知的人一个运气和时势，人人都能成功。

第一段故事恰好印证了这点：弟子们去讲学，总是高高在上的样子，众人都被吓跑了。为什么他们会高高在上？原因就在于，他们以为自己懂得比别人多。其实，人只要致良知，天理自然呈现，没有谁比谁更高明。

我们总是钦羡那些如泰山一样的人物，因为他们凸出于地面，可王阳明说，真正大的不是泰山，而是地面，你们却见不到地面。

地面一律平等，人人不可见，却是事实。人不可自傲，不可凸出于地面，一旦凸出地面，虽能让你引人注目，但你实际并不庞大，因为平地比高山大。

放下身段，做平地；不要扯起身段，做高山。

121. "四句教"：知行合一的纲要

丁亥年九月，先生起复征思田。将命行时，德洪与汝中论学。汝中举先生教言曰："无善无恶是心之体，有善有恶是意之动。知善知恶是良知，为善去恶是格物。"

德洪曰："此意如何？"

汝中曰："此恐未是究竟话头。若说心体是无善无恶，意亦是无善无恶的意，知亦是无善无恶的知，物亦是无善无恶的物矣。若说意有善恶，毕竟心体还有善恶在。"

德洪曰："心体是天命之性，原是无善无恶的。但人有习心，意念上见有善恶在。格、致、诚、正、修，此正是复那性体功夫。若原无善恶，功夫亦不消说矣。"

是夕侍坐天泉桥，各举请正。

先生曰："我今将行，正要你们来讲破此意。二君之见，正好相资为用，不可各执一边。我这里接人，原有此二种：利根之人，直从本原上悟入，人心本体原是明莹无滞的，原是个'未发之中'，利根之人一悟本体，即是功夫，人己内外一齐俱透了；其次不免有习心在，本体受蔽，故且教在意念上实落为善去恶，功夫熟后，渣滓去得尽时，本体亦明尽了。汝中之见，是我这里接利根人的；德洪之见，是我这里为其次立法的。二君相取为用，则中人上下皆可引入于道。若各执一边，眼前便有失人，便于道体各有未尽。"

既而曰："以后与朋友讲学，切不可失了我的宗旨：'无善无恶是心之体，有善有恶是意之动。知善知恶是良知，为善去恶是格物。'只依我这话头，随人指点，自没病痛，此原是彻上彻下功夫。利根之人，世亦难遇。本体功夫一悟尽透，此颜子、明道所不敢承当，岂可轻易望人？人有习心，不教他在良知上实用为善去恶功夫，只去悬空想个本体，一切事为俱不着实，不过养成一个虚寂。此个病痛不是小小，不可不早说破。"

是日德洪、汝中俱有省。

【译文】

嘉靖六年（1527年）九月，先生守孝期满复职，奉命讨伐思恩、田州的叛乱。出征前，钱德洪与王汝中讨论学问。王汝中举出先生的教诲说："无善无恶是心的本体，有善有恶是意念发动。知善知恶是良知呈现，为善去恶是格物功夫。"

钱德洪说："这句话的意思怎么理解？"

王汝中说："这恐怕还没有说尽。如果说心的本体是无善无恶的，意念也应当是无善无恶的意念，良知也应当是无善无恶的良知，物也应当是无善无恶的物。如果说意念有善有恶，那么心的本体便还有善恶之分存在。"

钱德洪说："心的本体是天所赋予的本性，原本就是无善无恶的。然而人有沾染习气之心，意念上便看得到善恶。格物、致知、诚意、正心、修身，正是要恢复天性本体的功夫。如果原本就无善无恶，那便不需要说功夫了。"

当天夜晚，两人陪同先生一起坐在天泉桥上，各自说了自己的观点，请先生指正。

先生说："我马上要出征了，正要给你们阐明这个意思。你们两人的见解，正好可以相互补充，切不可各执一边。我开导人的方法一直有两种：天资聪颖的人，直接从本原上体悟，人心的本体原本就明白透彻，原本就是个'未发之中'，聪明的人只要领悟了本体，便有了功夫，人与己、内与外就都贯通透彻了；资质较差的人，心中难免会受到习气的干扰，心的本体受到蒙蔽，所以就教他们在意念上切实去下为善去恶的功夫，功夫纯熟之后，心中的杂念都去干净了，心的本体也就明白了。汝中的见解,是我这里开导天资聪颖之人的;德洪的见解,是我这里开导天资较差之人的。你们两人的观点相互补充运用,无论天资高下,都可以引导入道。如果各执一边,当下就会有许多人不得入道,对于道也不能穷尽。"

先生接着说:"以后与朋友们讲学,你们千万不能丢掉我的宗旨:'无善无恶是心的本体,有善有恶是意念发动。知善知恶是良知呈现,为善去恶是格物功夫。'只要照着我这话,随人所需进行指点,便不会有什么差错,这本来就是一以贯之的功夫。天资聪颖的人,世间难遇。本体和功夫一领悟就能全然明白,即便是颜回、程颢先生都不敢当,怎能轻易期望别人呢?人有习气沾染,不教人在良知上切实地下为善去恶的功夫,只凭空去思考心体,一切事情都不切实应对,只会养成好虚喜静的毛病。这不是小病小痛,不得不早向你们说清楚。"

这一天,钱德洪与王汝中都有所省悟。

【度阴山曰】

这就是著名的天泉证道,所证出的道是,**无善无恶心之体,有善有恶意之动。知善知恶是良知,为善去恶是格物**。世人又称这内容为"四句教"。

从上面的内容上即可看出,"四句教"有问题,否则两个弟子不会争论。

王阳明最后给出的解决方式是,对那些资质高(良知光明)的人,你只需和他说第一句和第三句:无善无恶心之体,知善知恶是良知。他一听到这话就明白了是什么意思。为什么呢?因为他的心体光明,始终在行良知,日用而不知罢了。

而对那些资质较差(良知被遮蔽)的人,你就要和他说第二句和第四句:有善有恶意之动、为善去恶是格物。他一听到这话就明白该在"念头"(意)上为善去恶,时刻警醒自己,我的"意"是有善有恶的,千万要谨慎,一定要正念头(格物)啊!

显然,这不是最圆满的一种学说的解释,而是私人定制。既然王阳明没有说明白,是不是"四句教"真的就是不明不白呢?

若干年后,心学门徒耿定向说,其实"四句教"称为"天泉证道",证的道肯定和王阳明龙场悟道有关。王阳明龙场悟道悟的就是格物,就是心理合一,就是知行合一。所以,"四句教"一定是这些大同小异的概念的一个步骤。确切地说,是如何让你格物,如何让你知行合一。

来看个故事:初春时节,到处郁郁葱葱,心学大师王阳明就在这生机盎然的天地间,为他的弟子们讲解心学。正当弟子们听得津津有味时,一老农来求见。老农不是来听课的,而是想和王阳明做一笔买卖。

老农说,最近家里财政状况堪忧,很多地方需要现金。可悲的是,他没有现金,所以决定将自己的一块田地卖给王阳明。王阳明当即拒绝。他说:"君子应成人之美,不可趁火打劫。你是农夫,田地是你的生存源泉,我若买了你的地,你是能解了近忧,可将来怎么办?"

王阳明决定,借给老农所需要的现金,还款日期不限。老农感激涕零,拿着钱千恩万谢地走了。

故事倘若到此为止,那就成了道德版的小故事大道理,这不是阳明心学的风范,所以必有下文。下文就是,几日后,王阳明和弟子们到山水间游玩。在一处风景如画之地,王阳明看向山凹处一块田地,不禁赞叹道:"你们看,那里面山背水,远看如菩萨莲花宝座,实在是风水宝地啊。"

有弟子试探性地问道:"老师喜欢这块田地?"

王阳明眉飞色舞。"怎能不喜欢?良知能知善恶,它告诉我这就是'善'的，我真是如喜欢美色（如好好色）一样喜欢这块田地。"随即，王阳明脸色呈现遗憾的神情，"可惜它不是我的。"

该弟子笑道："它理应是您的，只是您舍了。"

王阳明迷惑地看着该弟子。

该弟子解释道："这块田地就是几日前那个来和您做买卖的老农的。他当初要卖给您的地就是这块地。"

王阳明"哎哟"了一声，人人都能听出他语气里的懊悔。

可语音未落，王阳明马上顿足扼腕，说道："我怎么会有这种想法?!"

众弟子茫然。

王阳明找了个地方坐下来，紧闭双眼，静如枯木。许久，才睁开眼，看到弟子们丈二和尚摸不着头脑的神态，缓缓说道："我刚才的那想法就是私欲啊，欣喜的是，总算被我克掉了。"

众弟子恍然大悟。

先看"四句教"：

无善无恶心之体，有善有恶意之动。

知善知恶是良知，为善去恶是格物。

这里的"善"是中庸、中和、不偏不倚的意思，"恶"是过或不及的意思。"四句教"是阳明心学的精髓，同时也是简易明快了解阳明心学的工具，更是阳明心学的"天机"。那么，上面这个故事和"四句教"有什么关系呢？

耿定向的解释是，当王阳明和弟子们在山水间游玩时，他的心坦坦荡荡、无牵无挂，是无善无恶的，这就是"四句教"第一句"无善无恶心之体"。可当他听到关于那片田地的所有信息并产生懊悔之心时，就说明他的意动了，这就是"四句教"第二句"有善有恶意之动"。

那么，这个"意"是对是错呢？

他顿足扼腕，就说明这个"意"是错的。错就错在，他不该有懊悔的想法，一懊悔就证明他想据为己有，据为己有的心是错心。

他是怎么知的呢？是与生俱来能知是非善恶的良知告诉他的！所以这是"四句教"第三句"知善知恶是良知"。

他一知道错，马上就静坐，克掉这个错误的"意"，去掉恶，保持善。最后，他如释重负。这就是"四句教"的最后一句"为善去恶是格物"。

无疑，耿定向的这种诠释是阳明心学"致良知"的过程，或者说是程式、法则。

122. 要在声、色、货、利上致良知

问："声、色、货、利，恐良知亦不能无？"

先生曰："固然。但初学用功，须扫除荡涤，勿使留积，则适然来遇，始不为累，自然顺而应之。良知只在声、色、货、利上用工。能致得良知精精明明，毫发无蔽，则声、色、货、利之交，无非天则流行矣。"

【译文】

有人问："声、色、货、利，恐怕良知里也不能没有吧？"

先生说："当然。只是初学用功时，需要将其扫除干净，不能有存留，这样偶然遇到了，也不会为其所牵累，自然能顺良知去应对。致良知只在声、色、货、利上用功。能把良知致得精细明白，没有丝毫遮蔽，即便与声、色、货、利交往，也无非天理的流转罢了。"

【度阴山曰】

北宋初期，南唐未被平定，赵匡胤很是焦虑，宰相赵普却大大咧咧，认为南唐不足虑，而且消灭它易如反掌，只是要等待个有利时机。

赵匡胤几次催促赵普拿出南征方案，赵普都找各种理由搪塞。有一天，赵匡胤冒雪去赵普家，赵普把他请进书房，两人谈了许久，也没有接触到本质问题。赵匡胤偶然发现赵普书架旁有许多罐子，就询问赵普里面是什么。

赵普支支吾吾，赵匡胤就跑去亲自打开，发现罐子里都是金块。赵普立即承认道，这的确是金块，而且是南唐政府送来的。

赵匡胤大怒："好啊赵普，你总是在灭南唐的问题上推三阻四，原来是收了人家的贿赂。"

赵普慌忙跪下道："皇上，这正是我的计谋。南唐认为收买了我，就可以保他们平安，他们一有这种心思，则会懈怠无防守，正是我们进攻的好机会。"

赵匡胤观察了一下赵普的神情，发现他没有说谎，就心平气和道："那这些金子，你准备怎么办？"

赵普说："我留一小部分，剩下的都交给朝廷。"

赵匡胤同意。

赵普贪污不对，但他贪污的念头是正确的。中国古人向来认为，一个人追求利就是坏蛋，一提到利和义，正人君子们就吹胡子瞪眼，因为义、利是势不两立的。所有的人都注重义，很少谈到利。特别是在声色货利这些纯利益上，大家都捂起耳朵不听不谈。当然，不听不谈不代表不去做。

我们如何对待声色货利呢？

王阳明的看法是，利绝对不能没有，因为它是物质保障，没有了物质保障，你还能做成什么事？但谈利的前提是，要以"义"贯穿其中，也就是以良知之心对待声色货利，只要能做到这点，随便别人如何说。

唐德宗时期的官员崔祐甫做了宰相后，开始建立领导班子。崔祐甫效率奇高，很快就向皇帝推荐了八百多人。

后来，唐德宗听到小道消息，说崔祐甫表面公正无私，其实任人唯亲，这次选任的人，大都是和他沾亲带故的。

唐德宗找来崔宰相，把小道消息一说。崔宰相立即承认，他解释道："我既然为陛下您选任百官，就不敢不认真负责，那些我不认识的人，我不知道他们的品行才能如何，如何任用他们？只有我熟识的人，我了解他的能力，以及为人品德，这样才敢放心选任他们哪！"

这是歪理还是天理，只有崔祐甫知道。不过以情理来判断，他说得没有错。什么是对错，你只要依凭自己良知去做的事，管别人说什么。即使是声色货利这些最敏感的事，只要你用良知贯穿其中，你的心必然是安的，既然心安，就是天理。反对天理就是罪孽。

123. 为什么事情会搞砸

一友自叹："私意萌时，分明自心知得，只是不能使他即去。"

先生曰："你萌时这一知处，便是你的命根。当下即去消磨，便是立命工夫。"

【译文】

一位学友感叹："私欲萌动时，心里分明也知道，但是不能立刻去除。"

先生说:"你的私欲萌动时能觉察到,这是你的性命之根本。当即能够消除私欲,就是确立性命的功夫了。"

【度阴山曰】

来做一道测试题:有个老妇人栽种了一园李子,成熟时,总有人来偷。老妇人就在园墙下挖了个坑,然后把这个坑当成茅厕。某日,三个伙伴集结在园墙外,闻到李子的味道,就想偷。经过投票,A先翻过墙,意料之中地掉进粪坑。

但他没有警告后面的同伴,所以B翻过来也掉了进来。

B正要提醒C,却被A捂住了嘴,而且A还高声大喊:"快点啊,这里有世界上最好吃的李子。"

C流着口水跳了进来。

三个小偷爬出粪坑,C就指责两个同伴。B大喊冤枉说:"我是想告诉你的,可A不让。"

A笑着说:"如果你二人中有一个没有落入坑中,他就会没完没了地嘲笑我。"

现在的问题是,A是否在致良知?

答案似乎很明显,A没有致良知。大家会说,如果他真的致良知,就应该在掉下粪坑后开始警告同伙,即使这个时候不警告,第二个小偷进来要喊时,他就不该阻止。

其实,答案是错的。之所以说A没有致良知,不是因为他在自己掉下井时未发出警告,更不是捂第二个小偷的嘴,而是在翻墙之前。

他不应该翻那道墙,或者说,他就不该存了偷李子的念头。如果这个念头没有产生,或产生后被他去除了,那才是他真的在致良知。

我们常常会因为搞砸一件事而懊悔和愤恨,并且在这件事上倾注过多的精力思考为何会搞砸。可很少有人想过,我们搞砸的许多事,有很大一部分,是不应该有开始的。

三个人都知道，偷窃是不对的，这就是私意萌发时的知道，但很多人不会去除，于是事态就会恶化下去。

王阳明说，私意萌发时，就是你的性命之根本，立即消除这私欲，就是确立性命的功夫。可有几人能做到？

人的良知无所不知，你产生坏念头时，它知道；你有好念头时，它也知。虽然它无所不知，你却不能行，这就是问题所在。

另外，良知的确无所不知，但有时会被遮蔽得暗无天日。

北宋末年，金兵南下，宋徽宗将帝位传给儿子宋钦宗，宋钦宗上任的第一件事就是把引得群情激愤的蔡京贬官，逐出京城。

蔡京做官时贪污了大批金银财宝，虽然官丢了，但并不难过。

在回老家的路上，蔡京难过起来。

沿途百姓深恨蔡京，自动自发地联合起来，不售卖任何东西给蔡京。

蔡京被饿得头晕眼花，不但吃不上饭，连住的地方都没有。任何一家旅店都说住满了人，包括政府本该照顾他的驿站。

蔡京感慨万千，吐出几个字来："想不到我失人心到如此地步了。"

蔡京的故事告诉我们，你在舒适的环境下待的时间太久，就会让良知丧失无所不知的效能，当你知道时，已经晚了。

所以，无论你是什么人，都应该去各种事上磨炼，不要待在舒适区，舒适区很容易成为熟食区。

124. 勿存善念

先生尝语学者曰:"心体上着不得一念留滞,就如眼着不得些子尘沙。些子能得几多?满眼便昏天黑地了。"

又曰:"这一念不但是私念,便好的念头亦着不得些子。如眼中放些金玉屑,眼亦开不得了。"

【译文】

先生曾对为学之人说:"心的本体上不能存留一丝念头,好比眼中揉不得一点沙子。一点沙子能有多少?却能使人满眼的昏天黑地。"

先生又说:"这个念头不单是私念,即便是好的念头也不能有。好比在眼睛里放一些金玉碎屑,眼睛也一样会睁不开。"

【度阴山曰】

《庄子》中有个故事:南海的帝王名叫倏,北海的帝王名叫忽,中央的帝王名叫混沌。倏和忽常跑到混沌住的地方去玩,混沌像对待兄弟一样对待他们。由于两人总是白吃白喝,所以就想报答混沌的恩情。混沌知道后,说:"我不需要任何人的报答。"

倏和忽认为混沌在客气,就商议说:"混沌老哥的确是无所不能,但你发现没有,人都有七窍,用来看外界、听声音、吃食物、呼吸空气,混沌却没有七窍,咱们就给他凿个七窍出来吧。"

二人说干就干,趁混沌睡觉时,在他身上开了七个窍。混沌一命呜呼。

庄子评论说,人的本性无为自然,如果有意地加上心机、智巧等小聪明,人纯净的本性就会遭到破坏而灭亡。人的本性都是好的,但后天被一些人破坏，人就变坏了。

这个故事除了庄子的评析，还有另外的意义，那就是为善是否可行？

王阳明认为不可行，他的两个比喻很有意思：将私欲比喻为尘沙，将善念比喻成金玉屑。单纯从比喻角度，并没有什么错处，私欲就如尘沙般惹人厌恶，善念则如金玉屑般讨人喜欢。

言内之意，王阳明想说的是，人人都讨厌别人的私欲，喜欢别人的善念。按孔子的思路，己所不欲，勿施于人，那我们就应该对别人心存善念，不要对别人施加我们的私欲。

私欲肯定要去除，这没有问题，问题就在于：善念是否要永远保持？就是说，当没有对象接收我们的善念时，我们心中是否还要存个善念？

王阳明说，这就如同你眼中放进了金玉屑，眼睛是我们的心，金玉屑是善念，心上时常保持善念，就如同我们的眼睛放了些金玉屑一样。

不能有私欲，很容易理解，但为什么在没有对象接收我们善念时，我们就不需要保持善念？

玄机就在"无善无恶"这四个字上。在王阳明看来，人心非常纯粹时，就是无善无恶的，既没有恶念也没有善念，没有恶念就是善念。倘若我们总是存着善念，就是刻意为之，刻意为之就失去了心之本体的纯粹。

倏和忽给混沌开窍，就是刻意为之。为何是刻意为之？因为我们人人皆有良知，人人皆可为圣贤，不需要别人的帮助。当你心存善念，去帮助别人时，其实是强行介入了别人的世界。这对你而言是善，对别人而言，被强行介入，就是恶。

我们只有在别人特别需要我们帮助的时候，才能心发善念，去帮助别人。在别人没有许可的情况下，凡是为善，就是为恶。

295

王阳明为何让你勿存善念,是因为善恶是同时出现的。你能存善念,也必存恶念,因为善会招惹恶,两者是相辅相成的。所以,王阳明要人无善无恶,只要你没有恶念了,就是善念,何必刻意存善念呢!

125. 为什么说万物是一体的

问:"人心与物同体,如吾身原是血气流通的,所以谓之同体。若于人便异体了,禽兽草木益远矣。而何谓之同体?"

先生曰:"你只在感应之几上看,岂但禽兽草木,虽天地也与我同体的,鬼神也与我同体的。"

请问。

先生曰:"你看这个天地中间,什么是天地的心?"

对曰:"尝闻人是天地的心。"

曰:"人又甚么教做心?"

对曰:"只是一个灵明。"

"可知充天塞地中间,只有这个灵明。人只为形体自间隔了。我的灵明,便是天地鬼神的主宰。天没有我的灵明,谁去仰他高?地没有我的灵明,谁去俯他深?鬼神没有我的灵明,谁去辩他吉凶灾祥?天地鬼神万物离却我的灵明,便没有天地鬼神万物了;我的灵明离却天地鬼神万物,亦没有我的灵明。如此便是一气流通的,如何与他间隔得?"

又问:"天地鬼神万物,千古见在,何没了我的灵明便俱无了?"

曰:"今看死的人,他这些精灵游散了,他的天地鬼神万物尚在何处?"

【译文】

有人问:"人心与万物同为一体,比如我的身体原本是血气流通的,因而可以说是同体。如果对其他人异体了,禽兽草木就相差更远了,还怎能称为同体呢?"

先生说:"你只要在事物感应的微妙之处看,何止禽兽草木,即使天地也与我同体,鬼神也与我同体。"

那人请先生解释。

先生说:"你看这天地中间,什么是天地之心?"

那人回答说:"曾经听闻说人是天地之心。"

先生说:"人又凭什么叫作天地之心呢?"

那人回答:"是因为人有灵性。"

"由此可知,天地之间充塞的,只是这个灵性。人与天地万物,只是被形体间隔开了。我的灵性,便是天地鬼神的主宰。天失去了我的灵性,谁去仰望它的高?地失去了我的灵性,谁去俯视它的深?鬼神没有我的灵性,谁去辨别吉凶灾祥?天地鬼神万物离开了我的灵性,便没有天地鬼神万物了;我的灵性离开了天地鬼神万物,也无所谓我的灵性了。所以说人与天地鬼神万物一气相通,怎能分隔开来呢?"

那人又问:"天地鬼神万物,从古至今都在,为何没了我的灵性,就都不存在了呢?"

先生说:"你去看那些死了的人,他们的灵魂都散去了,他们的天地鬼神万物还在哪里呢?"

【度阴山曰】

北宋哲学家张载说,为天地立心。

有人就抱了大疑问:"天地没有心吗?"

张载回答:"有。"

297

人问:"什么是天地之心。"

张载回答:"人。"

人大笑:"既然天地有心,你又立个心,这不就是二心了吗?"

其实,此人还未悟道。张载所谓为天地立心,就是要人正心。人心一正,天地之心顿立。到王阳明这里,人的正心就是与生俱来的灵性,就是良知。

弟子问王阳明的这句话很犀利:"我的身体各个部分和我是一体的,因为血脉相通,可我的身体和其他人、天地万物就是异体了,因为我们没有血脉相通,瞎子都能看得出来,我就是我,他人就是他人,万物就是万物。"

王阳明回答道:"你要在感应之几上看,这个'几'是事物互相感应的微妙处,是我们和万物接触时的刹那。"

只要你明白刹那之间的一感应,你就明白了,高山大海没有我的一瞥,它们"高大精深"的价值就不能实现;天地鬼神万物没有我的一瞥,它们"吉凶灾祥"的价值也不能实现;没有了我的心,没有了我心赋予它们的价值,它们就什么都不是。

一旦我赋予了它们价值,它们就和我是同体了。而没有了它们,我的心就如屠龙之技,看不到任何东西,心也就没用了。你看,天地万物和我的心同等重要,缺了谁都不成。正如我的身体和心,没有了心,身体就没有了,同样,没有了身体,心又有什么用。

这就是感应,我感知它,它就回应。我感知山川,山川就给了我气势雄伟的回应;我感知鬼神,鬼神就给我法力无边的回应。一切都是感应,没感应,就没有天地万物。一有感应,我就和天地万物成为一体,是为万物一体。

所以,最后王阳明说,那些死掉的人,没有了心,他的天地万物就不存在了,因为没有了感应。

这种论调再次证明,阳明心学要人拥有独立意志和自由精神,不可被外界的绳索捆绑。如果真被捆绑，丧失的不仅仅是思想，恐怕还有生命。

126. 凡事要顺流而为

先生起行征思、田，德洪与汝中追送严滩。汝中举佛家实相、幻相之说。

先生曰："有心俱是实，无心俱是幻；无心俱是实，有心俱是幻。"

汝中曰："有心俱是实，无心俱是幻，是本体上说工夫；无心俱是实，有心俱是幻，是功夫上说本体。"

先生然其言。

洪于是时尚未了达，数年用功，始信本体功夫合一。但先生是时因问偶谈，若吾儒指点人处，不必借此立言耳。

【译文】

先生起行征讨思恩、田州，钱德洪与王汝中送先生一路到严滩（浙江桐庐县富春江边的富春山）。王汝中向先生请教佛家的实相和幻相之说。

先生说："有心都是实相，无心都是幻相；无心都是实相，有心都是幻相。"

王汝中说："有心都是实相，无心都是幻相，是从本体出发理解功夫；无心都是实相，有心都是幻相，是从功夫出发通达本体。"

先生肯定他的说法。

299

钱德洪当时尚不明白，几年用功后，才开始相信本体与功夫是合一的。但是，先生当时是因为王汝中的问题才偶然这样说，如果我们儒家要指点人，并不需要这种说法来立论。

【度阴山曰】

赵光义执政初期，京城有许多人偷读《推背图》——这是唐朝道士袁天罡搞的一本据说能道破天机的奇书，对于统治者而言，这种书危害无穷，虽然不可能有人真的能读懂其中天机，但难保有些人不懂装懂。

大臣们让赵光义禁绝此书，赵光义琢磨了一会儿说："这玩意儿，本来就神秘，能吸引人的好奇心，你一禁绝，岂不是把更多人吸引来了？"

赵光义出了个绝妙的主意：官方出版《推背图》，把敏感神秘的内容删掉，加些无关紧要的内容进去，老百姓一看，内容不过如此，以后也就不看了。

事实证明，赵光义非常英明。老百姓觉得《推背图》不过如此，慢慢也就兴趣全无，民间文化恢复正常。

先来看王阳明上面这段原文的论述：

从本体出发来理解功夫，说的是怎样做功夫。我们如何做功夫呢？必须有心，要用心，专心致志于功夫本身，而不是三心二意，这就是"有心都是实相，无心都是幻相"。

从功夫出发通达本体，说的是怎样达到本体，如何达到本体呢？做功夫时绝对不能想着怎样达到本体，所以说"有心都是幻相"，只专注去做功夫是正道不问本体，所以说"无心都是实相"。

我们可以用赵光义禁绝《推背图》一事来理解这段话：赵光义不许老百姓看《推背图》是本体，禁绝《推背图》就是功夫。从本体出发，也就是如何做到不许百姓看《推背图》，那就要禁绝，禁绝《推背图》要用心，暴力阻止不是用心。

从禁绝《推背图》这一功夫达到本体（让老百姓不看《推背图》），就是绝对不能想着怎样达到本体，而是要顺着本体——让他们看《推背图》，在本体上下功夫，而不是在功夫上下功夫。

最后，我们就能达到功夫本体合二为一的境界：无论是从本体角度还是功夫角度，都说明，功夫本体是一回事：**不逆流而上，要顺着事物的方向而动，在事物的顺向中找方法，而不是逆行。**

127. 不要被道理绑架

尝见先生送二三耆宿出门，退坐于中轩，若有忧色。

德洪趋进请问。

先生曰："顷与诸老论及此学，真圆凿方枘。此道坦如道路，世儒往往自加荒塞，终身陷荆棘之场而不悔，吾不知其何说也！"

德洪退，谓朋友曰："先生诲人不择衰朽，仁人悯物之心也。"

【译文】

曾见先生送两三位老先生出门，回来后坐在走廊上，面有忧色。

钱德洪上前问先生。

先生说："刚才我与诸位老先生谈到致良知的学说，就好像圆孔和方榫之间格格不入。大道就像道路一样，世俗的儒者往往自己将道路荒芜、蔽塞了，终身陷溺在荆棘丛中而不知悔改，我真不知道该怎么说！"

钱德洪退下来，对朋友们说："先生教人，无论对象是否衰老、腐朽,这便是先生的仁人爱物之心。"

【度阴山曰】

王阳明的忧虑,可谓仁人爱物之心。他巴不得人人都能做圣贤,但有些人就是做不了。上面故事中的"二三耆宿"都是当时学识很深的知识分子,他们修习的是朱熹理学,正因为学识深,所以很不容易转变。因为他们有了理障——被从前学到的"理"困住了。

东汉时期边疆司令甘延寿、陈汤领兵西征,干掉了不服东汉王朝的匈奴头领,然后把他的头砍下寄回首都,请中央政府允许将其头悬挂在少数民族居住的地方,以示天下,犯我强汉者,虽远必诛。

中央政府进行了讨论,丞相匡衡深思熟虑后,说:"悬挂那颗臭头,不是不可。但有一事须注意。"

皇帝问:"何事?"

匡衡一本正经地说:"《月令》(当时经典)上说,春天,是掩埋白骨和腐肉的时候,不适宜悬挂腐臭的人头。"

皇帝笑了,众臣也笑了。只有匡衡认为这一点都不好笑,保持着庄严的神态,暗暗叹息:除了皇帝,全是无知的蠢货。

朱宸濠被王阳明擒拿后,关在南昌城一小政府部门内。朱宸濠当王爷时,骄奢淫逸,如今身为阶下囚,仍是死性不改。

他先是大吵大闹,说居所太小,然后又说没有仆人。最后,当有人给他用铜盆端来洗脸水时,他暴跳如雷说:"本王一向都用金盆洗脸。"

那人回答他:"没有。"

他说:"那总该有银盆吧,你这破铜盆当我尿壶都不配。"

王阳明听说这件事后,叹息连连,于是,他说了一句话:

"高者蔽于见闻;卑者昏于嗜欲。"

这两句话恰好解释了匡衡和朱宸濠的故事。

匡衡，就是那个小时候凿壁偷光的人，经过刻苦攻读，终于做官，而且一直做到宰相，人品可圈可点，是个正人君子。这种人就是王阳明所谓的"高者"，但他却蔽于"见闻"。

所谓蔽于"见闻"，就是被心外的权威、经典所制造的道理绑架，成为外在道理的奴隶。杀死匈奴首领，本是功勋盖世的一件大事，而匡衡却斤斤计较《月令》的记载。

最要命的是，他一本正经，大有我是真理的架势。

大部分人都会被外在的道理所捆绑，比如：科学家说，运动使人健康，大家都去运动；又一天科学家说，静止使人健康，大家就都静坐；再有人说，早睡早起身体好，于是大家就都早睡早起……

当我们被外在的看上去很正确的道理所绑架时，我们就失去了自我，毫无分辨力，和匡衡一样，只知道照本宣科，成为一可悲的奴隶。

朱宸濠显然是"卑者"——昏于嗜欲。

本来，人最低级也最基本的欲望只有两种，食、色。

但太多人都陷在这二者上面，不能自拔。过多的贪欲影响了他们的良知，导致道德感和判断力下降，甚至消失。

最终，他们会走上一条和良知背道而驰的路，这自然也是知行不一，不是致良知。

高者和卑者，虽都不是知行合一，但最可怕的不是卑者，而是高者。

若能将良知的道理以合适的方式灌输给卑者，卑者可能会警醒。

你若将良知的道理灌输给高者，让他警醒，却是难于登天。因为他们心中有太多外在的道理，这些和他们良知并不一定契合的道理已经代替了良知本身。于是，他们会将良知的道理抛弃，坚信心外的那些道理。

秀才遇见兵，有理说不清；兵遇到秀才，纵然能说清理，你以为秀才会听？

128. 傲，是众恶之祖

先生曰："人生大病，只是一'傲'字。为子而傲必不孝，为臣而傲必不忠，为父而傲必不慈，为友而傲必不信。故象与丹朱俱不肖，亦只一'傲'字，便结果了此生。诸君常要体此。人心本是天然之理，精精明明，无纤介染着，只是一'无我'而已。胸中切不可'有'，'有'即'傲'也。古先圣人许多好处，也只是'无我'而已。'无我'自能谦，谦者众善之基，傲者众恶之魁。"

【译文】
先生说："人最大的毛病就是一个'傲'字。做儿子的如果傲慢一定会不孝，做臣子的如果傲慢一定会不忠，做父亲的如果傲慢一定会不慈，做朋友的如果傲慢一定会不诚。所以象和丹朱都不贤明，也只是因为一个'傲'字，便断送了自己的一生。诸位要时常体会这一点。人心本就具备天然的道理，精确明白，没有丝毫沾染，只是一个'无我'罢了。因此，心中绝对不能'有我'，'有我'就是'傲'了。古圣先贤许多长处，也只是'无我'而已。'无我'自然能够谦虚，谦虚是所有善德的基础，傲慢是所有恶行的根源。"

【度阴山曰】
"傲"，人皆有之，人之所以"傲"，是确信自己在某一方面具有卓越能力，这是一种内在的自我肯定。

人人都有某方面的卓越能力，做儿子的和父亲比，就有身体强壮的能力，父亲已老，事业定型，做儿子的认为自己将来肯定比父亲强。做臣子的和做君主的比，就有旁观者清的能力，君主处理很多事务，难免出错，臣子就觉得君主不如自己。做父亲的和做儿子的相比，也有社会经验丰富的能力，如果这种能力加强，他就会瞧不起未经世事的儿子。

总之，人一旦刻意放大且不肯掩藏自己在某一方面的卓越能力，就会傲。不过，傲的人，往往忽视了一件事：人皆有良知，良知能断是非善恶，所以人人都是平等的。从这一点而言，傲的人，其实并没有什么值得傲慢。倘若一个人本性很好，又不自恃己长，与别人和睦相处，以平等的态度对待别人，他人就会真诚坦率地待他。

反之，**死抱着自己的卓越能力不放，而且到处炫耀，你终究什么都得不到。**

王阳明说，傲慢是所有恶行的祖宗。即是说，所有恶行，追根溯源，都可以归结为傲慢。没有了傲慢，其他恶行就是无源之水，无本之木，易生也易灭。可一旦有了傲慢，就是给各种恶行提供了营养和温床，要想为善去恶，下的功夫可就旷日持久了。

欲成圣，先去傲，阳明心学如是说。

129. 老师弟子，互相成全

问："孔子曰：'回也，非助我者也。'是圣人果以相助望门弟子否？"

先生曰："亦是实话。此道本无穷尽，问难愈多，则精微愈显。圣人之言本自周遍，但有问难的人胸中窒碍，圣人被他一难，发挥得愈加精神。若颜子闻一知十，胸中了然，如何得问难？故圣人亦寂然不动，无所发挥，故曰'非助'。"

【译文】

有人问:"孔子说:'颜回并非有助于我的人。'圣人果真希望弟子帮助自己吗?"

先生说:"这也是实话。圣人之道本就没有穷尽,问题疑难越多,精微之处就越能显明。圣人的言辞本就周密完备,然而有问题疑难的人胸中有所困惑,圣人被他一问,便能把道理发挥得越发精妙。像颜回那样的学生,听闻一件事可以推知十件事,心里什么都清楚,又怎会发问呢?所以圣人的心体也就寂然不动,没什么可发挥的,所以孔子才说颜回对自己没有帮助。"

【度阴山曰】

孔子的弟子颜回,在孔门中大名鼎鼎,其成名原因是太聪明,闻一知十。孔子说一句话,他就能悟出十句来。众人都认为孔子收了个好徒弟,孔子却很委屈地说:"颜回这小子是个能人,但绝对不是个好弟子,他一点都帮不了我。"

王阳明的弟子莫名其妙,孔子可是无所不知的圣人,难道还要别人帮助?

王老师就解释道:"圣人之道本就没有穷尽,问题疑难越多,精微之处就越能显明。圣人的言辞本就周密完备,然而有问题疑难的人胸中有所困惑,圣人被他一问,便能把道理发挥得越发精妙。"

这意思似乎是说,圣人的知识如同茶壶里的饺子,虽然有饺子(知识),但若让他主动从壶口向外倒,他倒不出来。弟子的问难,就是打开了壶盖,饺子就能出来了。再举个例子,圣人的知识如同一座金山,金山自己很难变现,而弟子的问难就是挖山采金,这样金子才能发光。

人的学识无论多么深厚渊博,在未经人询问时都处于沉寂状态,这种沉寂,有时候非当事人所愿,圣人有传道授业的急迫心,恨不得把所有学识都拿出来传播天下。但是，**学识渊博的人会形成思维惯性，脑子里只有一个大体的思路，他每次讲的内容都无法脱离这个大体思路，这就限制了他的发挥。如果这时有人拿出问题，打开他的思路，他就能延伸出来，滔滔不绝。**

弟子向老师的问难是命题作文，老师得到这命题后，仍是用他的大体思路来作文，而由于问题的不同，其回答的角度也不同，于是，如被围堵多年的江河突然决口，思路大开，弟子和老师都受益无穷。

对于一般老师而言，最差的弟子就是一问三不知，这也不行那也不行，最好的弟子就是闻一知十。但对于真正的老师而言，最差的就是那些闻一知十的弟子，最好的则是那些"愚蠢"地常常问难的弟子。

伟大的老师不怕被问住，就怕无人询问，因为一旦无人询问，他那个茶壶里虽然有饺子，却永远都烂在肚子里。这对于伟大老师而言，是最大的伤害。

然而事实是，如孔子、王阳明这样理性的导师实在是凤毛麟角，大多数老师都是傲慢之辈，自信自己的学识天下无敌。人一旦有这样的意识，绝对不会接受别人的问难；不接受别人的问难，茶壶里的饺子就出不来。当然，这种人，他的茶壶里纵然有饺子，也屈指可数。

隋朝末年，杨广（隋炀帝）征召天下儒学泰斗到洛阳城集会，要他们分享自己的儒学心得。

有个叫孔颖达的儒生也来凑热闹。孔颖达虽然年轻，但儒学造诣极深，并拥有超人的智慧，经过面试后，顺利过关，正式步入儒学分享大会。

那时的分享会可不是现在的温情脉脉，因为有问难这一环节，所以总显得刀光剑影。所谓"问难"，就是分享人说一段，你若有疑问，就可站起来提问，他答一句，你可以再追问一句。如果他答不上来，你就出名了。

孔颖达初生牛犊，听了几堂分享课后，发现这些老夫子讲的东西太平淡，非但没有创新，连保守都做得不尽如人意。于是，在一堂分享课上，他站出来问难，最后把分享嘉宾问得火冒三丈，举着拐棍要揍他。

孔颖达虽然险些受到拐棍的招呼，但死性不改，接下来的日子，他把凡是上台分享的嘉宾都问得哑口无言、瞠目结舌。最后，这群满口仁义的老夫子雇用了一个杀手，要干掉孔颖达。

幸好孔颖达跟当时的大官杨玄感关系不错，跑到杨玄感家才躲过这场灾难。

孔颖达后来感慨，孔子说，真弟子要向老师问难，这事很难啊，天下恐怕到处都是这样的弟子，却找不到孔子那样的老师。

所以，无数问难的孔门弟子成全了孔子，无数问难甚至是刁难的王门弟子成全了王阳明。老师、弟子互相成全，合二为一，对老师和弟子而言，这就是知行合一。

130. 养身贵在养心

邹谦之尝语德洪曰："舒国裳曾持一张纸，请先生写'拱把之桐梓'一章。先生悬笔为书，到'至于身，而不知所以养之者'，顾而笑曰：'国裳读书中过状元来，岂诚不知身之所以当养？还须诵此以求警。'一时在侍诸友皆惕然。"

【译文】

邹谦之曾对钱德洪说："舒国裳曾拿一张纸，请先生写'拱把之桐梓'一章。先生提笔，写到'至于身，而不知所以养之者'一句，回过头笑着说：'国裳都中了状元，难道还不知道应该怎么修身吗？但他还是要诵读这章来警示自己。'一时间在座的朋友都警醒起来。"

【度阴山曰】

"拱把之桐梓"是《孟子》里的内容，孟子说："细小的桐树、梓树，人如果要它生长，都知道如何去养护它，对于自己的身体，却不知道如何爱惜，这难道是因为爱护自己的身体还不如爱护桐树、梓树吗？是因为不用脑袋思考啊！"（拱把之桐梓，人苟欲生之，皆知所以养之者。至于身，而不知所以养之者，岂爱身不若桐梓哉？弗思甚也。）

一部《传习录》，从精神上的独立意志开始，到身体的养护结束，恰好阐明了人生存的两大要素：精神和物质。

人类有身体，如同乌龟有壳。没有了身体，一切都是虚无。正如我们常听到的那样：健康是一，其他都是零，没有了健康，后面的零无意义。譬如你家财万贯，有很多个零，但没有了健康的一，万贯家财对你而言毫无意义。不过，换个角度说，你的一没有了，别人还有一，你死了，你的万贯家财、妻儿自会有个一进来，后面的零又有了意义。只不过，那些零永远不属于你了。

所以，一定要保重身体。人类历史上那些伟大的人物，面对各种艰难困苦，日夜操劳，身体是支撑。英年早逝的人，没有创建辉煌事功，和身体差关系密切。

如何保养我们的身体呢？

王阳明从小就锻炼身体，他善搏击，轻功了得。当然，这只是一方面，正如细小的桐树、梓树，要它生长，必须给予阳光、水分，这是硬指标。然而，还有软指标，那就是精神养护。

时刻保持快乐的心态，做事尽量符合道义，视听言动听命良知，问心无愧，人常常能心安，负面情绪流露得少，身体就会健康。

中国传统医学讲养生，其实是双管齐下，既要养护身体，又要养护心灵。利以养身，义以养心。大树能参天，阳光和水分必不可少，但其自身的质量不可或缺，这自身的质量挪移到我们人类身上来，就是义，就是道义，做任何事都依凭良知，就必能符合道义。

养身重养心，养成金刚不坏之身，也只能活一辈子，如果养成普度众生之心，那就永远活在世人心中。所以孟子问了：你真的懂养护自己的身体吗？

很多人看似懂，天天养生，喝汤吃素，锻炼身体，然而这种养生还不够，至多不过是养了个百年之身。中国古代圣人要你养千万年不死之生，这就是身心俱养。心尤其要好好养！